Die Preußischen Husaren.

Das seltene und gesuchte Buch

Die preußischen Husaren
von Friedrich Krippenstapel

erscheint im Rahmen ausgewählter Literatur
als exklusive Reprint-Ausgabe in der
Historischen Bibliothek des Melchior Verlages.

Die Historische Bibliothek enthält wichtige
sowie interessante Bücher zur deutschen Geschichte
und lässt anhand dieser eindrucksvollen Zeitzeugen
bedeutende Ereignisse, Begebenheiten und Personen
aus längst vergangener Zeit wieder lebendig erscheinen.

Nachdruck der Originalausgabe von 1883
nach einem Exemplar aus Privatbesitz.

Versehen mit den prachtvollen farbigen Bildern aus dem
Husaren-Buch von Graf zur Lippe von 1863.

M
Reprint
© Melchior Verlag
Wolfenbüttel
2009
ISBN: 978-3-941555-10-5
www.melchior-verlag.de

Die Preußische Armee

von den ältesten Zeiten bis zur Gegenwart.

Geschichte unseres Heeres in Wort und Bild.

Text von **Friedrich Krippenstapel**

Berlin 1883.

Selbst-Verlag des Herausgebers **Fr. Krippenstapel,**

Berlin S., Bärwaldstraße Nr. 7.

Vorwort.

~~~~~~~~~

Der vorliegende Textband — die Preußischen Husaren — bildet einen Theil eines Werkes, welches die Geschichte und Uniformirung aller Truppengattungen der Preußischen Armee behandeln wird. Sämmtliche Regimenter, von der Entstehung bis zur Gegenwart, sollen auf Bildertafeln zur Darstellung gelangen und jeder Waffengattung ein Textband beigegeben werden. Als erstes Lieferungsblatt erscheint gleichzeitig das „Brandenburgische Husaren-Regiment (Zietensche Husaren) Nr. 3."

Daß mit den Husaren, einer verhältnißmäßig jungen Waffe der Anfang gemacht wird, hat einestheils darin seinen Grund, daß über diese Truppe das Material am vollständigsten beisammen war, andrerseits reizte die Aufgabe, da über die Husaren etwas Zusammenhängendes bis zur Zeit nicht erschienen ist. Das höchst schätzenswerthe Werk des Grafen Lippe, das Husarenbuch, beschäftigt sich fast nur ausschließlich mit den Husaren Friedrich's des Großen.

Bei der Einrichtung des Werkes sind die Stammlisten zum Muster genommen, und diese, welche die verhältnißmäßig zuverlässigsten Quellen bieten, auch als Grundlage gebraucht worden. Bei den Chefs wurde das biographische Material, soweit es zugänglich war, als eine vielleicht nicht unwillkommene Zugabe nachgetragen. Eine eingehende Berücksichtigung haben auch alle vorübergehenden Husaren-Formationen, wie die Frei-Husaren Friedrich's II., die National-Husaren-Regimenter von 1813 u. s. w., erfahren. Ein besonderer Werth wurde auf die Uniform-Geschichte gelegt. Dieselbe ist von den einzelnen Regimentern getrennt worden und sind derselben eigene Kapitel gewidmet. Gerade hier waren die meisten Schwierigkeiten zu überwinden, da sich namentlich für die ältere Zeit die Quellen sehr häufig widersprechen. Uniform-Tabellen für die einzelnen Epochen werden die Ueberficht erleichtern.

Als Hauptquelle für die Uniform-Geschichte bis zum Tode Friedrich's des Großen diente Ad. Menzel's Prachtwerk; dabei sind aber auch andere, vorzüglich zeitgenössische Quellen sorgfältig benutzt worden. Für die folgenden Epochen flossen die Quellen reichlicher. Für die neue Armee bot A. Mila „Geschichte der Bekleidung und Ausrüstung der Königlich Preußischen Armee in den Jahren 1808—1878" das meiste Material. Viele schätzbare Notizen sind dem „Soldatenfreunde" entnommen.

Schließlich sprechen wir allen denen, die uns mit ihrem Rathe zur Seite gestanden haben, unsern Dank aus und bitten im Interesse des Werkes uns gütigst Berichtigungen zukommen lassen zu wollen, für die wir jederzeit dankbar sein werden.

Berlin, im Mai 1883.

Friedrich Krippenstapel.

„So brechet die Lorbeern in kommenden Jahren,
So siegreich, so herrlich, ihr tapfern Husaren.
Erfüllet die Lüfte mit Jubel-Getöne,
Ihr preußischen Friedrichs geliebteste Söhne!
Erhöhet, erhebet, so Adler als Schwert,
Euch schätzet der König, der Liebe selbst werth:
Deswegen bekommt ihr noch mehrere Brüder;
Er schaffet mehr Haufen, mehr Rotten, mehr Glieder,
Er sondert, er kieset mit weisem Bedacht,
Schwarz, roth, grün, blau, weiß, braun in allerhand Tracht,
Und theilet die flüchtigen, fliegenden Horden
In Osten und Westen, in Süden und Norden,
Er zeichnet an Stirnen, wie ehemals den Mann,
Dem Feinde zum Schrecken den Todtenkopf an,
Dem Feinde im Sturme die Stirne zu drehn,
Dem Tode das Blaue in's Auge zu sehn."

(Gedicht aus der Zeit des 1. Schlesischen Krieges.)

Inhalt.

I. Theil.
Die Husaren der alten Armee.

II. Theil.

Die Husaren der neuen Armee.

Quellen.

Kurzgefaßte Geschichte aller Königlichen Preußischen Regimenter, welche bis in den Februar 1759 fortgesetzet etc. etc. von J. F. S. — Frankfurt und Leipzig 1759.

Kurzgefaßte Stamm= und Rangliste aller Regimenter der Königlich Preußischen Armee von deren Stiftung an bis Ende 1784. — Berlin 1785.

Kurzgefaßte Stamm= und Rangliste der Königlich Preußischen Armee für das Jahr 1789. — Berlin.

Kurzgefaßte Stamm= und Rangliste der Königlich Preußischen Armee für das Jahr 1790. — Berlin.

Kurzgefaßte Stammliste aller Regimenter und Korps der Königlich Preußischen Armee — Berlin 1793.

Dasselbe — Zweyte verbesserte Auflage. — Berlin 1793.

Stamm-Liste aller Regimenter und Korps der Königlich Preußischen Armee. Nebst Nachträgen und Berichtigungen bis zum 1. Junius 1802. — Siebente sehr verbesserte Auflage. — Berlin 1802.

Stammliste aller Regimenter und Korps der Königlich Preußischen Armee. Für das Jahr 1803. — Berlin 1803.

Stammliste aller Regimenter und Korps der Königlich Preußischen Armee. Für das Jahr 1806. — Berlin 1806.

Stammliste der Königlich Preußischen Armee seit dem 16. Jahrhundert bis 1822.

Stammliste der Königlich Preußischen Armee seit dem 16. Jahrhundert bis 1840. Mit Genehmigung Sr. Majestät des Königs. — Berlin.

Zustand der Königlich Preußischen Armee mit Anfang des Jahres 1778.

Zustand der Königlich Preußischen Armee im Jahre 1779. — 1781 und 1784.

Militärischer Almanach auf das Jahr 1779. — Altona.

Tabellarische Stammliste des Königlich Preußischen stehenden Heeres. — Berlin 1862.

Chronologische Uebersicht der Geschichte des Preußischen Heeres, dessen Stärke, Verfassung und Kriege seit dem letzten Kurfürsten von Brandenburg etc. etc. von F. v. Ciriacy. — Berlin und Posen 1820.

Die Reorganisation der Preußischen Armee nach dem Tilsiter Frieden. Beiheft zum Militär=Wochenblatt für Oktober bis einschließlich Dezember 1854 und für Januar bis einschließlich Juni 1855. Redigirt von der historischen Abtheilung des Generalstabes. — Berlin.

Das Königlich Preußische stehende Heer. Alt, Premier=Lieutenant. Berlin 1869 u. 1870.

Die Generale der Chur=Brandenburgischen und Königlich Preußischen Armee von 1640—1840 von Kurd Wolfgang von Schöning. Berlin 1840.

Geschichte der Preußischen Landwehr. R. Braeuner — 2 Halbbände — Berlin 1863.

Beiträge zur Geschichte des Brandenburgisch=Preußischen Staates und Heeres. Julius Mebes. 2 Bände. — Berlin 1861.

Husaren=Buch. Ernst Graf zur Lippe. — Berlin 1863.

Erinnerungsbuch für Alle, welche in den Jahren 1813, 1814, 1815 Theil genommen haben etc. etc. — Halle und Berlin 1817.

Die Soldaten Friedrich's des Großen. Eduard Lange. Berlin 1852.

Heerschau der Soldaten Friedrich's des Großen. Eduard Lange II. — Leipzig 1856.

Die Kavallerie des Deutschen Reiches. Derselben Entstehung, Entwickelung und Geschichte etc. etc. R. von Haber. — Hannover 1878.

Geschichte der Kavallerie des Deutschen Reiches. R. von Haber. — Berlin 1881.

Der Soldatenfreund. Zeitschrift für faßliche Belehrung und Unterhaltung des Preußischen Soldaten. — Berlin 1833—1883. — Jahrgang 1—50.

Des Soldatenfreundes Instructionsbuch ꝛc. Zusammengestellt von L. Schneider, Herausgeber des Soldatenfreundes. — Berlin 1873.

Die Rang= und Quartierlisten der Königlich Preußischen Armee.

Die Reiter=Regimenter der Königlich Preußischen Armee 1571—1876. A. von Wellmann. — Hannover 1877.

Das Norddeutsche Bundesheer im Kampfe gegen Frankreich 1870 und 1871. Vergleichende Uebersicht der Theilnahme jedes einzelnen Truppentheils ꝛc. ꝛc. Arthur von Sodenstern. 3 Lieferungen. — Cassel 1871.

Die Verluste der Deutschen Armeen an Offizieren und Mannschaften im Kriege gegen Frankreich 1870 und 1871. Dr. Engel. — Berlin 1872.

Geschichte der Bekleidung und Ausrüstung der Königlich Preußischen Armee in den Jahren 1808 bis 1878 ꝛc. — A. Mila. — Berlin 1878.

Uniformirungs=Liste der Königlich Preußischen Armee und Marine für das Jahr 1869. Nach amtlichem Material. A. M(ila). — Berlin 1869.

Uniformirungs=Listen des Deutschen Reichs=Heeres ꝛc. A. Mila. — Berlin 1876 und 1881.

Dienst=Vorschriften der Königlich Preußischen Armee. Karl von Helldorff. Fortgesetzt mit Autorisation des Königlichen Kriegs=Ministeriums. Dritte Auflage. — Berlin 1877.

Geschichte des Zietenschen Husaren=Regiments. Armand Freiherr von Ardenne. — Berlin 1874.

Geschichte des Blücherschen Husaren=Regiments. Kurd Wolfgang von Schöning. — Berlin 1843.

Geschichte des 2. Schlesischen Husaren=Regiments Nr. 6. — Ernst Graf zur Lippe=Weißenfeld. — Berlin 1860.

Geschichte des Königs=Husaren=Regiments (1. Rheinisches) Nr. 7. Adolf von Deines. — Berlin 1876.

Geschichte des 1. Westfälischen Husaren=Regiments Nr. 8. — Berlin 1882.

Geschichte des 2. Rheinischen Husaren-Regiments Nr. 9. von Bredow. — Berlin 1881.

Geschichte des Magdeburgischen Husaren-Regiments Nr. 10. — Berlin 1863.

Bergische Lanziers, Westfälische Husaren Nr. 11. Freiherr von Ardenne. — Berlin 1877.

Das Königlich Preußische Garde-Kürassier-Regiment und seine Stammtruppen 2c. 2c. Bearbeitet von H. von Saldern-Ahlimb. — Berlin 1865.

(v. Thümen.) Die Uniformen der Preußischen Garden, von ihrem Entstehen bis auf die neueste Zeit, nebst einer kurzen geschichtlichen Darstellung ihrer verschiedenen Formationen. Berlin 1827, 1828, 1829, 1830, 1831, 1832, 1833.

A. Menzel. Die Armee Friedrich's des Großen, in ihrer Uniformirung gezeichnet und erläutert. 3 Bände Folio.

A. und W. Henschel. Kostüme der ganzen Preußischen Armee. 1806. — Berlin bei Schiavonetti.

L. Wolff. Abbildungen der neuen Königl. Preuß. Armee-Uniformen. — Berlin 1812 bis 1815.

E. Raabe. Uniformen des Preußischen Heeres in ihren Hauptveränderungen bis auf die Gegenwart. — Berlin bei Sachse, 1846—50.

A. L. Ramm. Abbildungen von allen Uniformen der Königlich Preußischen Armee 2c. — Berlin 1800.

Außer den erwähnten bildlichen Quellen noch alte Handzeichnungen, Stiche 2c. 2c.

—➤◆◄—

Nachträge.

Zu der Uniformen-Tabelle von 1786—1806.
(Seite 56 und 57.)

Magdeburgisches Husaren-Kommando.
Errichtet 1763.

Garnisonen: Magdeburg und Rheinsberg.

1763 Lieutenant v. Boser.

1769   „   Schröder.

1785   „   Sinakowsky.

1792 Rittmeister v. Damm.

Uniform: Schwarze Pelzmützen mit rothem Beutel. Rother Dolman mit weißen Schnüren. Kragen und Aufschläge von der Grundfarbe des Dolmans. Pelz dunkelblau mit weißen Schnüren und weißem, bei den Offizieren grauem Pelzvorstoße. Gelbe Schärpen mit weißen Knöpfen. Säbeltasche braun mit rothem Zackenrande, weißem Vorstoße und Namenszuge.

---

1. Leib-Husaren-Regiment Nr. 1.
Kommandeure.
(Seite 85.)

1882   Major **v. Bercken**; 13. September 1882 Oberst-Lieutenant.

Pommersches Husaren-Regiment (Blüchersche Husaren) Nr. 5.
Kommandeure.
(Seite 98.)

1875   Oberst **v. Thiele**; 15. Mai 1883 mit der Führung der 8. Kavallerie-Brigade beauftragt.

1883   Oberst-Lieut. **v. Schlick**.

Hannoversches Husaren-Regiment Nr. 15.
Chefs.
(Seite 119.)

1883   General-Major **Friedrich Franz III.**, Großherzog von Mecklen-
(28 April) burg-Schwerin, Königliche Hoheit.

Berichtigungen.

S. Maj. Wilhelm I König von Preussen
als Chef Seines Hus. Regts.

I. Theil.

Die Husaren der alten Armee.

1. Kapitel.

I.

Errichtung der Husaren und Geschichte ihrer Formation bis zum Regierungsantritt Friedrichs des Großen.

Die Errichtung der Preußischen Husaren fällt in das Jahr **1721**. In diesem Jahre bildete auf Befehl König Friedrich Wilhelm's I. der General von Wuthenow, Chef des Dragoner-Regiments Nr. 6 (1806 von Auer) den Stamm dieser Truppe, in der Stärke von 30, nach Anderen von 20 Pferden. Der erste Kommandeur war ein Capitain Schmidt. Diese Husaren waren dem Dragoner-Regiment Nr. 6 attachirt und führten den Namen „**Preußische Husaren.**"

1722 wuchs das Korps auf 2 Kompagnien an, während der Kommandeur zum Major befördert wurde.

Als im Jahre 1727 das Dragoner-Regiment von Wuthenow getheilt wurde in die Regimenter von Kosel Nr. 6 (1806 von Auer) und von Dockum Nr. 7 (später Prinz Eugen von Anhalt-Dessau, 1806 von Rhein), kamen die Husaren zum Dragoner-Regiment Nr. 7, welches auch die alten Garnisonen behielt*).

1730 wurde ein zweiter Husaren-Stamm in der Stärke von 120 Mann errichtet; derselbe führte den Namen „**Berlinische-**", oder nach dem Kommandeur „**von Beneckendorff'sche Husaren-Kompagnie.**" Die ersten Garnisonen waren Berlin und Beelitz.

In den beiden folgenden Jahren wuchs das Korps der Berlinischen Husaren um je 1 Eskadron; 1733 wurde es 3 Eskadrons stark, nachdem schon im Jahre 1730 die Preußischen Husaren unter Major von Brunikowski eben diese Stärke erreicht hatten.

---

*) Insterburg, Ragnit, Goldapp, Stallupönen und Pillkallen.

1735 erhielten die Husaren am Rhein unter Prinz Eugen die Feuer=taufe (60 Preußische und 60 Berlinische Husaren unter Rittmeister v. Zieten).

1737 wurden die Preußischen Husaren ein selbstständiges Korps unter Beibehaltung ihres Namens, nachdem sie noch um 3 Eskadrons vermehrt worden waren.

1739 wurden die Berlinischen Husaren unter Major von Wurmb zum **Leib=Korps** erhoben.

Die Bestimmung der Husaren, namentlich der Berlinischen, war, den König auf seinen Reisen zu begleiten und die ehemaligen Kabinet=Postillone zu ersetzen. Außerdem wurden sie zur Verfolgung der Deserteure und zur Aufrechthaltung der öffentlichen Sicherheit verwendet.

<center>~~~~~~</center>

II.

Bekleidung und Ausrüstung der Husaren unter Friedrich Wilhelm I.

Wie die Husaren überhaupt eine Nachahmung der leichten ungarischen Reiterei waren, so verleugnete auch ihr Aeußeres das Vorbild nicht.

Die mit gelben Schnüren besetzte Montur (Dolman und Pelz), welche unsere ersten Husaren trugen, war von der bei der Kavallerie im Allgemeinen üblichen Grundfarbe, nämlich weiß. Dazu wurden enge weiße Lederhosen (im Winter tuchene Beinkleider), Stiefel nach ungarischem Muster und als Kopfbedeckung schwarze Filzmützen, sogenannte Heiducken=Mützen, getragen. Anfang der dreißiger Jahre des vorigen Jahrhunderts wurden Pelzmützen eingeführt und zwar für die Preußischen Husaren Bären=, für die Berliner Wolfspelzmützen, beide mit rothem Beutel. Zu eben dieser Zeit wurde als Farbe für den Dolman Roth, für Pelz und Aufschläge Blau, bestimmt. Die Schnüre waren weiß, die der Offiziere von Goldschnur*). Die Säbeltasche

---

*) Ueber den Lederhosen wurden sogenannte Scharawaden getragen; das Nähere über dieses Klei=dungsstück siehe 4. Kapitel.

Ein kleines bei Menzel (Das Heer König Friedrichs des Großen, Prachtwerk in 3 Bänden Folio) wiedergegebenes Oelbild vom Jahre 1736, darstellend Offiziere und eine Ordonnanz vom Berlinischen Husaren=Korps, zeigt bei den Offizieren als Farbe für die Scharawaden Blau, für den herzförmigen Tuchfleck, mit welchem dieselben geschmückt sind, Roth. Die Ordonnanz dagegen trägt rothe Scharawaden mit blauem Herz.

saß anfänglich sehr hoch, ebenso der Säbel, welcher in einer von der heutigen Trageweise abweichenden Art befestigt wurde. Die Ringe an der Scheide befanden sich nämlich über der Schneide und nicht wie jetzt üblich, hinter dem Rücken der Klinge. In den ersten Zeiten führten die Subaltern-Offiziere leichte Karabiner, welche an einem von der linken Schulter zur rechten Hüfte gehenden Bandolier getragen wurden. Dasselbe war von gelbem Leder gefertigt und mit goldenen Tressen besetzt. Die Karabiner vertauschten die Offiziere später mit Pistolen.

In der ganzen Armee König Friedrich Wilhelm's I. hatten nur die Husaren Mäntel, führten dagegen keine Zelte mit sich.

Die Offiziere haben hohe gelbe Stiefel; die Schärpe der Ordonnanz ist roth und weiß. Das Zaumzeug der Offiziere ist roth oder blau, mit weißen Muscheln (Schlangenköpfen) besetzt. Oberst von Wurmb trägt den Pelz mit braunem Vorstoße (die Uebrigen mit weißem).

Eine Abbildung in Lippe's Husarenbuch, den Prinzen von Anhalt-Dessau in der Uniform des Korps der Preußischen Husaren darstellend, zeigt rothe Beinkleider (keine Scharawaden). Der Hermelin-Ausschlag des Pelzes ist eine nur dem hohen Chef zustehende Ausnahme.

2. Kapitel.

Uebersicht der Formationen bis zum Jahre 1806.

Für die Geschichte der Husaren von hoher Wichtigkeit wurde die Regierung Friedrich des Großen, der in richtiger Erkenntniß des Wesens dieser Truppe sich in ihr eine leichte Reiterei schuf. Bei seinem Regierungs-Antritt übernahm der König nur die erwähnten beiden Husaren-Korps in Stärke von zusammen 9 Eskadrons und hinterließ bei seinem 1786 erfolgten Tode 10 Husaren-Regimenter von zusammen 100 Eskadrons*). Eingerechnet ist bei den 10 Regimentern ein Regiment Lanzenreiter, die sogenannten Bosniaken, mit denen wir uns aber erst in der Geschichte der Ulanen zu beschäftigen haben werden.

Uebernommen wurden:

1. das 1721 errichtete Husaren-Korps (1806 von Gettkandt Nr. 1) — das grüne Regiment;

2. das 1730 errichtete Berlinische, spätere Leib-Husaren-Korps (1806 Leib-Husaren-Regiment von Rudorff Nr. 2) — das berühmte Zietensche Regiment.

Die von Friedrich dem Großen errichteten Regimenter sind folgende:

3. errichtet 1741, (1806 von Plötz Nr. 3) — das weiß-dunkelblaue Regiment;

4. „ 1741, Ulanen-Regiment; 1742 Husaren-Regiment (1806 Prinz Eugen von Würtemberg Nr. 4) — das weiße Regiment;

---

*) Laut Erlaß vom 1. Dezember 1743 hat das Regiment 10 Eskadrons, 36 Oberoffiziere, 80 Unteroffiziere, 10 Trompeter, 1020 Husaren, 10 Feldschmiede, 10 Feldscheers, 1130 Pferde ohne Offizier-Pferde, einschl. der 10 Feldscheers, weil sie bei den Husaren beritten sind. Der Unterstab: 1 Regiments-Quartiermeister, 1 Regiments-Feldscheer, 2 Büchsenmacher, 2 Schäfter. — Eine Eskadron ist stark: 3 Oberoffiziere, 8 Unteroffiziere, 1 Trompeter, 102 Husaren, 1 Feldschmied, 1 Feldscheer. NB. Die 6 übrigen Offiziere stehen bei den 6 ältesten Eskadrons.

5. errichtet 1741, (1806 von Prittwitz Nr. 5) — das schwarze Regiment „die Todtenköpfe";

6. „ 1741, (1806 Schimmelpfennig v. der Oye Nr. 6) — das braune Regiment;

7. „ 1742, nach dem siebenjährigen Kriege als Regiment von Gersdorff Nr. 7 aufgelöst (in Folge der Kapitulation von Maxen).

8. „ 1743, (1806 von Köhler Nr. 7). Das Regiment führte früher die Nr. 8, nach dem Ausfall des vorerwähnten Regiments rückte es an dessen Stelle. — Das gelbe Regiment;

9. „ 1758, (1806 von Blücher Nr. 8), führte bis Ende des siebenjährigen Krieges die Stamm-Nummer 9 und war bis 1764 unter dem Namen das neue schwarze Regiment oder „der ganze Tod" bekannt. Im genannten Jahre erhielt es die dunkelrothe Uniform des aufgelösten Regiments von Gersdorff, daher: das rothe Regiment;

10. „ 1745, die Bosniaken;

11. „ 1773, 1806 von Usedom Nr. 10.

Unter den folgenden Regierungen bis zum Jahre 1806 ist bei den Husaren nur der Zuwachs von 1 Bataillon (1806 von Bila Nr. 11) im Jahre 1792 zu verzeichnen.

Außer den erwähnten Regimentern und dem Bataillon bestanden 1806 noch 2 Husaren-Kommandos in der Stärke von je 1 Offizier und 12 Mann. Das eine von ihnen, das Berlinische Husaren-Kommando, war zum Ordonnanz-Dienste beim Prinzen Ferdinand bestimmt, während das andere, das Magdeburgische, denselben Dienst bei dem Gouvernement in Magdeburg versah.

3. Kapitel.

Kurze Geschichte der Husaren-Regimenter der alten Armee.

Den folgenden Angaben liegt die Stamm=Liste von 1806 zu Grunde. Die Garnisonen früherer Jahre sind nach älteren Stammlisten hinzugefügt, ebenso ist bei jedem Regimente hinter den Feldzügen der Verbleib nach dem Jahre 1806 angegeben worden. Die Chefs haben eine ausführlichere Behandlung erfahren.

Regiment Nr. 1.
1806: von Gettkandt.
(Niederschlesische Inspektion.)

Garnisonen*): Wohlau, Guhrau, Herrnstadt, Steinau, Sulau, Köben, Praus=nitz, Militsch, Trachenberg und Wintzig.

Formation: Der G.=L. von Wuthenow erhielt 1721 den Befehl, 30 Hu=saren anzuwerben. Er nahm dazu lauter Ulanen, welche 1722 durch 2 Kompagnien verstärkt wurden und den Major v. Schmidt zum Kom=mandeur bekamen. Aus diesen 2 Kompagnien wurden 1730 3 Eska=drons errichtet, deren Kommandeur der Major v. Brunikowski ward. Diese 3 Esks. wurden 1737 noch durch 3 neue verstärkt; aber 1740 von ihnen 3 Esks. nach Schlesien zur Verstärkung des Leibhusaren=Regiments Nr. 2 geschickt, und noch 2 zur Errichtung des Husaren=Regiments Nr. 3 genommen. Es blieb also nur noch 1 Esk. übrig, welche 1741 unter dem Major v. Mackerodt in das Lager bei Göthin (unweit Brandenburg a. d. H.) marschirte. Daselbst ward sie auf 2 Esks. verstärkt, aus welchen nachher die Regimenter Nr. 5 und 7 errichtet wurden. Der Oberst v. Brunikowski hatte aber von jeder

---

*) 1778 statt Prausnitz, Militsch und Trachenberg — Schlawa, Beuthen a. O., Stroppen.

10

seiner abgegebenen Esks. 10 Mann zurückbehalten. Zu diesen warb er 1741 in Preußen neue Leute an, errichtete ein neues Husarenregiment von 5 Esks., und ging mit demselben nach Schlesien, woselbst es 1742 eine Verstärkung von 5 Esks. erhielt.

Feldzüge: 1741 half das Rgt. Neiße erobern. 1742 focht es in der Schlacht bei Chotusitz, und war 1744 bei der Belagerung von Prag. In dem berühmten Treffen bei Neustadt, 1745, sowie in dem nicht minder wichtigen bei Landeshut, und in dem Gefechte bei Hirschberg, in welchem es 300 Gefangene machte, hielt sich das Rgt. sehr brav, half auch in der darauf folgenden Schlacht bei Hohenfriedberg den Sieg erringen. Im Treffen bei Lowositz, 1756, befanden sich 8 Esks.; 1757 in der Schlacht bei Prag 3 Esks., bei Collin 5, bei Roßbach aber das ganze Rgt. In letzterer eroberte es 4 Kanonen*), und verfolgte den Feind bis hinter Erfurt. In der Schlacht bei Leuthen waren 5 Esks. zugegen. 1759 machte das Rgt. den Feldzug nach Franken, wo es fast täglich glückliche Coups ausführte; nachher wohnte es der Schlacht von Kunersdorf bei. 1760 leistete das Rgt. in dem Treffen bei Strehla ausgezeichnete Dienste, indem es ein feindliches Dragoner- und Husarenregiment fast vernichtete, und die übrigen gefangen nahm. Hierauf stand es mit vor Dresden, und erntete darauf in der Schlacht bei Torgau großen Ruhm. 1761 war es in dem Gefecht bei Saalfeld, 1762 beschloß es den 7jährigen Krieg mit dem Treffen bei Freiberg. Unter des Prinzen Heinrich Befehl war das Rgt. 1778 am Bairischen Erbfolgekrieg betheiligt. 1793, in der Polnischen Kampagne, hatte eine Esk. ein Scharmützel bei Szurawe, sowie 1794 ein Detachement ein Scharmützel bei Pilica. Das 2. Bat. und 100 Pferde des 1. Bat. waren in dem Treffen bei Skala, das ganze Rgt. aber in der Schlacht bei Scelze, 2 Esks. befanden sich in dem Gefechte bei Nowamiasta an der Nidda, und 5 Esks. machten die Rekognoszirung bei Radzcin. In der Kanonade bei Wola waren 8 Esks., wie auch bei der Belagerung von Warschau, und 1 Esk., nebst einem Detachement bei Wegnahme der Schanzen vor Warschau. Ferner fochten 2 Esks. bei Konin, 1 bei Kolno, Lekno, Exin und Bromberg.

---

*) Die Gratifikation betrug damals, seit 1760 vom großen König festgesetzt: für eine eroberte Kanone 100 Dukaten, für eine eroberte Fahne 50 Dukaten, für eine eroberte Standarte 40 Dukaten; also höhere Sätze wie heute.

Im Jahre 1806 focht das Rgt. bei Jena. Bei Anclam kapitulirte es 697 Pferde stark. 1 Detachement fiel bei Ratkau in Gefangenschaft, während sich ein anderes nach Preußen durchschlug.

Das in Schlesien befindliche Depot wurde während des Krieges 1806—7 zur Formation der neu zu errichtenden Kavallerie verwendet.

~~~~~~~~

Chefs.

(Bis 1737 gemeinsam mit dem Dragoner=Rgte. Nr. 7, dem die Husaren attachirt waren.)

1721 Gen.=Lieut. **v. Wuthenow.**

1727 Oberst **v. Dockum.**

1732 Oberst **Prinz Eugen v. Anhalt=Dessau.**

1737 Oberst=Lieut. **Johann v. Brunikowski,** geboren in Polen 1688; diente zuerst unter Karl XII. von Schweden, nahm dann Polnische Dienste und trat 1721 in die Preußische Armee als Rittmeister ein, bei den neu errichteten Husaren; 1730 Major; 1740 Oberst; 1742, nach der Schlacht von Chotusitz, Gen.=Maj.; nahm 1747 wegen Alters den Abschied; † 1765.

1747 Oberst **Henning Otto v. Dewitz,** geboren 1707; zuerst in Kaiserlichen, 1741 in Preußischen Diensten; zeichnete sich vor Neiße aus und wurde in Folge dessen am 5. Dezember 1741 zum Major ernannt. Nach der Schlacht von Chotusitz Oberst=Lieut.; 1747 Oberst; nahm 1750 mit dem Charakter als Gen.=Maj. wegen einer Schußwunde am Fuße den Abschied; † 1772.

1750 Oberst **Michael v. Szekuly (Székely),** ein geborner Ungar, 1726 in Sächsischen, 1733 als Lieut. bei den Husaren in Preußischen Diensten; 1742 Maj.; 1749 Oberst=Lieut. und Kommandeur der braunen Husaren; 1750 Oberst; 1758 erhielt er als Gen.=Maj. den krankheitshalber erbetenen Abschied.

1758 Oberst **Friedrich Wilhelm Gottfried Arnd v. Kleist,** geboren 1725 zu Heiligenbeil, trat, nachdem er eine Zeitlang studirt hatte, 20 Jahre alt, bei dem Kürassier=Rgte. Gensd'armes (Nr. 10) ein. Im Jahre 1753 wurde er Lieut. und schon drei Jahre darauf als Major zum Husaren=Rgt. Nr. 1 versetzt. 1757 erhielt er den Orden pour le mérite. 1759 avancirte er zum Oberst und wurde Chef des Husaren=Rgts. Hierauf erfolgte die Bildung seines Frei-

Korps, mit dem er die glänzendsten Unternehmungen ausführte. 1762 wurde er zum Gen.=Maj. ernannt. Von seinem Könige tief betrauert, starb er 1767 am 28. August zu Jeschkendorf in Schlesien.

1770 Oberst **Georg Oswald Freiherr v. Czettritz,** geboren am 16. August 1728 zu Militsch im Fürstenthume Wohlau; trat in die Armee 1745 (Dragoner=Rgt. v. Bonin Nr. 4) ein. 1746 Fähnrich; 1749 Lieutenant; 1759 Stabs=Kapitän; 1762 Major — mit dem Orden pour le mérite dekorirt; 1763 Oberst=Lieut. und Kommandeur des Husaren=Rgts. Nr. 1; 1768 Oberst; 1770 Gen.= Maj.; 1786 Gen.=Lieut.; † 1796 als General der Kavallerie.

1797 Oberst **Anton Wilhelm v. L'Estocq,** geboren 1738; 1758 Kornet bei den Zieten=Husaren; 1793 Oberst; 1794 Kommandeur der Zieten=Husaren; 1798 Gen.=Maj.; 1803 Chef vom Rgt. To= warczys; erhielt das General=Kommando der Neu=Ostpreußischen Inspektion; 1805 Gen.=Lieut.; 1807 Kommandeur en Chef. Seine vorzüglichste Waffenthat war die Schlacht bei Eylau; 1808 Chef des Ulanen=Rgts. Nr. 1; 1812 General der Kavallerie; † 1815 in Berlin als Gouverneur der Länder zwischen Elbe und Oder.

1803 Gen.=Maj. **Ernst Philipp v. Gettkandt,** geboren 1743; machte seine Laufbahn bis zum Kommandeur im schwarzen Husaren=Rgt.; 1796 Oberst; 1803 Gen.=Major.; † 1808.

Regiment Nr. 2.
1806: Leibhusaren-Regiment von Rudorff.
(Mark=Brandenburgische Inspektion.)

Garnisonen:*) Berlin, Fürstenwalde, Beeskow und Müllrose.

Formation: Friedrich Wilhelm I. ließ 1730 in Berlin aus einigen Leuten vom Rgt. Nr. 1. und aus Neuangeworbenen eine Kompagnie Husaren errichten und ernannte den Ob.=L. v. Beneckendorff zum Kommandeur. Zu dieser einen Kompagnie kam 1731 die 2., 1732 die 3. und 1733

---

*) 1729 Berlin. 1731 Berlin und Beelitz. 1745, 1. Bat. Berlin, 2. Bat. Parchim, Plaue und Lübz. Seit 1787 die oben erwähnten Garnisonen. Die Stallungen und Kasernen in der Alexandrinen= Straße Nr. 12/13 zu Berlin sind diejenigen des Regiments gewesen. — Siehe die Husaren=Embleme am Eingangsthor.

wurden die 3 Kompagnien durch ausgesuchte Kürassiere, Dragoner und Grenadiere auf 3 Esks. verstärkt. 1739 macht Friedrich Wilhelm I. diese 3 Esks. zu seinem Leibhusaren-Korps, zu welchem 1740 noch 3 Esks. vom Rgt. Nr. 1 hinzukamen. Im Jahre 1741 während der Winterquartiere in Schlesien wurden diese 6 Esks. auf 10 vermehrt, und in 2 Bataillone getheilt.

Feldzüge: 1741, in der Schlacht bei Mollwitz, begründete das Rgt. den Ruf seiner Tapferkeit. 1744 wohnte es dem Gefecht bei Moldau-Tein bei, und schlug mit dem Husaren-Rgt. Nr. 5 den Feind in die Flucht. 1745 focht das Rgt. unter Markgraf Karl bei Neustadt in Oberschlesien mit ausgezeichnetem Muthe, so auch in der Schlacht bei Hohenfriedberg und in dem Treffen bei Katholisch-Hennersdorf, wo es die Pauken des Sächsischen Kürassier-Rgts. O'Byrn eroberte; dieselben wurden bis 1806 vom Regiment geführt. 1757, in den Schlachten bei Prag, Collin, Breslau und Leuthen, nicht minder in dem Gefechte bei Moys, erwarb sich das Rgt. durch Entschlossenheit bei allen Angriffen einen allgemeinen Ruhm; besonders aber fügte es der fliehenden feindlichen Armee, zu deren Verfolgung es nach der Schlacht bei Leuthen kommandirt wurde, durch Gefangennehmung vieler Tausende einen großen Verlust zu. 1758 richtete es in der Schlacht bei Zorndorf, wo es sich mit außerordentlichem Muthe auf die feindliche Kavallerie warf, eine fürchterliche Niederlage an. Gleiche Tapferkeit bewies es auch in dem Ueberfall bei Hochkirch. 1759 waren 500 Pferde in dem Treffen bei Kay, so wie in der kurz darauf erfolgten großen Schlacht bei Kunersdorf. 1760 wurde das Rgt. mit zum Dresdner Bombardement gezogen, und focht nachher bei Liegnitz und bei Hohengiersdorf. In der Schlacht bei Torgau bildete das Regiment die Avantgarde des Korps des Königs. Auf dem Marsche stieß es auf das feindliche Dragoner-Rgt. von St. Ignon, und nahm den General, 20 Offiziere und 400 Mann desselben gefangen. Hierauf deckte es den Aufmarsch der Armee, hieb sodann in die feindliche Infanterie ein, und warf zuletzt eine ganze Kolonne Kavallerie. Nach dieser Schlacht trat das Rgt. den Marsch nach dem Thüringischen an. Im Winter 1761 bei Langensalza, nahm das 1. Bat. die Sächsische Garde, nebst 1 Bat. Grenadiere, gefangen, und eroberte 6 Kanonen. Sechs Wochen darauf griff das 1. Bat. bei Saalfeld die Reichsarmee an. 2 Esks.

davon hieben in 2 Esks. Kürassiere und 6 Komp. Grenadiere ein, machten letztere zu Gefangenen und eroberten 4 Kanonen und 2 Fahnen. Auf der Flucht der Reichsarmee holte das 1. Bat., zu welchem das 2. stieß, das durch die Saale schwamm, die Arriergarde bei Hoheneiche ein, nahm davon 900 Mann gefangen, und eroberte noch 6 Kanonen und 2 Fahnen. 1762 befand sich das Rgt. anfänglich in Schlesien, und half die zahlreichen Feinde von den Leutmannsdorfer und Burkersdorfer Anhöhen vertreiben. Darauf marschirte es zur Armee des Prinzen Heinrich nach Sachsen, wo 5 Esks. bei Spechtshausen am Tharander Walde die feindliche Avantgarde angriffen, dabei viele hundert Gefangene machten und 6 Kanonen eroberten. Im Bairischen Erbfolgekriege, 1778 und 79, stand das Rgt. bei der Armee des Königs. 1787 machte das 1. Bat. die Expedition nach Holland mit, und hatte das sonderbare Glück, eine Fregatte zu erobern. 1792 marschirte es gegen die Franzosen, befand sich mit in der Kanonade bei Valmy, so wie in den Gefechten bei Limburg, Hochheim und Fontoi. In St. Miet erbeutete ein Kommando des Rgts. nebst 100 Füsilieren von den Füsil.-Bat. Nr. 1 und 20, 61 Pferde und eine Kriegskasse von 57,000 Livres. Ferner befand sich das Rgt. in dem Gefechte von Brücknech. 5 Esks. waren in dem Gefechte bei Bockenheim, und hierauf das ganze Rgt. bei Etablirung der Winterposition von Wickert, Erbenheim und Mosbach. 1793 waren 7 Esks. bei der Einnahme des Postens von Hochheim, und das ganze Rgt. in dem Gefechte bei Alzei. In dem Gefechte von Limbach erbeutete das 1. Bat. 2 Kanonen. Das 2. war bei der Kanonade von Nußweiler. In den Gefechten vor Hornbach und auf der Bubenhäuser Höhe bei Zweibrücken befand sich das ganze Rgt. Das 1. Bat. war in der Schlacht bei Kaiserslautern. Ein Kommando von 100 Pferden vom 2. Bat. eroberte beim Mispilsteiner Hof 1 Kanone. 1794 hatte das Rgt. verschiedene Gefechte bei Kirchheim-Bolanden, Morsheim, Creuznach und Celle. Bei Kaiserslautern und Trippstadt eroberte das Rgt. 2 Fahnen, 12 Kanonen, 2 Haubitzen, 29 Pulver- und Munitionswagen, 2 Feldschmieden, 60 Bagagewagen, 2 Lafetten und 450 Beutepferde; auch machte es überdies 1500 Gefangene. Hierauf wohnte das Rgt. den Gefechten bei Trippstadt, Hermersberg und Köshofen bei. Nachdem war das Rgt. bei den Gefechten von Trippstadt, Johanniskreuz und Hermersberg, so wie bei der Attake der Franzosen auf Mainz.

1806, am 7. Novbr., kapitulirte das Rgt. bei Ratkau, am 22. 1 Detachement, 40 Pferde stark, in Hameln.

Aus dem Depot und vielen Ranzionirten wurden in Preußen 3 Esks. gebildet, die den Stamm des Brandenburgischen Husaren-Rgts. bildeten.

Chefs.

1730 Rittmeister **Egidius Arend v. Beneckendorff**, Kommandeur, 1733 Major; nahm 1735 als Oberst-Lieut. seinen Abschied.

1736 Ob.-Lieut. **Alexander Ludwig v. Wurmb**, geboren 1686 zu Hannover; trat 1701 in Preußische Dienste; 1740 Oberst; 1741 zu dem Garnison-Rgte. v. Röder Nr. 2 versetzt; † 1749.

1741 Oberst **Hans Joachim v. Zieten**, geboren 1699 am 18. Mai zu Wustrau in der Mittelmark; trat 1714 bei dem Infanterie-Rgte. Nr. 24 ein; 1720 Fähnrich. Zurücksetzung im Avancement bewogen ihn den König in einem Schreiben vom 28. Juli 1724 um seine Versetzung zu bitten. Die Folge war seine Entlassung. Nachdem er zwei Jahre später als Premier-Lieut. im Dragoner-Rgt. v. Wuthenow (Nr. 6) wieder angestellt worden war, brachte ihm eine Streitsache die abermalige Entlassung. 1730 wurde er zum dritten Male und zwar bei dem neu errichteten v. Beneckendorff'schen Husaren-Korps angestellt und erhielt im folgenden Jahre das Patent als Rittmeister. Er war es, der Preußische Husaren zum ersten Male ins Feuer führte (1735 im Reichskriege am Rhein). 1736 Major. Die glänzende Waffenthat von Rothschloß, 17. Mai 1741, begründete seinen Ruhm. Kurze Zeit darauf ernannte ihn der König zum Oberst und Rgts.-Chef und verlieh ihm den Orden pour le mérite. 1744 Gen.-Major. Im Gefecht von Katholisch-Hennersdorf erhielt er eine gefährliche Wunde am Unterschenkel. 1756 Gen.-Lieut.; 1757 mit dem schwarzen Adler-Orden dekorirt. Die Schlacht von Liegnitz

Hans Joachim v. Zieten

1732 Rittmeister u. Chef der 2ten Frei Compagnie des unter Sr. Majestät König
Friedrich Wilhelm I unmittelbarem Befehl stehenden Hus. Corps (in Belitz.)

brachte ihm die Ernennung zum General der Kavallerie. Die endliche Entscheidung der Schlacht von Torgau wird hauptsächlich ihm verdankt. Hohes Alter verhinderte ihn am Bairischen Erbfolgekriege Theil zu nehmen. Die letzten Tage seines Lebens brachte er theils auf seinem Gute Wustrau, theils in seinem Hause zu Berlin, Kochstraße 62*) zu. Er starb zu Berlin am 26. Januar 1786.

1786 Oberst **Karl August Freiherr v. Eben und Brunnen,** geboren 1734; trat 1751 in Preußische Dienste; 1785 Oberst; 1786 Gen.-Maj.; 1793 Gen.-Lieut.; † 1800.

1795 Gen.-Lieut. **Friedrich Eberhard Siegmund Günther v. Göckingk,** geboren 1738; 1786 Oberst; 1789 Gen.-Maj. und Chef des schwarzen Husaren-Rgts.; 1795 Gen.-Lieut.; † 1813 außer Dienst (nach der Stammliste von 1806 erhielt derselbe als General der Kavallerie 1805 Pension).

1805 Oberst **Wilhelm Heinrich v. Rudorff,** geboren 1741; diente im siebenjährigen Kriege als gemeiner Husar; in Folge der Schlacht bei Freiberg wurde er zum Lieutenant befördert; 1806 General-Maj.; † 1832 außer Dienst zu Berlin.

Regiment Nr. 3.
1806: von Pletz.
(Oberschlesische Inspektion.)

Garnisonen:**) Bernstadt, Constadt, Pitschen, Reichthal, Festenberg, Juliusburg, Medzibor, Trebnitz, Oels und Wartenberg.

Formation: Dieses Rgt., dessen Stamm 2 Esks. vom Regt. Nr. 1 waren, wurde 1741 auf 5 Esks. errichtet, durch Dragoner und Neuangeworbene vollzählig gemacht, und 1742 auf 10 Esks. gesetzt***).

---

*) In Folge Straßendurchbruchs ist das Haus nicht mehr vorhanden.

**) 1778: Creutzburg, Pitschen, Tost, Bernstadt, Constadt, Landsberg, Reichenbach, Rosenberg, Guttentag und Lublinitz.

***) Im siebenjährigen Kriege hatte das Rgt. meistentheils Ueberkomplette, welche über den Etat, auf Befehl des Königs, dessen Gnade es sich besonders rühmen konnte, immer ausgezahlt werden mußten.

Feldzüge: 1741 hatte das damals nur 5 Esk. starke Rgt. bei Kloster Leubus das Unglück, überfallen und fast zu Grunde gerichtet zu werden, wurde aber bald völlig wieder errichtet; 1744, wo es die Insurgenten aus Ober= und Niederschlesien jagen half, griff das Rgt. in Plesse ein ansehnliches Korps feindlicher Kavallerie an, hieb eine große Anzahl nieder und machte 200 Gefangene. 1745 machte es bei Groß=Strehlitz auf den dreimal stärkeren Feind eine so tapfere Attake, daß davon ein großer Theil getödtet und 300 Mann gefangen wurden. Es verlor jedoch hierbei seinen Chef. Gleiche Bravheit bewies es bei Oderberg, wo es ein Dragoner=Rgt. in die Pfanne hieb, 1 Standarte erbeutete, und über 100 Gefangene einbrachte. 1756 bildete es beim Einmarsch in Böhmen die Avantgarde. Es wurde bei Aujest angegriffen, schlug aber den Feind mit einem Verluste von etlichen 100 zurück. 1757 focht das Rgt. in der Schlacht bei Prag, wo es auf dem linken Flügel stand, dreimal auf die weit überlegene Oesterreichische Kavallerie einhieb und endlich zum Weichen brachte; auch befand es sich bei Collin, wo es ebenfalls auf dem linken Flügel stand, und alsdann, da es auf dem rechten unglücklich ging, den Rückzug der Armee deckte. Bei Leuthen waren nur 3 Esks. zugegen. Ferner hieb das Rgt. 1757 bei Alt=Bunzlau über 1500 Kroaten nieder, verlor aber durch einen Schuß seinen braven Chef, den G.=M. von Wartenberg. 1758 ward es mit zur Belagerung von Olmütz gebraucht, und warf beim Rückmarsche aus Mähren bei Landskron 1 Korps feindlicher Kavallerie; den Rest des Feldzuges kämpfte es gegen die Schweden in der Mark und in Pommern, besonders bei Fehrbellin, mit vielem Glück. 1759, in der Schlacht bei Kunersdorf, fochten nur 5 Esks., in dem Treffen bei Pretsch hingegen das ganze Rgt. 1760 stand es mit vor Dresden, und war in der Schlacht bei Liegnitz und bei Torgau, in den Gefechten bei Hohengiersdorf und bei Zobten rühmlichst betheiligt. 1761 war es in Sachsen, wo es sich bei verschiedenen Gelegenheiten hervorthat. 1762 leistete es im Treffen bei Reichenbach sehr gute Dienste, desgleichen bei Neustadt und Ratibor in Oberschlesien, sowie es vorher bei verschiedenen Angriffen auf Burkersdorf und Leutmannsdorf war. Den Bairischen Erbfolgekrieg hindurch war es bei des Königs Armee. 1778 hatte das 2. Bat. beim Ein=

marsch in Böhmen unweit Deutsch-Prausnitz ein Gefecht, wobei es vom Rgt. Kaiser-Husaren viele niederhieb und 80 Mann gefangen nahm. 1792 focht das Rgt. gegen die Franzosen und stand mit in der Kanonade von Valmy, wie auch bei der Belagerung von Verdun und bei Grandpré. 1793 hielt das Rgt. bei Gundersheim eine harte Kanonade aus und that sich im Zweibrück'schen bei verschiedenen Gelegenheiten, besonders bei Altstadt und Limbach sehr hervor. Aus Bliescastel vertrieb es, mit Beihülfe einer Jägerkompagnie ein Korps Franzosen. Bei Remlingen und Hornbach that es sich hervor und deckte im Winter meistentheils allein mit dem Füsilier-Bataillon Nr. 13 den Rückzug der Armee von der Gegend von Landau bis bei Worms, wo es sich vorzüglich auszeichnete; 1794 war es bei einigen kleinen Vorfällen sowohl unweit Trier, als auch im Zweibrück'schen und Saarbrück'schen. 1795 marschirte es nach Westfalen, und war zuerst im Münster'schen, um noch zu rechter Zeit die daselbst stehenden Kaiserlichen zu unterstützen, so daß die Franzosen nicht weiter vordringen konnten und sich über die Holländische Grenze zurückziehen mußten.

Bei Ratkau am 7. Novbr. 1806 mußte das Rgt. die Waffen strecken, während ein Detachement bei Hameln kapitulirte.

Das Depot wurde in Schlesien zu der während des Krieges dort zu errichtenden Kavallerie verwendet.*)

Chefs.

1740 Oberst **Friedrich Asmus v. Bandemer,** trat 1713 in Polnische, 1719 in Russische Dienste und 1738 als Oberst in Preußische. Die bei Kloster Leubus, 1. August 1741, erhaltene Schlappe war Veranlassung zu seiner Entlassung. † am 24. August 1770.

1741 Oberst **Hyacinth Malachow v. Malachowsky,** ein älterer Bruder des Gen.-Lieuts. Paul Joseph M. v. M., der 1753 das Husaren-Rgt. Nr. 7 erhielt. Dieser ausgezeichnete Offizier kam 1741 aus Französischen Diensten und erhielt als Oberst das Husaren-

---

*) Ueber eine ausgezeichnete That des Rittmeisters v. Hellwig, die Befreiung eines großen Gefangenen-Transportes, vergleiche 2. Theil, Kapitel 12.

Rgt. Nr. 3. In dem Scharmützel bei Groß-Strehlitz, am 12. April 1745, wurde er durch Unvorsichtigkeit eines seiner eigenen Husaren verwundet und starb 5 Tage darauf zu Brieg.

1745 Oberst **Hartwig Karl v. Wartenberg,** am 3. April 1711 in der Mark geboren; trat 1725 in das Kadetten-Korps; 1731 Lieutenant; ging in demselben Jahre nach Rußland, um dort das Preußische Exerzitium zu lehren und machte unter Münnich einige Feldzüge gegen die Türken mit. Friedrich II. rief ihn zurück. Er diente nun als Major bei den Natzmer-Ulanen (nachher Husaren-Rgt. Nr. 4); 1741 als Oberst-Lieut. in das Husaren-Rgt. Nr. 3 versetzt; 20. April 1745 Oberst und Chef des letztgenannten Rgts. Unter ihm galt dasselbe als Schule für den Felddienst. Nachdem er im Jahre vorher den Orden pour le mérite erhalten hatte, ward er am 3. September 1751 Gen.-Maj. In einem Gefechte bei Alt-Bunzlau am 2. Mai 1757, streckte ihn eine Musketenkugel nieder.

1757 Oberst **Karl Emanuel v. Warnery,** ein Schweizer, geboren 1720; nahm früh Sardinische, später Oesterreichische und Russische Dienste. 1742 trat er in die Preußische Armee über und erhielt eine Eskadron des Husaren-Rgts. Nr. 4. 1744 Major; außer der Tour Oberst-Lieut. und 1757 Oberst. Am 12. November 1757 gerieth er bei der Kapitulation von Schweidnitz in Gefangenschaft und erhielt 1758 vom Könige den nachgesuchten Abschied. Er zog sich auf sein Gut Langenhof in Schlesien zurück, nahm später Polnische Dienste, wurde Polnischer General und starb am 8. Mai 1786 in Breslau.

1758 Oberst **Christian v. Möhring,** bürgerlicher Abstammung; diente von unten auf bei dem Berliner Husaren-Korps unter Friedrich Wilhelm I.; 1735 Korporal; 1740 Kornet; 1750 Rittmeister; 1751 Major; 1757 Oberst-Lieut.; 1758 Oberst und Chef des Husaren-Rgts. Nr. 3; 1766 Gen.-Maj.; † am 1. Mai 1773 zu Creuzburg in Schlesien.

1773 Oberst **Stephan v. Samoggh (Somogy),** ein Ungar; diente zuerst beim Husaren-Rgt. Nr. 5, später bei Nr. 2; 1748 Stabs-Rittmeister; 1758 Major; 1763 Kommandeur des Husaren-Rgts. Nr. 3; 1767 Oberst-Lieut.; 1773 Oberst und Chef desselben Rgts.; † 1777.

1777 Oberst **Hans Christoph v. Rosenbusch,** am 11. August 1717 zu
Leipe bei Jauer geboren. Aus Sächsischen Diensten kommend,
wurde er Fähnrich beim Infanterie-Rgt. v. Kampusch (Nr. 34),
und kurz darauf Premier-Lieut. im braunen Husaren-Rgte.; 1746
Rittmeister; 1758 Major, später Regiments-Kommandeur; 1767
Oberst-Lieut.; 1772 Oberst; 1777 Chef des Husaren-Rgts. Nr. 3;
1785 Gen.-Maj.; † noch in demselben Jahre zu Creuzburg.

1785 Oberst **Karl Franz v. Keöszegh (Keoscegh),** geboren am 3. August
1721 auf dem Schlosse Schaumegh in Ungarn; gab die Kaiserlichen Dienste auf und trat am 16. April 1743 in Preußische;
wurde beim Husaren-Rgt. Nr. 8 Kornet; 20. Juni 1744 Se-
conde-, 1751 Premier-Lieut.; 1757 Rittmeister im grünen Rgte.;
erhielt 1758 den Orden pour le mérite, gerieth aber kurze Zeit
darauf in Oesterreichische Gefangenschaft, in der er bis 1762
verblieb. 4. Mai 1762 Major; 30. August 1772 Oberst-Lieut.
und Kommandeur desselben Rgts.; 15. December 1779 Oberst;
18. September 1785 Chef des Husaren-Rgts. Nr. 3; 30. Juni
1786 Gen.-Maj.; im Mai 1788 pensionirt.

1788 Gen.-Major **v. Köhler,** erhielt das Husaren-Rgt. Nr. 7, (siehe dieses).

1796 Gen.-Major **v. d. Trenck,** ebenfalls zu Nr. 7 versetzt, (siehe dieses).

1797 Oberst **Dietrich Wilhelm v. Schultz,** 1734 geboren; 1793 Oberst;
1798 Gen.-Maj.; † 1803.

1803 Oberst **August Wilhelm v. Pletz,** 1740 geboren; 1794 Kommandeur
der nachmaligen Blücher-Husaren; 1796 Oberst; 1804 Gen.-Maj.;
† 1810 außer Dienst.

~~~~~~~~~

Regiment Nr. 4.
1806: Prinz Eugen v. Würtemberg.
(Oberschlesische Inspektion.)

Garnisonen:*) Namslau, Kempen, Radomsk, Dzialoczyn, Wielun, Wieruschau,
Rosenberg, Siewierz, Boleslawice und Ostrowo.
Formation: Der Oberst v. Natzmer warb 1740 und 41 in Preußen ein Re-

---

*) 1778: Wartenberg, Militsch, Trebnitz, Oels, Auras, Juliusburg, Prausnitz, Festenberg
und Medzibor.

giment Ulanen, welches aus Polnischen und Litthauischen Rekruten, 5 Esks. stark, errichtet wurde. 1742 wurde es als ein Husaren-Rgt. auf 10 Esks. gesetzt. Bis 1795 hatte es seine Garnisonen in Oberschlesien in Oels etc., in diesem Jahre wurde es nach Süd-Preußen verlegt.

Feldzüge: Dieses Regiment hat bereits den Feldzügen 1741 und 1742 beigewohnt, und war 1745 in der Schlacht bei Hohenfriedberg und Soor. In ersterer eroberte es die Pauken der Sächsischen Karabinier-Garde. In dem Gefecht bei Groß=Strehlitz griff das Rgt. ein starkes feindliches Korps mit dem größten Muthe an, schlug es in die Flucht und machte 112 Mann zu Gefangenen. 1757 bewies das Rgt. nicht nur im Treffen bei Reichenbach, sondern auch Tags vor demselben viel Entschlossenheit im Angriffe feindlicher Posten. Gleichen Muth zeigte es auch in den Schlachten bei Prag, Collin und Leuthen. Nach der Schlacht bei Prag machte das Rgt. die meisten Gefangenen. 1758 griff es unweit Hartha die Laudonsche Arrier-garde an, welche dabei einen Verlust von 500 Mann hatte. Kurz darauf war es in der Hochkircher Schlacht. Wenige Tage nach dieser Schlacht warf es unweit Görlitz ein feindliches Korps Ka-vallerie und machte noch 450 Gefangene. 1759 machte es die Expedition zur Vernichtung des großen Russischen Magazins in Posen, und focht noch in diesem Feldzuge bei Kay und Kunersdorf. In der Schlacht bei Torgau, 1760, war nur ein Kommando von 200 Pferden. 1761 machte es einen Zug gegen die Franzosen, auf dem das 2. Bat. bei Plauen die Arriergarde der Reichsarmee einholte, 3 Kanonen erbeutete und viele Gefangene machte. 1778 bis 79 war es bei des Prinzen Heinrich Armee. In der Polnischen Kampagne, 1794, war das ganze Rgt. mit bei der Vertreibung der Polen aus dem Lager bei Skala, und 8 Esks. in der Schlacht bei Scelze. Bei der Wegnahme von Krakau waren 5 Esks., ebenso 8 Esks. in den Gefechten bei Tarzcin, Radzcin, Opalin und bei der Weg-nahme von Wola unweit Warschau. Bei Eroberung der Schanzen am 26. August waren 6 Esks. Die Leib=Eskadron deckte die Infan-terie bei Wegnahme der Schanzen am 28. August gegen die stark überlegene feindliche Kavallerie. 2 Esks. waren bei dem vereitelten Ueberfall der Polen auf dem linken Flügel der Armee bei Wawrzize. In dem Gefechte bei Conin nahmen 2 Esks. den Polen 2 Kanonen ab. 1 Esk. war bei Bromberg. Der damalige Kommandant Oberst v. Lediwary entsetzte hierauf Thorn mit einem kaum 2000 Mann starken Korps und jagte den gegen 20,000 Mann starken Feind über die Psurra. 1 Esk. wurde von den Polen bei Kamion über= fallen, ohne dabei Verluste zu haben; 2 Esks. fochten bei Suchaczew. Außerdem war das Rgt. während dieses Feldzuges noch an vielen kleineren Gefechten betheiligt.

1806 kämpfte es bei Jena und Zehdenick. Bei Ratkau wurde ein Detachement zur Kapitulation gezwungen, während das Rgt., 407 Pferde stark, Preußen erreichte.

Das Depot in Schlesien wurde zur Neuformation der dort zu bildenden Kavallerie verwendet.

Chefs.

1741 Oberst **Georg Christoph v. Natzmer,** 1693 in Pommern geboren; begann 1710 seine militärische Laufbahn beim Kürassier=Rgte. Nr. 6; 1712 Kornet; 1719 Rittmeister; 1732 Major; 1736 Oberst=Lieut.; 1740 in das Kürassier=Rgt. Nr. 4 versetzt; erhielt 1741 als Oberst den Befehl ein Ulanen=Rgt. zu errichten, welches, da es sich nicht bewährte, 1742 in ein Husaren=Rgt. (Nr. 4) umgewandelt wurde. 10. Juli 1750 Gen.=Maj.; † 27. Januar 1751 in Breslau.

1751 Oberst **Heinrich Siegmund v. Vippach und Mark=Vippach,** am 17. März 1712 in Thüringen geboren. Nahm Sachsen=Go= thaische Dienste, die er 1740 mit Preußischen vertauschte. Er trat als Lieut. in das Husaren=Rgt. Nr. 2. In Rücksicht auf sein ausgezeichnetes Verhalten vor dem Feinde, ernannte ihn der König 1746 zum Oberst=Lieut.; 1748 Kommandeur des Husaren= Rgts. Nr. 5; 1751 erhielt er als Chef das Husaren=Rgt. Nr. 4; † 14. Mai 1755 zu Polnisch=Wartenberg.

1755 Oberst **Georg Ludwig v. Puttkammer,** geboren 1715; trat 1732 bei dem Kürassier=Rgte. Nr. 4 ein; 1740 in das Husaren=Rgt. Nr. 3 als Lieut. versetzt; 17. Oktober 1745 Maj. Das Rgt. galt unter seiner Führung als eine ausgezeichnete Schule für den Kriegsdienst, weshalb auch Offiziere anderer Rgtr. dahin abkom=

mandirt wurden. 1745 wurde er bei Oderberg am rechten Kinn=
backen verwundet. 26. August 1753 Oberst=Lieut.; 1755 erhielt
er als Chef dieses Rgt.; 1757 Gen.=Maj. mit den Worten
im Patent: „da er bei so vielen Gelegenheiten, insbesondere im
gegenwärtigen Kriege unter Unserm Höchsteignem Kommando,
Proben von Tapferkeit etc."; fiel in der Schlacht bei Kunersdorf
am 12. August 1759.

1759 Oberst **Levin August v. Dingelstädt,** trat 1740 in Preußische Dienste;
1741 Lieut.; 1745 Rittmeister; 1758 Oberst=Lieut. des Husaren=
Rgts. Nr. 4; 1759 Oberst und Chef des Rgts. Auf sein Ge=
such 1762 verabschiedet.

1762 Oberst **Balthasar Ernst v. Bohlen,** 1741 Esk.=Chef im Husaren=
Rgte. Nr. 1; 1759 Maj.; in demselben Jahre bei Kunersdorf
verwundet; 1761 Oberst=Lieut. und Kommandeur der v. Kleist'=
schen Frei=Husaren und =Dragoner; 1762 Oberst und Chef des
Husaren=Rgts. Nr. 4; 1770 pensionirt.

1770 Oberst **Karl v. Podjursky,** im Ermeländischen am 29. März 1720
geboren; trat 1741 als Lieut. bei den Natzmer=Ulanen ein. 1748
Rittmeister; 1757 Major; 1759 Oberst=Lieut.; 1768 Oberst;
1770 Chef des Rgts.; 1774 Gen.=Maj. und Ritter des Ordens
pour le mérite; † 12. Mai 1781 zu Wartenberg.

1782 Oberst **Eugen Friedrich Heinrich, Prinz v. Würtemberg=Stuttgart,**
am 21. November 1758 zu Stuttgart geboren; trat 1781 als
Oberst in das Infanterie=Rgt. Nr. 36 ein; 1782 erhielt er das
Husaren=Rgt. Nr. 4; 1. Juli 1786 Gen.=Major. Der Prinz
übernahm 1795 das Gouvernement von Glogau. Das Husaren=
Rgt. Nr. 4 führte den Namen des Prinzen weiter, obgleich es
in v. Lediwary einen neuen Chef erhalten hatte. 1797 erhielt
der Prinz das Rgt. von Neuem. 1801 General der Kavallerie;
† 1822 außer Dienst.

1795 Oberst u. Chef **Karl Ludwig v. Lediwary,** 1735 geboren; 1791 Oberst;
1794 Chef des eben besprochenen Rgts. Prinz Eugen v. Wür=
temberg (Nr. 4); 1798 Gen.=Maj. und Chef des Hus.=Rgts.
Nr. 10; † 1812 außer Dienst.

1797 Gen.=Lieut. **Prinz Eugen v. Würtemberg.**

Regiment Nr. 5.
1806: von Prittwitz.
(Preußische Inspektion.)

Garnisonen:*) Wirballen, Wystiten, Serrey, Przeroslen, Wilkowischken, Su-
walken, Kalwary, Marienpoll, Schirwindt und Prenn.

Formation: 1741 wurde das Regiment in der Mark auf 5 Esks. errichtet,
und hatte 1 Esk. vom Rgt. Nr. 1 zum Stamm. 1742 wurde es
auf 10 Esks. vermehrt. 1745 ward das Bosniaken-Korps, welches
eine Fahne stark war, dem Rgt. einverleibt. 1760 auf 10 Fahnen
vermehrt, 1763 aber auf den alten Stamm reduziert. Seine ersten
Garnisonen erhielt es in Goldapp etc. in Ostpreußen. Von hier
aus wurde es 1799 nach dem bisherigen Litthauen, längs dem
Flusse Niemen, verlegt.

Feldzüge: 1744 befand sich das Rgt. bei der Belagerung von Prag und
bald darauf in dem Treffen bei Teyn. Es hielt sich brav, und trug
mit dem Husaren-Rgt. Nr. 2 das Meiste zum glücklichen Ausgang
dieses Treffens bei. 1745 zeichnete es sich an dem denkwürdigen
Tage von Landeshut rühmlichst aus, ferner in einem Gefechte bei
Hirschberg, wo es 300 Mann gefangen nahm, und darauf in
der Schlacht bei Hohenfriedberg. In dieser berühmten Schlacht warf
es die feindliche Kavallerie gänzlich über den Haufen. In dem
entscheidenden Treffen bei Katholisch-Hennersdorf eroberte das
Rgt. seine Pauken von einem Kur-Sächsischen Kürassier-Rgt.
1757 leistete es in der Schlacht bei Groß-Jägerndorf vortreffliche
Dienste. 1758 gingen 3 Esks. zur alliirten Armee, die
übrigen 7 fochten gegen die Schweden, Russen und Oesterreicher.
Gegen Ende des Jahres 1761 stießen die 3 Esks. wieder zu den
7 der Preußischen Armee. Die 7 Esks. haben 1758 der Schlacht
bei Zorndorf und 1759 dem Treffen bei Kay beigewohnt. Während
der Schlacht bei Kunersdorf deckten sie die Bagage bei Frankfurt. 1758 griffen die 3 Esks. bei Nord-Drebber das Französische Husaren-Rgt. Polleretzky an, erbeuteten 300 Pferde nebst
den Standarten und Pauken des Rgts. In der Schlacht bei
Crefeld fochten diese Esks. mit ganz besonderer Tapferkeit. Beim

---

*) 1778: Goldapp, Oletzkow, Lyk, Schirwindt, Darkehmen, Pillkallen, Lötzen; 1784, außer den
genannten mit Ausnahme von Lyk: Stalupken und Ragnit.

Uebergange über den Rhein griffen sie ein Französisches Kürassier=Rgt. an, warfen es und eroberten ein Paar Pauken und 4 Standarten. 1759 zeichneten sie sich in der Schlacht bei Bergen, sowie in der bei Minden, besonders aus, und vernichteten ferner bei Gütersloh 2 Französische Regimenter. 1760 focht das Rgt. theils in Pommern, theils in Polen und Schlesien, und hatte viele glückliche Gefechte. 1761 wohnte es dem Zuge nach Gostyn bei, nach dessen glücklichem Ausgang es den Russen bei ihrem Rückzuge großen Schaden zufügte. Gleich darauf hatte das Rgt. selbst in dem Gefechte bei Schwenshagen beträchtliche Verluste. 1762 wohnte ein Kommando des Rgts. dem Treffen bei Reichenbach bei. Im Bairischen Erbfolgekriege, 1778, war ein Detachement im Gefechte bei Weißkirchen. Auch war das Rgt. 1794 am Polnischen Feldzuge betheiligt.

Das Rgt. überstand die Katastrophe von 1806 und focht mit Auszeichnung bei Eylau und Heilsberg. Für letztere Schlacht erhielten sämmtliche Offiziere den Orden pour le mérite. Außerdem nahm das Rgt. Theil an den Gefechten von Wackern, Waltersdorf, Braunsberg, Spanden, Liebstadt, Königsberg und im Baumwald.

<hr>

Chefs.

1741 Oberst **Georg Heimbert v. Mackerodt (th)**, geboren 1691; trat 1717 als gemeiner Reiter aus Sächsischen in Preußische Dienste, in das Kürassier=Rgt. Nr. 6, über. 1718 Kornet; später als Stabs=Rittmeister zu den sogenannten Preußischen Husaren versetzt, bei welchen er am 1. März 1738 zum Major ernannt und geadelt wurde; im November 1741 Oberst=Lieut. bei den von Brunikowski=Husaren (später Nr. 1); 1742 erhielt er das schwarze Hus.=Rgt. (Nr. 5) und starb 1743 auf dem Marsche nach Schlesien.

1744 Oberst **Johann Theodor v. Rüsch,** aus Ungarn gebürtig. Zuvor in Kaiserlichen Diensten. 1744 Oberst; 1750 Gen.=Maj.; 1753 nebst seinem Bruder (Hauptmann im Infanterie=Rgt. Prinz Heinrich, Nr. 35) in den Freiherrnstand erhoben. 1758 nach der Schlacht von Zorndorf verabschiedet und † 1769 zu Jawornitz in Schlesien.

1758   Oberst **v. Beust,** † 1759.

1759   Oberst **Daniel Friedrich v. Lossow,** geboren 1722 in der Neumark; trat 1742 in das Heer; 1745 Kornet; 28. Februar 1748 Lieut. beim Hus.-Rgt. Nr. 4; 1759 Major bei Nr. 5; in demselben Jahre am 29. Oktober Oberst-Lieut.; 1760 Kommandeur desselben Rgts.; im Mai 1761 Oberst; 1762 Chef des Rgts.; im Mai 1766 Gen.-Maj.; 21. Mai 1781 Gen.-Lieut. Ein sehr verdienter Offizier. In den Jahren 1774—76 erster Kommissarius bei der Grenz-Berichtigungs-Kommission für Polen; † zu Goldapp in Preußen am 12. Oktober 1783.

1783   Oberst **Karl August v. Hohenstock,** (vorher Chef des Husaren-Rgts. Nr. 8) geboren 1723; trat als Gemeiner in das Hus.-Rgt. Nr. 4 ein; wurde Wachtmeister; 1747 Kornet; 1754 Lieut.; 1759 Stabs-Rittmeister; 1760 Esk.-Chef; 1761 Major und Kommandeur der Kleist'schen Frei-Husaren; 1763 in das Dragoner-Rgt. v. Krockow (Nr. 2) versetzt; 1767 Kommandeur des Husaren-Rgts. von Usedom (Nr. 7); 1772 Oberst und in demselben Jahre unterm 29. August Chef des Hus.-Rgts. v. Belling (Nr. 8); 1783 Chef des Husaren-Rgts. Nr. 5; 1785 Gen.-Maj.; † 1788.

1788   Oberst **v. Göckingk,** erhielt das Leibhusaren-Rgt. (Nr. 2), (siehe dort).

1795   Gen.-Maj. **Friedrich Wilhelm v. Suter,** geboren 1739; 1789 Oberst; 1794 Gen.-Maj.; 1800 Gen.-Lieut.; 1804 pensionirt; † 1815.

1804   Oberst **Moritz v. Prittwitz,** geboren 1747; 1793 Kommandeur der nachmaligen Pletz-Husaren (Nr. 3); 1798 Oberst; 1805 Gen.-Major; 1812 Gen.-Lieut.; 1813 pensionirt; † 1822.

Regiment Nr. 6.
1806: Schimmelpfennig v. d. Oye.
(Oberschlesische Inspektion.)

Garnisonen:*) Gleiwitz, Pleß, Nicolai, Groß-Strehlitz, Ujest, Beuthen i. O.,
Loslau, Lublinitz, Rybnik und Peißkretscham.

Formation: 1741 wurde dieses Rgt. aus neuangeworbenen Leuten in
Breslau und Ohlau, 10 Esks. stark, errichtet.**)

Feldzüge: 1744 wurde das Rgt. bei Ratibor von einigen Tausend Feinden
angegriffen; es schlug sie aber mit ansehnlichem Verluste zurück.
1745 gab es in den Schlachten bei Hohenfriedberg und Kesselsdorf
Proben seiner Tapferkeit. 1756 bildete das Rgt. bei dem Einrücken
in Böhmen die Avantgarde. Es wurde bei Königgrätz von
2000 Mann feindlicher Kavallerie angegriffen, schlug sie aber zurück und machte 800 Gefangene. Der damalige Oberst-Lieut.
von Werner wurde mit 250 Mann dieses Rgts. von dem Feldmarschall Gr. v. Schwerin detaschirt, sich hinter der feindlichen
Armee wegzuziehen und deren Stellung zu beobachten. Bei diesem
Vorhaben wurde dies kleine Korps unweit Reichenau von weit
überlegenen Feinden angegriffen, es warf aber dieselben gänzlich über
den Haufen und zog sich fast ohne Verlust zur Armee. Beim zweiten
Einrücken in Böhmen 1757 nahm es das große feindliche Magazin
in Jung-Bunzlau. Nachher focht es in den Schlachten bei Prag
und Collin, besonders in ersterer, mit einer Tapferkeit, die dem Rgte.
einen großen Ruf erwarb. Es wurde in derselben zur Unterstützung
des linken Flügels kommandirt. Als es in Karriere da anlangte,
fand es 6 feindliche Rgtr. gegen sich, die es in Unordnung brachte
und von denen es 1200 Mann zu Gefangenen machte. Es erbeutete
10 Standarten und die Kriegskasse. Beim Rückzuge aus Böhmen
wurden 5 Esks. des Rgts. bei Gabel angegriffen; sie schlugen sich
aber, trotz des zehnmal stärkeren Feindes, mit wenigem Verluste
durch. In dem Gefechte bei Moys und in den Schlachten bei
Breslau und Leuthen legte es, zur Zufriedenheit seines Königs,

---

*) 1778 statt Gleiwitz, Groß-Strehlitz und Lublinitz, die Orte: Tarnowitz und Sorau.

**) Weil dieses Rgt. im siebenjährigen Kriege sich ganz besonders die Gnade Friedrichs II. er-
worben, so hatte es die Erlaubniß, so stark zu sein, als es wollte. Es bekam immer die Bezahlung nach
dem wirklichen Bestande, ohne sich an die bestimmte Stärke, die sonst ein Rgt. haben soll, zu binden.

viele Ehre ein. 1758 fügte das Rgt. in dem Ueberfall bei Hochkirch dem Feinde großen Verlust zu, und ermöglichte es, daß sich einige geschlagene Infanterie=Rgtr. wieder sammeln konnten. Einige Tage nachher griff es auf dem Marsche zum Entsatze von Neiße unweit Görlitz, ein ansehnliches feindliches Kavallerie=Korps mit solchem Muthe an, daß der größte Theil niedergehauen, der Rest von 500 Mann aber gefangen genommen wurde. 1760 befanden sich 5 Esks. in der Schlacht bei Landeshut, in welcher sie mit großer Entschlossenheit fochten, sich am Ende durchschlugen, und auch noch eine Kanone in Sicherheit brachten. Darnach griff das Rgt. bei Neumarkt in Schlesien 2 Oesterreichische Dragoner=Rgtr. an und hieb, was nicht gefangen wurde, zusammen. Hierauf wurde das Rgt. nach Pommern zum Entsatze von Colberg kommandirt und machte sich in diesem und in dem darauf folgenden Feldzuge durch die glücklichsten Züge den Russen und Schweden furchtbar, er= beutete 4 Kanonen und machte viele Gefangene; der König ließ 7 Militärorden im Regimente vertheilen. Das Rgt. war ferner in der Schlacht bei Torgau, wobei 400 Mann, welche den Vortrab der Kavallerie machten, vereinigt mit dem Husaren=Regt. Nr. 2, den größten Theil des Oesterreichischen Dragoner=Rgts. St. Ignon gefangen nahmen. 1762 focht es in dem Treffen bei Reichenbach. Den Bairischen Erbfolgekrieg hindurch stand es bei des Königs Armee. Als in diesem Feldzuge der Oesterreichische General Knebel bei dem Dorfe Teschen überfallen wurde, hieb das Rgt. eine Menge Kroaten nieder und machte 480 Gefangene. Auch in dem Fran= zösischen Kriege wußte das Rgt. seinen Ruhm zu behaupten. Es war im Jahre 1792 bei der Einnahme von Sirk, bei den Gefechten von Fontoi und Grandpré und der Kanonade von Valmy zugegen; auch war es in den Gefechten bei Esch, Ober= und Nieder=Ursel und Hochheim. 1793 ging es mit über den Rhein und focht bei Guntersblum, Homburg und Zweibrücken, in dem Gefechte beim Kettricher Hof, in der Schlacht bei Pirmasens und in der drei= tägigen Schlacht bei Kaiserslautern. Vom 15. Dezember 1793 bis den 5. Januar 1794 hatte das Rgt. bei Limbach und sodann auf dem Rückzuge von Landau nach Worms täglich Gefechte. Sodann war es mit in den Treffen bei Frankenthal, Deidesheim, Kirweiler, Fenningen und in der zweiten Schlacht bei Kaiserslautern.

1806 nahm das Rgt. Theil an der Schlacht von Jena und focht bei Zehdenick. Es schlug sich 660 Mann stark nach Preußen durch und erhielt den Namen seines neuen Chefs Fürst von Anhalt=Pleß. 1807 am 14. Juni wurden 3 Esks. bei Königsberg gefangen.

Das in Schlesien befindliche Depot wurde zur Neuformation der Kavallerie verwendet.

Chefs.

1742   Oberst **Johann Georg Graf v. Hoditz** (Isidor?), trat 1741 aus Kaiserlichen in Preußische Dienste, wurde aber 1743 wieder entlassen.

1743   Oberst **Karl Gustav v. Soldau.** Früher in Schwedischen Diensten; 1739 Major bei dem Hus.=Rgt. Nr. 1. Er zeichnete sich im 2. Schlesischen Kriege in den Gefechten bei Habelschwerdt, Groß=Strehlitz, Landeshut und in der Schlacht bei Kesselsdorf aus; † zu Tost in Oberschlesien am 10. August 1746.

1746   Oberst **Ludwig Anton v. Wechmar,** geboren am 20. Juli 1712. Zuerst in Kur=Sächsischen Diensten; wurde 1740 als Major bei den Husaren angestellt; 1742 Oberst=Lieut.; erhielt im Februar 1757 wegen seiner schwächlichen Gesundheit seine Dienstentlassung mit Pension und † 1787.

1757   Oberst **Paul v. Werner,** geboren 1707 am 11. Dezember zu Raab in Ungarn, als Sohn eines Kaiserlichen Husaren = Majors; nahm 1723 Kaiserliche Dienste; 1731 Kornet bei den Nadasdy=Husaren; 1735 Rittmeister. Unter den Kaiserlichen Fahnen focht er während 29 Jahren in 8 Feldzügen gegen Spanien, 8 gegen Frankreich, 6 gegen die Türken und 4 gegen die Preußen. Trotz öfter bewiesener Tapferkeit mehrfach im Avancement zurück= gesetzt, trat er 1750 in Preußische Dienste und wurde im fol= genden Jahre aggregirter Oberst=Lieut. bei den braunen Husaren, 1756 deren Kommandeur; im folgenden Jahre Oberst und Chef des Rgts. Der siebenjährige Krieg gab ihm Gelegenheit, seine hohen Talente als Reiterführer zu beweisen. 1758 ernannte ihn

Prinz Eugen von Anhalt Dessau.
Chef des Dragoner Rgts № 7.
und des demselben attachirten Hus. Corps. (in Tilsit)

Friedrich II. außer der Tour zum General-Maj. und schmückte ihn mit dem Orden pour le mérite. Am 20. Februar 1761 erhob ihn der König wieder außer der Reihe zum Gen.-Lieut. Werner starb am 25. Januar 1785 auf seinem Gute Pitschin in Oberschlesien.

1785 Oberst **Johann Benedict v. Gröling,** geboren am 23. November 1726 zu Aschersleben; trat 1746 beim Husaren-Rgt. Nr. 4 als Gemeiner ein; 1755 durch Seydlitz als Unteroffizier in das Kürassier-Rgt. Nr. 8 versetzt; 1760 Kornet im Hus.-Rgt. Nr. 5; noch in demselben Jahre Lieut.; am 20. März 1762 auf Empfehlung von Seydlitz gleich zum Major beim Bosniaken-Korps (Nr. 9) ernannt; 1763 in das Hus.-Rgt. Nr. 5, später in dasjenige Nr. 6 versetzt; 1768 in den Adelstand erhoben; 1778 Oberst und Kommandeur des genannten Rgts.; 29. Juni 1786 Gen.-Maj. † 1791.

Er kämpfte bei Lowositz, Collin, Roßbach, Leuthen, Hochkirch, Zorndorf und Reichenbach. Im Bairischen Erbfolgekriege überfiel er bei Glannitz den General v. Knebel, hieb die Kaiserlichen Dragoner-Rgtr. v. Würtemberg und Modena zusammen, erbeutete ihr Lager und machte gegen 400 Gefangene.

1792 Oberst **Erich Magnus Wolfradt (Wolffrath),** geboren 1735; 1786 Oberst-Lieut. bei den Zieten-Hus.; 1788 Oberst; 1792 Gen.-Maj. † 1800 als Gen.-Lieut.

1800 Oberst **Ludwig Schimmelpfennig v. d. Oye,** 1739 geboren; 1794 Oberst; 1797 Kommandeur der Bosniaken; 1800 Gen.-Maj. † 1812 außer Dienst.

~~~~~~~

Regiment von Gersdorff
(führte bis zu seiner Auflösung 1763 die Nummer 7).

Garnisonen: Stabsquartier: Stolp.

Formation: 1742 waren von dem schwarzen Husaren-Rgte. (Nr. 5) 2 Esks. zu Köpenick zurückgeblieben. Die Hälfte dieser 2 Esks. wurde 1743 zum Stamm eines neuen 10 Esks. starken Husaren-Rgts. genommen, welches durch Neugeworbene vollzählig gemacht und im November 1743 dem aus Oesterreich kommenden Oberst Peter v. Hallasch übergeben wurde.

Der größte Theil des Rgts. gerieth 1759, zum Finck'schen Korps gehörig, bei Maxen in Gefangenschaft. Das Rgt. wurde nicht wieder komplettirt und in Folge dessen 1763 aufgelöst. Seine Uniform und Garnisonen bekam das Belling'sche Rgt.

Feldzüge: Das Rgt. nahm Theil am 2. Schlesischen Kriege und zeichnete sich namentlich bei Kranowitz aus. Im siebenjährigen Kriege focht es bei Collin, Leuthen, Reppen, Pretsch und Maxen.

Chefs.

1743 Oberst **Peter v. Hallasch**, ein geborner Ungar; während des ersten Schlesischen Krieges in Kaiserlichen Diensten; nahm 1747 seinen Abschied wegen Geistesschwäche.

1747 Oberst **Alexander Gottlob v. Seydlitz**, 1758 Gen.-Maj; erhielt im folgenden Jahre wegen hohen Alters seinen Abschied.

1759 Oberst **Otto Ernst v. Gersdorff**, begann seine Laufbahn in Kur-Sächsischen Diensten und trat 1741 in die Preußische Armee ein. 1758 Oberst; 1759 erhielt er das Rgt. und wurde im November Gen.-Maj. Bei Maxen, am 21. November 1759, gerieth er mit dem Rgt. in Gefangenschaft; 1763 nach Beschluß eines Kriegsgerichts entlassen.

Regiment Nr. 7.
1806: von Köhler.
(Preußische Inspektion.)

Garnisonen:*) Kutno, Stawiszin, Pionteck, Klodawa, Kolo, Szadeck, Kowal, Konin, Slupce und Uniewo.

---

*) 1778: Soldau, Ortelsburg, Rendsburg, Johannisburg, Rhein, Bischofswerder, Passenheim, Biala, Rosenburg, Gilgenburg.

1792: Schneidemühl, Nakel, Bartschin, Schubin, Lobsens, Schönlanke, Czarnickow, Deutsch-Crone, Inowraclaw, Filehne.

Formation: 1743 wurde dies Rgt. aus einer der in Köpenick zurückgebliebenen 2 Esks. Husaren vom Rgt. Nr. 5. in Pommern, 10 Esks. stark, errichtet. 1744 ward es durch Deserteure und Neuangeworbene vollzählig gemacht. Nach der Besitzergreifung von Westpreußen erhielt es seine Standquartiere in Bromberg, Schneidemühl etc. längs der Netze. 1794 wurde es von dort nach Südpreußen verlegt.

Feldzüge: 1744 half das Rgt. Prag belagern und einnehmen. 1745 that es in der Schlacht bei Kesselsdorf Wunder der Tapferkeit. 1757 focht es in der Schlacht bei Groß-Jägerndorf. 2 Esks. vom Rgte. machten von 1758 bis Ausgang des Jahres 1761 den Feldzug bei der alliirten Armee und befanden sich in den drei Hauptschlachten bei Crefeld, Bergen und Minden. Die andern 8 Esks. fochten 1758 im Feldzuge in Pommern mit vielem Glücke gegen die Schweden und bewiesen auch darauf in der Schlacht bei Zorndorf ausgezeichneten Muth bei allen Angriffen. 1759 behaupteten sie in den Schlachten bei Kay und Kunersdorf ihren alten Ruhm. 1760 waren 6 Esks. in der Schlacht bei Landeshut, in welcher sich der größte Theil tapfer durchschlug. 1761 waren sie bei Gostyn, wo sie viele Gefangene machten; darauf marschirten sie nach Pommern und bewiesen bei allen in diesem Feldzuge vorgefallenen Angriffen und Vertheidigungen die größte Standhaftigkeit. 1762 ward das ganze Rgt. mit zur Belagerung von Schweidnitz gezogen. Den Feldzug von 1778 bis 79 machte es bei der Armee des Prinzen Heinrich mit, wo es dem Treffen bei Brix beiwohnte. 1794 waren 2 Esks. in der Schlacht von Scelze und bei der Einnahme von Petrikau; desgleichen 6 Esks. in dem Gefecht bei Blonien und Utrata, sowie das ganze Rgt. im Lager bei Opalin, bei der Einnahme von Wola, der Blokade von Warschau und bei Suchaczew zugegen.

1806 focht das Rgt. bei Jena und Lübeck. Ein Detachement kapitulirte bei Ratkau den 7. November, 4 Esks. bei Krempelsdorf an demselben Tage, 1 Esk. bei Lüneburg den 11. Novbr., 1 Esk. bei Boitzenburg den 12. November, 45 Mann bei Nienburg am 26. November.

Der übrige Theil des Rgts. sowie das Depot entkam nach Preußen.

Chefs.

1744   Oberst **Peter v. Dieury**, aus Ungarn gebürtig. Verließ 1743 als Oberst-Lieut. den Kaiserlichen Dienst und trat zugleich mit seinem Sohne in die Preußische Armee über. 1744 Gen.-Maj.; erhielt jedoch 1746 wegen Kränklichkeit die nachgesuchte Entlassung mit Pension.

1746   Oberst **Heinrich Wilhelm v. Billerbeck,** begann seine Laufbahn bei dem Leibhusaren-Rgt. (Nr. 2) und avanzirte hier bis zum Jahre 1746 zum Oberst-Lieut. In demselben Jahre erhielt er als Oberst das Husaren-Rgt. Nr. 7 und nahm 1753 alterswegen den Abschied. † 1775.

1753   Oberst-Lieut. **Paul Joseph Malachow v. Malachowsky,** geboren 1712. Bruder des Oberst Hyacinth Malachowsky, der von 1741—45 Chef des Husaren-Rgts. Nr. 3 war. Anfangs in Kur-Sächsischen Diensten, trat er später als Rittmeister bei dem Hus.-Rgt. Nr. 4 ein. 1745 Major; 1747 Oberst-Lieut.; 1755 Oberst; 1758 Gen.-Maj.; 1771 Gen.-Lieut. Er zeichnete sich in verschiedenen Gefechten durch persönliche Tapferkeit aus. Bei Landeshut, am 24. August 1757, wurde er gefangen genommen; bei Hohenfriedberg verwundet. † am 15. Dezember 1775 zu Filehne in Westpreußen.

1775   Oberst **Adolf Detlef v. Usedom,** diente zuerst in Schweden, dann in Oesterreich, 1745 in Preußen. 1770 machte er bei den Russen einen Feldzug gegen die Türken mit. Geboren 1720. Er trat bei dem Hus.-Rgt. Nr 5 als Volontär ein; 1750 Lieut.; 1759 Rittmeister; 1763 Major; 1767 Oberst-Lieut.; 1772 Oberst; 1773 Kommandeur des eben genannten Rgts.; 1778 Gen.-Maj. 1787 am 24. Mai Gen.-Lieut.; † 1792.

1792   Oberst **Friedrich Ludwig v. d. Trenck,** geboren 1732; 1788 Oberst; 1793 Gen.-Maj.; erhielt 1796 das Hus.-Rgt. Nr. 3 und † 1797.

1796   Gen.-Lieut. **Georg Ludwig Egidius v. Köhler,** 1734 geboren; diente bis zum Jahre 1780 bei den Zieten-Husaren; 1785 Oberst; 1789 Gen.-Maj.; 1795 Gen.-Lieut.; 1806 General der Kavallerie. Gouverneur von Warschau und General-Inspekteur der Kavallerie in Oberschlesien; † 1811 außer Dienst.

Regiment No. 8.
1806: von Blücher.

(Pommersche Inspektion.)

Garnisonen:*) Stolp, Rummelsburg, Zanow, Bütow, Neustettin, Schlawe, Lauenburg und Belgard.

Formation: 1758 ließ Prinz Heinrich von Preußen 5 Esks. Husaren in Halberstadt anwerben, deren Kommando der Oberst-Lieut. v. Belling erhielt. Zu den 4 Eskadrons-Chefs wurden 2 aus dem Husaren-Korps und 2 von der Kavallerie der Armee genommen und die Subaltern-Offiziere von verschiedenen Husaren-Rgtrn., einige auch aus fremden Diensten dabei angestellt. 1759 wurde v. Belling Oberst und Chef dieser 5 Esks.; 1761 wurden sie noch um 5 Esks. vermehrt und 1762 auf 15 Esks. oder 3 Bataillone gesetzt. Das Rgt. hatte schwarze Montirung und führte auf den Filzmützen ein Skelett**), mit der Devise: vincere aut mori. Nach dem 1763 erfolgten Frieden wurde das 3. Bat. bei Alt-Stettin reduzirt. Die besten Leute wurden unter die noch stehenden 10 Esks. abgegeben; die übrigen aber entlassen. Das Rgt. wurde in die Standquartiere des reduzirten von Gersdorff'schen Husaren-Rgts. verlegt und bekam 1764 auch dessen rothe Montirung.

Feldzüge: Den ersten Feldzug, 1758, machte das damals 5 Esks. starke Rgt. nach Böhmen und gleich darauf ins Fränkische, in welchem es durch glückliche Gefechte sich einen ausgezeichneten Ruf erwarb. Noch in diesem Jahre griff es die Feinde in der Vorstadt von Freiberg an, hieb eine Menge nieder und machte über 200 Gefangene. 1759 drang das Bat. bei Basberg in Böhmen ein, griff an diesem Orte ein über 2000 Mann starkes feindliches Korps an und nahm es mit dem kommandirenden General gefangen. Nach dieser glücklichen Expedition marschirte das Bat. wieder nach Franken und in die Oberpfalz, wo es Gelegenheit hatte sich hervorzuthun. Hierauf zog es in die Oberlausitz und hatte bei Hochkirch und Löbau viele glückliche Gefechte, in welchen es etliche Hundert Gefangene machte.

---

*) 1778. Dieselben Garnisonen, nur statt Belgard — Tempelbur.

**) Wegen dieses Abzeichens war das Rgt. in der Armee unter dem Namen „der ganze Tod" bekannt (im Gegensatze zu dem Regiment Nr. 5, den „Todtenköpfen").

Die Schlacht bei Kunersdorf erwarb dem Bat., seines Wohlverhaltens wegen, einen großen Ruf. Von hier mußte es wieder nach der Uckermark, Mecklenburg und Pommern marschiren, wo es in diesem und in dem folgenden Feldzuge mit wenig leichter Infanterie den Krieg gegen die ganze Schwedische Armee allein mit der größten Tapferkeit führte und in allen Gefechten die Oberhand behielt. In einem Gefechte bei Jagow, in der Uckermark, nahm es allein über 200 Schweden gefangen. Im Feldzuge von 1761 focht das nunmehr 10 Esks. starke Rgt. gegen die Russen und Schweden in Pommern, wo einige Esks. in dem Gefecht bei Treptow sich besonders auszeichneten. 1762 ward es zur Armee des Prinzen Heinrich nach Sachsen gezogen, von wo es einen Zug nach Böhmen, bis fast vor Prag, machte. Auf diesem Marsche fielen dem Rgte. in verschiedenen Attaken über hundert Gefangene und ansehnliche Beute in die Hände. Das Rgt. schloß den Krieg mit dem Treffen bei Freiberg. 1778 griff es beim Einmarsche in Böhmen, bei Gabel, ein feindliches Korps an und nahm davon 2 Bat. gefangen. 1793 marschirte es gegen die Franzosen an den Rhein. Außer vielen kleinen, zum Theil blutigen Gefechten, hat das 1. Bat. in der Kampagne am Niederrhein und in Flandern, den Treffen von St. Amand und Vicogne, sowie den Einnahmen von Hasnon und Marchiennes, das 2. Bat. aber der Kampagne am Oberrhein und der Blokade von Landau beigewohnt. Im September 1793 stieß das 1. Bat. zur Hauptarmee und befand sich mit in der Schlacht bei Kaiserslautern. 1794 war das ganze Rgt. beim ersten Vor- rücken der Preußischen Armee gegen Kaiserslautern, woselbst das 1. Bat. bei Weidenthal, das 2. bei Deidesheim focht. Hierauf wohnte das Rgt. dem Gefechte bei Kirrweiler bei, wo es an 400 Gefangene einbrachte. Beim Angriff der Französischen Armee litt es viel durch Kanonen- und Kartätschenfeuer, behauptete aber jedes- mal seinen Posten, und griff im Angesicht der ganzen feindlichen Armee ein durch Edesheim defilirtes Französisches Kavallerie-Rgt. so heftig an, daß dasselbe auf die Infanterie und die durch Edesheim mit vorgenommene Artillerie zurückgeworfen und letztere dadurch unschädlich gemacht wurde. Der feindliche General der Kavallerie, der Chef der Artillerie und an hundert Mann geriethen in Gefangen- schaft; auch nahmen die Husaren von 12 Kanonen die Pferde weg, konnten jedoch, wegen des fürchterlichen Musketen- und Kanonen-Feuers, nur 3 Kanonen mit fortbringen. In den 3 Gefechten von Weidenthal, Kirrweiler und Edesheim hat das Rgt. 2 Haubitzen, 9 Kanonen nebst 3 Fahnen erbeutet und eine große Menge Gefangener gemacht. In dem letzten Treffen bei Kaiserslautern hat das Rgt. allein 1200 Gefangene eingebracht. Die Anzahl der Gefangenen, welche das Rgt. seit dem ersten Vorrücken der Armee bis Ausgang September 1794 gemacht, belief sich auf 2874 Mann.

1806 focht das Rgt. mit Auszeichnung bei Jena und Lübeck. Bei Ratkau gefangen, ranzionirte es sich gänzlich. Beim Friedensschluß war die Stärke des Rgts. 900 Pferde.

Das Depot entkam nach Litthauen, ein Remonte-Kommando von 100 Pferden blieb in Graudenz.

~~~~~~

Chefs.

1759 Oberst **Wilhelm Sebastian v. Belling,** geboren 1719; verließ im Jahre 1737 das Kadetten-Korps, in welches er 3 Jahre früher eingetreten war und wurde als Fähnrich zum Garnison-Bataillon Nr. 3 versetzt; 1739 trat er als Kornet bei den grünen Husaren ein; 1741 Seconde-Lieut.; wurde noch in demselben Jahre als Premier-Lieut. zu den Leibhusaren (Nr. 2) versetzt. 1745 Stabs-Rittmeister; 1747 Eskadron-Chef im braunen Husaren-Rgte.; 1749 Major; 1758 wurde er Chef des neu errichteten schwarzen Husaren-Rgts.; 1759 Oberst; 1762 Gen.-Maj.; 1766 Gen.-Lieut. Im Bairischen Erbfolgekriege erhielt er den schwarzen Adler-Orden und starb am 28. November 1779.

1779 Oberst **v. Hohenstock,** bekam das Husaren-Rgt. Nr. 5 (siehe dasselbe).

1783 Oberst **August Ferdinand v. der Schulenburg,** geboren 1729; nahm 1752 Preußische Dienste; 1758 als Rittmeister zum Husaren-Rgt. Nr. 8 versetzt; 1760 Major; 1774 Oberst-Lieut.; 1778 Oberst; erwarb sich bei Gabel den Orden pour le mérite; 1783 Chef des Rgts.; 28. Juni 1786 Gen.=Maj.; † 1787 am 9. Juni zu Kremtzow unweit Stargard.

1787 Oberst **Johann Wilhelm Graf v. der Goltz,** geboren 1737; war im siebenjährigen Kriege Kleist's Adjutant, dann Kommandeur der Prinz Würtemberg=Husaren; 1787 Oberst und Gen.=Maj.; † 1793 an den bei Bouvines erhaltenen Wunden.

1794 Gen.=Major **Gebhard Leberecht v. Blücher** (später **Fürst Blücher von Wahlstatt),** geboren am 16. Dezember 1742 zu Rostock. Zuerst in Schwedischen Diensten, trat er 1760 als Kornet bei den Belling'schen Husaren ein; 1773 wurde er entlassen. Nach Friedrich's II. Tode trat er wieder in die Armee als Major ein, mit Patent von 1779; 1794 als Kommandeur (später Chef) desselben Husaren=Rgts. zum Gen.=Maj. befördert. 1801 Gen.=Lieut. und Gouverneur von Münster; 1809 General der Kavallerie und Chef des 5. Husaren=Rgts.; 1813—14 kommandirender General der Schlesischen Armee. Die Schlacht von Leipzig brachte ihm die Würde des Feldmarschalls. Als Auszeichnung für die Schlacht von Belle-Alliance erhielt er, da er schon im Besitze aller Königl. Ehrenzeichen war, einen goldenen Stern mit dem eisernen Kreuze. Er starb am 12. September 1819 auf seinem Gute Krieblowitz in Schlesien.

Regiment Nr. 10.
1806: von Asedom.
(Preußische Inspektion.)

Garnisonen:*) Skierniewice, Warschau, Blonien, Neuhof, Biezun, Lipnow, Rypin, Rawa, Mszczanow und Raczions.

Formation: Dieses Rgt. wurde 1773 aus abgegebenen Leuten der übrigen Husaren=Rgtr. und Kantonisten aus dem Bromberg'schen Kreise,

---

*) 1778: Soldau, Straßburg, Gilgenburg, Ortelsburg, Lobau, Neumark, Neidenburg.
1784: fehlt Neidenburg dafür Bischoffswerder, Passenheim, Corbau, Gallop.
1798: Gura, Warschau, Blonien, Neuhof, Biezun, Lipnow, Rypin, Nowamiasta, Praga, Mszczanow.

zwischen der Weichsel und Drage, einigen aus dem Amte Bartelsen, jenseits der Weichsel, aus dem Amte Coronowo, Stadt Bromberg, Fordon und Coronowo, in den Garnisonen des Regiments Nr. 7, welches solche abtreten mußte, auf 10 Esks. errichet.

Feldzüge: Den ersten Feldzug machte das Rgt. 1778 und 79 bei der Armee des Prinzen Heinrich. 1794 befand es sich im Polnischen Feldzuge. Bei der Revolution in Warschau waren einige Esks. 36 Stunden lang dem stärksten Kanonenfeuer ausgesetzt und halfen die aus Warschau kommenden Russen retten, die von der Polnischen Kavallerie verfolgt wurden. Hierauf besetzte das Rgt. das rechte Ufer der Narew von Zakroczim bis hinter Roczan in einem Terrain von mehr als 12 Meilen, und vertheidigte solches, nebst einigen Bat. Infanterie, mit der größten Bravour 6 Monate durch gegen einen weit überlegenen Feind, dessen wiederholte Versuche, den Uebergang zu erzwingen, es vereitelte, und dabei, da es dicht am Ufer dieses schmalen Flusses stand, dem immerwährenden Kanonen- und Musketenfeuer Tag und Nacht ausgesetzt war. Bei Schielitz schlugen 4 Esks. mit Unterstützung einer Kompagnie des Rgts. Nr. 14 einen viermal stärkeren Feind und nahmen ihm eine Kanone ab. Diese nämlichen Esks. waren auch mit bei Magniszewo, wo der 6000 Mann starke Feind nicht nur geschlagen, sondern ganz zerstreut wurde und den Siegern 6 Kanonen überließ. 1 Esk. half bei Bromberg den Feind bis an die Pfurra verfolgen.

1806 focht das Rgt. bei Halle und Lübeck. Bei Wismar am 10. November kapitulirte es. 75 Husaren waren schon am 1. November bei der Kapitulation von Küstrin gefangen worden. Ein Detachement mußte am 11. November bei Magdeburg die Waffen strecken.

Die Bagage und 140 Pferde, sowie das Depot entkamen nach Preußen.

Chefs.

1773 Oberst **v. Owstien,** nahm den Abschied 1780.

1780 Oberst **Friedrich Wilhelm v. Wuthenow,** geboren 1723; 1775 Oberst; 1786 Gen.-Maj.; erhielt 1787 den Abschied. † 1801.

1787 Gen.-Maj. **Friedrich Gideon v. Wolcky (Wolfi),** geboren 1735; 1785 Oberst; 1787 Gen.-Maj.; 1794 Gen.-Lieut.; erhielt 1797 Pension. † 1803.

1797 Oberst **Karl Ludwig v. Lediwarth,** (siehe Husaren-Rgt. Nr. 4).

1800 Oberst **Friedrich Daniel v. Glaser,** 1741 geboren; 1795 Oberst; 1799 Kommandeur der Bosniaken; 1800 Gen.-Maj. † 1804.

1804 Oberst **Friedrich v. Usedom,** 1757 geboren; machte seine Laufbahn im schwarzen Husaren-Rgt.; 1798 Oberst; 1805 Gen.-Maj. † 1824.

Bataillon Nr. 11.
1806: von Bila.
(Fränkische Inspektion.)

Garnisonen:*) Neustadt an der Aisch und Troppach im Baireuthschen.

Formation: 1792 gab jedes Husaren-Rgt. 10 Mann und eben so viel Pferde zum Stamm dieses Bataillons. Die Offiziere wurden ebenfalls aus diesen Rgtrn. genommen. Zu diesen kamen 93 Mann, welche die ehemalige markgräfliche Garde du Korps bildeten und außerdem noch einige Husaren. Zur Komplettirung erhielt es aus den beiden Fürstenthümern Anspach und Baireuth die Einländer. Zunächst wurde es auf 5 Esks. gesetzt und erhielt nach Abgang des Chefs, Oberst v. Saß, den Namen: „Anspachsches Husaren-Bataillon" und einen Kommandeur. Im Jahre 1806 wurde die letztere Benennung wieder aufgehoben und das Bat. führte den Namen des damaligen Chefs.

Feldzüge: 1806 focht das Bataillon bei Jena und mußte bei Anclam am 1. November kapituliren. 4 Offiziere und 86 Mann erreichten Preußen.

---

*) 1793: Anspach, Neustadt an der Aisch, Feuchtwangen, Uffenheim und Gunzenhausen.

Das Depot entkam nach Schlesien und wurde zur Neuformation der dort zu errichtenden Kavallerie verwendet.

~~~~~~~

Chefs.

1792 Oberst **Christian Alexander v. Frankenberg,** geboren 1733; 1788 Oberst; 1793 Gen.-Maj. † 1795.

1795 Oberst **v. Saß,** erhielt den Abschied mit Pension.

1796 Major **Ernst Christian v. Bila,** geboren 1744; 1783 Stabs-Ritt-meister bei den Zieten-Husaren; 1792 Kommandeur; 1796 Chef des Husaren-Bataillons (Nr. 11); 1798 Oberst; 1806 Gen.-Maj.; † 1808.

4. Kapitel.

Die Uniformirung und Bewaffnung der Husaren unter Friedrich dem Großen und seinen Nachfolgern.

1740—1806.

Im Nachstehenden folgt die Geschichte der Uniform und Bewaffnung, nach den einzelnen Stücken geordnet. Die unterscheidenden Abzeichen der Regimenter sind in zwei Tabellen zusammengestellt.

Kopfbedeckung.

Als Kopfbedeckungen wurden von den Husaren-Regimentern Pelz- oder Filzmützen (Ungarische Hüte) getragen. Erstere von den Regimentern 1, 2, 3, 4 und 9, letztere von den Regimentern 5, 6, 7 und 8. 1804 wurde der Anfang mit der Einführung der Czakots gemacht.

A. Pelzmützen.

Zu Anfang der Regierung Friedrich's des Großen waren die Pelzmützen ziemlich niedrig und wurden später immer höher. Um 1786 hatten sie folgende, bei Menzel angegebene Höhe: Regiment Nr. 1 und 4 — 11 Zoll, Nr. 2, 3 und 9 — 12 Zoll. Die Länge des Kolpaks wuchs entsprechend der Höhe der Mütze. Seit 1762 wurde, an der rechten Seite inwendig befestigt, der bei der gesammten Preußischen Kavallerie eingeführte Federstutz getragen. Derselbe war bei den Husaren ganz weiß, bei den Unteroffizier-Chargen am obern Ende mit einem schwarzen Kelchfleck versehen.*) Der Busch der Offiziere bestand aus Reiherfedern und war am unteren Ende schwarz. Der am Deckel

---

*) Als im Jahre 1787 bei jeder Eskadron 12 Mann zu Karabiniers (Schützen) ernannt wurden, erhielten diese als Abzeichen einen weißen Federbusch, der oben, unten und in der Mitte mit einem Ringe von schwarzen Federn besetzt war.

der Mütze rundherum laufende Kordon, hing an der rechten Seite hinter dem Federbusch, in zwei Schnüren mit Quasten auslaufend, herab. Die Farbe der Spiegel war eskadronsweise verschieden; die Unteroffiziere trugen dieselben weiß und schwarz durchflochten. Bei den Offizieren war der Kordon der Beschnürung an Pelz und Dolman entsprechend von Silber- oder Goldschnur.

Eine besondere Auszeichnung erhielt das Zieten'sche Husaren-Regiment (Nr. 2) Ende der vierziger Jahre des vorigen Jahrhunderts. Um diese Zeit verordnete Friedrich der Große, daß die Stabsoffiziere und Eskadronschefs an Revuetagen einen mächtigen Adlerflügel auf der Mütze tragen sollten. Derselbe war an einem vergoldeten, scepterartigen, senkrecht stehenden Stabe befestigt und bewegte sich an zwei Ringen. Auf dem Stabe befand sich der Königliche Namenszug in durchbrochener Arbeit und darüber eine Krone.

Unterm 25. Juni 1796 wurden die Pelzmützen abgeschafft und dafür durchgängig Flügelmützen eingeführt. Dieselben wurden vorn mit einer kleinen Klappe versehen, welche zum Schutz gegen Sonne oder Regen herunter geschlagen werden konnte — sogenannte Schackelhauben. Nur das Regiment Nr. 2 sollte in Friedenszeiten die bisherigen Pelzmützen beibehalten, jedoch eine Garnitur Fügelmützen auf der Kammer für eine etwaige Mobilmachung bereit halten.

B. Filzmützen
(auch Flügelmützen, Ungarische Hüte genannt).

Wie erwähnt wurden von den Regimentern Nr. 5, 6, 7 und 8 Filzmützen getragen. Dieselben hatten die Gestalt eines abgestumpften Kegels. Die Höhe betrug bei den Regimentern Nr. 6 und 7, 9—10 Zoll, bei den Regimentern Nr. 5 und 8, 11—12 Zoll. Ein breites, spitz zulaufendes Stück Tuch, Flügel genannt, hing an der rechten Seite, über den Rücken fallend, herab, ließ sich aber auch in der Art rund um die Mütze herumlegen, daß es die ganze Außenseite derselben bedeckte. Am Ende des Flügels war eine weiße, bei den Unteroffizieren schwarzweiße Quaste angebracht. Der Kordon lief am oberen Ende der Mütze außen herum. Im Uebrigen gilt von demselben, wie von dem Federstutz, das unter A. Gesagte. Die Offiziere trugen den Flügel der Mütze mit Silbertresse (bei den Regimentern Nr. 5, 7 und 8) oder Goldtresse (Regiment Nr. 6), eingefaßt. Auf demselben befand sich vorn über der Stirn eine seidene, weiße resp. gelbe Bandkokarde.

Bei den Unteroffizieren war der Flügel mit schwarzer Seide eingefaßt und ebenfalls mit einer Bandrose geschmückt. Die Farbe derselben siehe bei Unteroffizier=Abzeichen. Die Husaren des Regiments Nr. 5 trugen an der Stelle, wo bei den Chargen die Bandrose befestigt war, einen weißen, gestickten Todtenkopf; das Husaren=Regiment von Belling, später Blücher'sche Husaren, trug bis zum Jahre 1764, wo es seine schwarze Montur gegen die dunkelrothe des eingegangenen Regiments von Gersdorff vertauschte, vorn an der Mütze ein liegendes Skelett mit Sanduhr. Darunter in römischen Lettern die Inschrift: „Vincere aut mori".

C. Czakots.

In den Jahren 1804 bis 1805 wurden sämmtliche Filzmützen, wie auch die Pelzmützen des Regiments Nr. 2 abgeschafft und dafür eine Garnitur neuer Czakots nach russischer Form*) eingeführt. Der Kordon, durch dessen Farbe sich die Eskadrons unterschieden, wurde auf der rechten Seite getragen und war hinten, von der Mitte des Deckels nach vorn zu, zweimal befestigt.

D. Fouragirmützen.

Im Quartiere etc. wurden von den Husaren sogenannte Fouragirmützen getragen. Dieselben hatten die Form von Zipfelmützen mit einer kleinen Puschel am spitzen Ende. Da die Mützen aus den alten Kamisölern gefertigt wurden, waren sie in der Grundfarbe diesen gleich; am unteren Rande mit einem Besatze von der Farbe des Pelztuches.

Haartracht.

Das Haar wurde lang getragen, und zwar in der Weise geordnet, daß es an jeder Seite in einem Knoten geknüpft wurde, der das Ohr zum größten Theile bedeckte. Damit beim scharfen Reiten die Spitzen der Seitenhaare nicht in die Augen flogen, wurden sie geflochten und mit einem Stückchen Blei

---

*) Da die Vorräthe der früheren Kopfbedeckung aufgetragen werden mußten, rückten die meisten Regimenter 1806 noch mit Schackelhauben in's Feld.

Zieten Husaren (N.º 2)

Chef. Ehrentag. Ehrenkleid.

beschwert. Im Genick wurde das Haar zu einem losen Büschel verschlungen. Zu den Paraden wurde es gepudert. Die Offiziere trugen die in jener Zeit übliche Lockenfrisur mit Zopf. Den Husaren, wie ihren Offizieren, war es gestattet, einen Schnurrbart zu tragen, derselbe durfte nicht gefärbt werden, wurde aber aufgesetzt. Den Offizieren aller übrigen Truppentheile war das Tragen eines Bartes untersagt. Das einzige Beispiel in der Armee Friedrich's des Großen, daß ein nicht bei den Husaren stehender Offizier einen Bart trug, war der Prinz Leopold von Anhalt-Dessau.

Halsbinde.

Dieselbe war durchgängig schwarz.

Dolman.

Derselbe, im Anfange auch Kamisol genannt, war mit einem stehenden schmalen Kragen versehen und mit roher Leinewand gefüttert. Der untere Saum war inwendig mit Leder ausgeschlagen. Ebenso befand sich außen auf den Ellenbogen ein lederner, viereckiger oder auch herzförmiger Fleck. Die Aermel waren an den untern Enden längs der Naht geöffnet, diese Theile mit einem ledernen Vorstoße versehen und konnten mittelst daran befestigter Haken und Oesen geschlossen werden. Diese Lederbesätze wurden nur von den Husaren, nicht von Offizieren getragen. Zu beiden Seiten des Dolmans befanden sich Taschen. Die Schöße waren vorn spitz zugeschnitten und gingen über einander. Kragen und Aufschläge waren bei einigen Regimentern von abstechender, bei den anderen von gleicher Farbe wie der Dolman und wurden dann die Aufschläge nur durch den Besatz markirt. Derselbe, aus gleichem Stoffe wie die Schnüre, ging rings um den Kragen, lief vorn herunter und um die Schöße herum. Die Taschen- und Rückennähte waren ebenfalls mit dieser Schnur vorgestoßen; hinten auf den Schößen des Dolmans bildete sie je nach den Regimentern sehr verschieden gestaltete Verzierungen nach ungarischem Vorbilde. Ueber den Aufschlägen, um deren oberen Rand der Schnurbesatz ebenfalls herumlief, war er zu einem ungarischen Knoten verschlungen. Bei den Offizieren, bei denen das Schnurwerk von Silber oder Gold war, zeigte es auf dem Kragen ein verschlungenes Muster; um die Aufschläge lief außer der Verschnürung noch eine Silber- oder Goldtresse.

Charakteristisch für die Husaren-Truppe sind die Brust-Schnüre, die den Dolman zieren. Die Farbe der Verschnürung war weiß oder gelb, bei den Offizieren entsprechend Silber oder Gold. Eine Ausnahme hiervon machte das Regiment Nr. 2, dessen Offiziere goldene Verschnürungen trugen, während dieselben bei den Mannschaften weiß waren. Diese Schnurreihen, bei den einzelnen Regimentern in der Zahl zwischen 10 und 18 wechselnd, waren zu Anfang der Regierung Friedrich's des Großen sehr schmal, später wurden sie etwas breiter. Die Schnüre waren zwischen 3 Knopfreihen angebracht. War die Verschnürung gelb, so wurden Messingknöpfe getragen, war sie weiß — bleierne. Die Offiziere des Regiments Nr. 8 hatten 5 Knopfreihen auf dem Dolman, nicht aber auf dem Pelze. Ein Jugend-Porträt von Blücher, in der Uniform des sogenannten „Ganzen Todes"*), zeigt 5 Reihen Knöpfe, dieselben auch auf dem Pelze. Die Husaren der Regimenter Nr. 2 und 10 trugen um die Schnurreihen, gradlinig herumgehend, ersteres eine weiße, letzteres eine rothe Bandborte; die Unteroffizier-Chargen des erstgenannten Regiments eine silberne Legaturtresse. Die Offiziere der Regimenter Nr. 1, 3, 4, 5, 7 und 10 hatten einen doppelten, rings um die Schnüre gehenden Tressen-besatz, der auf jeder Seite dreimal geschweift war. Bei den Offizieren der Regimenter Nr. 2 und 6 war der Besatz einfach und gradlinig. Die Offiziere des Regiments Nr. 2 trugen an den äußeren Enden, der hier durch Goldtresse markirten Schnurreihen, goldene Puscheln; diejenigen des Regiments Nr. 6 um die Schnüre, längs der Einfassungsborte herumlaufend, goldene Franzen. Eben solche Franzen trugen die Offiziere des 1792 übernommenen Anspach'schen Husaren-Bataillons, aber in Silber.

Die äußeren Schnurenden wurden verschlungen getragen von den Husaren der Regimenter Nr. 3 und 4 (nicht aber von deren Offizieren)**), Nr. 6 (auch von den Offizieren), Nr. 8, nur von den Offizieren und zwar nur auf dem Dolman. Bei dem Regimente „Ganzer Tod" nur von den Offizieren und zwar auf Dolman und Pelz.

Die Form des Dolmans blieb in der späteren Periode ziemlich dieselbe. Um 1800 herum wurden die Kragen bedeutend höher getragen, die Schöße dagegen kürzer.

---

*) Beim Regimente Nr. 4 scheinen in früherer Zeit die Offiziere ebenfalls, aber nur auf dem Dolman, 5 Reihen Knöpfe getragen zu haben. Siehe das Jugend-Porträt von Seydlitz bei Menzel.
**) In früherer Zeit scheint es aber bei dem Regimente Nr. 4 auch von den Offizieren getragen worden zu sein, wie das erwähnte Porträt von Seydlitz nachweist.

Pelz.

Der Pelz, eine Jacke im Schnitte dem Dolman ähnlich, aber mit Pelz gefüttert und ausgeschlagen, war, wie aus Vorhergehendem ersichtlich, ebenfalls mit Schnüren besetzt. Das Futter war entweder von schwarzem oder weißem Pelze. Der um die Aermelöffnungen, an der Stelle des Kragens, vorn herunter und rings um die Schöße laufende Pelzvorstoß, war nach den Chargen und Regimentern sehr verschieden. Näheres, so weit es zu ermitteln gewesen, ist aus der Tabelle ersichtlich. Dolman und Pelz zusammen wurden nur zur Parade getragen. Der Pelz hing dann an einer starken, doppelten Schnur, entweder auf der linken Schulter oder über dem Rücken. Sonst wurde der Jahreszeit entsprechend, jedes der beiden Stücke allein getragen.

Die Form blieb bis 1806 im Ganzen dieselbe.

Tigerdecken.

Ein besonderes Paradestück des Zieten'schen Husaren-Regiments (Nr. 2) und zwar für die drei ersten Offiziere jeder Eskadron desselben, waren die Tigerdecken. Dieselben hatten die Königin Sophie Dorothea, Gemahlin Friedrich Wilhelm's I. (12 an der Zahl) und Friedrich der Große (19) mit Inbegriff einer für den Regiments-Adjutanten dem Regimente geschenkt. Dieselben waren mit vergoldeten Verzierungen in Form von Sonne, halbem Monde und Sternen geschmückt. Auf der Vorderseite befand sich ein Herz, an dem vier Kettchen angebracht waren, welche zur Befestigung dieses Umhanges dienten. Der Rand der Decke war mit einem Streifen von Zobelfell eingefaßt, das Futter von karmoisinrother Farbe.

Getragen wurden diese Decken über der linken Schulter, unter dem rechten Arme herumlaufend; befestigt wurden sie auf der Brust.

Schärpe.

Dieselbe bestand aus einem Bündel Schnüre, das in regelmäßigen Abständen durch die sogenannten Knöpfe zusammengehalten wurde und mehrere Male um den Leib reichte. Eine Schlinge an dem einen und ein Knebel an dem anderen Ende dienten zur Befestigung.*) Die Schärpe wurde nur auf

*) Die sogenannte Peitsche, zwei einzelne, durch Schieber zusammengehaltene Schnüre, die auf der rechten Seite herabhängend getragen wurden und in zwei Quasten endeten.

dem Dolman angelegt.   Die Offiziere trugen dieselbe von schwarz durchfloch=
tener Silberschnur.

Ueber die Farben siehe Tabelle 1 und 2.

Handschuhe.

Aeltere Abbildungen, bis in den siebenjährigen Krieg hinein, zeigen, daß
die Offiziere, Unteroffiziere und Trompeter damals Handschuhe mit kurzen
Stulpen trugen.   Später fielen diese Stulpen weg.

Hosen.

Von sämmtlichen Chargen wurden weiße bocklederne Reithosen getragen.

Ueberhosen
(auch Scharawaden, Schalavary).

Ueber die Reithosen wurden kurze tuchene, enganliegende Ueberhosen ge=
tragen.   Dieselben, ungefüttert*), bestanden für jedes Bein in einem besonderen
Stücke und reichten bis an den Spalt.   Am oberen Ende hatten sie einen
Vorstoß nach der Farbe der Verschnürung.   Bis in den siebenjährigen Krieg
hinein war am oberen Ende auf der Vorderseite ein herzförmiger Tuchfleck
von der Farbe des Dolmans, mit Schnur vorgestoßen, aufgenäht.   Eben in
jener Epoche lief auch auf der hintern Seite von oben nach unten ein Schnur=
streifen herab.   Die Hosen wurden in den Stiefeln getragen.   Im Winter
waren statt dieser Ueberhosen tuchene Beinkleider im Gebrauch.

Nach den Stammlisten von 1803 und 1806 trug das Regiment Nr. 6
hellblaue ungarische Hosen.   Dieselben waren mit ungarischen Knoten verziert
und an den Seiten herunter mit einem Vorstoße versehen, beides in gelber,
bei den Offizieren in goldener Schnur.   Dieselben Beinkleider trug nach der
Stammliste von 1806 auch das Husaren=Bataillon Nr. 11.

Außerdem wurden in den letzten Jahren der alten Armee noch Ueberknöpf=
hosen getragen; sie wurden an der Seite zugeknöpft und waren mit verschieden=
farbigen Biesen — weiß, braun, blau, etc., — je nach den Eskadrons, versehen.

---

*) Ungefüttert wurden sie aus dem Grunde getragen, damit die innere rauhe Seite ihnen auf der
Lederhose festen Halt geben sollte.   Eine weitere Befestigung fand nicht statt.

Stiefel.

Dieselben waren nach ungarischem Schnitte gefertigt und wurden gewichst. An Stelle des Absatzes befand sich ein hohles Eisenstück. Die Sporen waren am Oberleder fest genietet. Bei den Offizieren lief an der oberen Kante des Stiefels ein silberner resp. goldener Vorstoß herum, an dem vorn in der Mitte eine Troddel befestigt war. In der früheren Zeit der Regierung Friedrich's des Großen wurden von den Offizieren aller Regimenter (wahrscheinlich nur zur Parade) hohe, über das Knie reichende, eng anliegende gelbe Saffianstiefel getragen. Die Offiziere des Regiments Nr. 2 trugen zur Gala auch später noch solche Stiefel, im Schnitte aber nach der damaligen, niedrigeren Form.

Säbeltasche.

In Form und Einrichtung glichen dieselben den noch heut gebräuchlichen*). Zwei Regimenter, Nr. 5 und 8, trugen dieselben von schwarzem Glanzleder, (nur die Husaren, nicht die Offiziere). Bei den übrigen Regimentern war der Deckel mit farbigem Tuche überzogen. Darauf befand sich in Bandborte der verschlungene Königliche Namenszug mit der Krone darüber. Um den Rand lief eine Einfassung, ebenfalls von Borte. Eine Ausnahme machte das Regiment Nr. 10, bei welchem um den Rand des Deckels ein Zackenbesatz herumlief. Die Taschen der Offiziere waren nach einem andern Muster verziert. Die Mitte zeigte in einem von Rokokoschnörkel umgebenen Schilde den Preußischen Adler. Unter dem Schilde war eine Gruppe von Trophäen, darüber die Königliche Krone angebracht. Um den Rand lief eine reich mit Schnörkeln versehene Einfassung. Alle diese Verzierungen waren in Silber oder Gold gestickt. Abbildungen, um das Jahr 1756 herum, zeigen die Offizier-Säbeltaschen in einfacherer Form. Nach diesen befand sich auf dem farbigen Deckel ein weißer Schild mit schwarzem Adler, darüber die Krone. Eine glatte Tresse lief um den Deckelrand.

Die Offiziere des Regiments Nr. 2 trugen außerdem noch Interims-Taschen von einfacherer Form — rother Deckel mit Borte und gekröntem Namenszuge in Gold.

---

*) Ursprünglich befand sich die Taschenöffnung auf der äußeren Seite.

Mantel.

Der Mantel war von Tuch, sehr groß und weit, mit breitem, herab=
fallendem Kragen, aber ohne Aermel; bei drei Regimentern, Nr. 1, 5 und 6,
von der Farbe des Dolmans, bei den übrigen weiß. Er wurde vermittelst
zweier langer, vorn unter dem Kragen befestigter Tuchstreifen zusammen=
geknüpft, getragen.

Karabiner=Bandolier.

Ueber die linke Schulter wurde das breite Bandolier mit dem Karabiner=
haken getragen. Dasselbe war von weiß lackirtem Leder. Auf dem Rücken
befanden sich die messingenen Beschläge, die in der Form den heutigen
glichen, nur der Breite des Bandoliers entsprechend, größer waren. Für die
Offiziere und Unteroffiziere fiel, da sie keine Karabiner trugen, dieses Aus=
rüstungsstück fort.

Patronen-Tasche.

Dieselbe, von juchtenem Leder, mit Einsatz von Holz (früher wahrscheinlich
von Blech) für 20 Patronen, hing bei den Husaren an einem, aus demselben
Stoffe bestehenden, von der rechten Schulter zur linken Hüfte gehenden Riemen.
Hierbei sind zwei Ausnahmen zu bemerken. Das Regiment Nr. 5 trug Tasche
und Riemen von schwarzem Glanzleder und bei dem Regiment Nr. 8 wurde
die Tasche über die linke Schulter getragen. Diese eben angeführte Trag=
weise war für die Offiziere und Unteroffiziere aller Regimenter reglements=
mäßig. Die Offizier-Cartouchen waren reich in Silber oder Gold gestickt,
der Riemen mit Tresse besetzt.

Bewaffnung.

Ein nicht stark gekrümmter Säbel*), mit eisenbeschlagenem Griff, ohne
Korb. Die Klinge war stets geschliffen. Die Scheide von Holz mit schwarzem
Leder überzogen und mit Eisen beschlagen. An dem einfachen Bügel befand
sich ein schwarz lederner Faustriemen.

---

*) Derselbe war ebenso lang wie der Pallasch der Kürassiere und Dragoner — 3 Fuß 5 Zoll —
sehr leicht und eine treffliche Waffe. Der während des Manövrirens stets gezogene Säbel wurde senkrecht,
einige Zoll von der Schulter gehalten.

Das Koppel von naturfarbenem Leder. Dasjenige der Offiziere war mit Tressen besetzt. Es wurde von allen Chargen über der Schärpe getragen.

Ein leichter Karabiner.

Zwei Pistolen.

Packung und Zäumung.

Während bei den Kürassieren und Dragonern der deutsche Sattel üblich war, bedienten sich die Husaren des ungarischen Bocksattels. Ueber diesen und die Pistolenholfter wurde die Schabrake gelegt, die im Schnitte der noch heute üblichen gleich war (mit Zackenbesatz). Am Sattelzwiesel wurde das Gepäck in folgender Weise angebracht: zu unterst der rohleinene Futtersack, darüber der Mantelsack. Letzterer, sowie die Schabrake glich in der Farbe dem Pelze. Die beiden Böden des Mantelsackes waren mit einem kreisförmigen Schnurbesatze verziert. Darüber lag der in der Breite des Mantelsackes zusammengelegte Mantel. Diese drei Gepäckstücke wurden mittelst dreier Riemen befestigt. Die Schabrake der Offiziere hatte einen rothledernen Umlaufsriemen. In den vier Ecken befand sich der schwarze Adler in weißem Felde, darüber eine Krone (nach Abbildungen um 1756). Die Offiziere des Regiments Nr. 2 trugen rings um die Schabrake einen Besatz von goldenen Franzen. In den Ecken der Schabrake weißes Schild mit Königlichem Namenszuge, ringsherum Armatur in Goldstickerei und darüber eine Krone.

Eine bei Menzel abgebildete Offizier-Schabrake des Regiments Nr. 7 zeigt statt des Zackenbesatzes glatte Silbertresse. Die Wappen in den Ecken fehlen.

Die Zäumung war nach ungarischem Muster. Das Regiment Nr. 2 trug sämmtliches Zaumzeug mit Muscheln, sogenannten Otter- oder Schlangenköpfen besetzt.

Abzeichen der Unteroffiziere.

Diese, obgleich schon theilweise im Vorhergehenden erwähnt, fassen wir der Vollständigkeit wegen nochmals zusammen.

1. An der Kopfbedeckung.

Schwarzer Kelchfleck am oberen Ende des Federstutzes. Schwarz durchflochtene Kordons. An den Filzmützen farbige Bandrosen. Dieselben waren für: Regiment Nr. 5 weiß; Nr. 6 gelb; Nr. 7 hellblau; Nr. 8 dunkelroth und Nr. 11 grün.

Der Flügel der Mütze ist mit breitem schwarzen Seidenband vorgestoßen.

2. An Dolman und Pelz.

Ein um die Aufschläge herumlaufender Besatz von silberner resp. goldener Legaturtresse. Beim Regiment Nr. 2 außerdem noch gradliniger Legaturtressen-Besatz um die Schnurreihen. Die Unteroffiziere dieses Regiments trugen den Pelzvorstoß von Fuchspelz. Dasselbe scheint nach einer Abbildung aus dem Jahre 1756 auch bei dem Regimente Nr. 3 der Fall gewesen zu sein. Beim Regimente „Ganzer Tod" weißes Pelzfutter.

Abzeichen der Trompeter.

Die Abzeichen der Trompeter waren sehr mannigfaltig. Es ist indessen wenig authentisches Material auf uns gekommen. Wir haben in Nachstehendem versucht eine Uebersicht des Vorhandenen, soweit es uns zugänglich war, zu geben. In dem großen Menzel'schen Werke findet sich die Abbildung eines Trompeters vom Regiment Nr. 5. Eine im Besitze des Herausgebers befindliche und wie Vergleichungen mit anderen Quellen gezeigt haben, durchaus glaubwürdige Abbildung aus dem Jahre 1756, zeigt Trompeter der Regimenter Nr. 3 und Nr. 4. Aus dieser und der von Menzel gebrachten Zeichnung scheint hervorzugehen, daß bei den Trompetern die Scharawaden mit der Farbe des Kragens und der Aufschläge übereinstimmten. Ebenso zeigt auch bei den Filzmützen die äußere Seite des Mützenflügels jene Farbe. Charakteristisch für die Trompeter aller Regimenter sind die Schwalbennester.

Wir gehen die Regimenter der Reihe nach durch und bringen dabei die vorhandenen Angaben:

Husaren-Rgt. Nr. 1. Auf dem Dolman Schwalbennester von weißen Borten.
Husaren-Rgt. Nr. 2. Schwalbennester von weißen Borten. Das Trompeten-

Banderolle von rother Seide mit Silber, ebenso die Quasten, deren Franzen roth sind. Silberne Trompeten. Das Regiment führte als Auszeichnung ein paar bei Katholisch-Hennersdorf erbeutete Pauken.

Husaren-Rgt. Nr. 3. Die erwähnte Abbildung von 1756 (zur Zeit, in welcher das Regiment noch grüne Kragen, Aufschläge und Schärpen trug) giebt für den Trompeter grüne Scharawaden an; dieselben sind vorn mit dem damals üblichen herzförmigen Tuchfleck benäht, der hier von weißer Farbe ist. Dolman und Pelz haben Schwalbennester von gelber Bandborte. Das Banderolle ist weiß-dunkelblau. Der Pelzvorstoß wie bei den Unteroffizieren von rothbraunem, wahrscheinlich Fuchspelz.*)

Husaren-Rgt. Nr. 4. Nach der Abbildung von 1756, (zu der Zeit als das Regiment noch weiße Scharawaden trug) haben die Trompeter, den Kragen und Aufschlägen entsprechend, hellblaue Scharawaden mit ebensolchen herzförmigen Tuchflecken (später wurden beim Regimente überhaupt hellblaue Scharawaden eingeführt). Siehe die Tabelle. Weiß-hellblaue Schwalbennester; die Aermel mit vielen weiß-hellblauen Borten sparrenartig besetzt. Das Banderolle weiß mit hellblau**).

Husaren-Rgt. Nr. 5. Die Abbildung bei Menzel zeigt den äußeren Mützenflügel und die Scharawaden gleich dem Kragen von rother Farbe. Der Flügel ist schwarz vorgestoßen und vorn über der Stirn mit einer weißen Bandkokarde geschmückt. Schwalbennester auf Pelz und Dolman

---

*) Ein von E. Lange — Heerschau der Soldaten Friedrich's des Großen — angeführtes Oeconomie-Reglement vom 26. August 1752 weicht in wesentlichen Punkten ab. Es giebt an für die Trompeter: schwarze Filzmützen mit goldener Legaturtresse eingefaßt nebst blau und gelber Feder. Den Pelz und Dolman mit gelben Knöpfen und ponceaurother und gelber Tresse in Seide und Wolle gewebt, besetzt. Blaue Ueberhosen, mit weißem Tuche oben eingefaßt. — Diesen Angaben, wie den für Offiziere, Unteroffiziere und Husaren, entsprechen die vorhandenen Abbildungen durchaus nicht. Es scheint demnach, daß die in dem Reglement enthaltenen Bestimmungen, wenigstens vorläufig, nicht zur Ausführung gekommen sind. Das Reglement giebt z. B. citronengelbe Aufschläge an, die thatsächlich erst viel später eingeführt wurden, denn Abbildungen um die Jahre 1756 und 1757 zeigen übereinstimmend sämmtlich noch grüne Kragen und Aufschläge.

**) Das in der vorigen Anmerkung erwähnte Oeconomie-Reglement von 1752 giebt im Wesentlichen die Uniform bei diesem Regimente an, wie sie nachweislich erst nach 1757 getragen wurde, unter anderm die hellblauen Ueberhosen. Die hier angegebenen Filzmützen hatte das Regiment 1742 erhalten, dieselben wurden noch vor dem siebenjährigen Kriege mit Pelzmützen vertauscht.

von weiß-rother Bandborte; die inneren Streifen schräg gestellt. Federstutz unten weiß, oben roth. Das Banderolle ist schwarz-roth-silbern, die Franzen der Quasten roth.

Bei Lange, „Heerschau" finden sich folgende Angaben: Trompeter wie die Unteroffiziere, statt des Besatzes von silberner Legaturtresse, weiße wollene Borte, mit der auch die Schwalbennester besetzt sind. Die Filzmütze mit einer silbernen Legaturtresse eingefaßt. Zur Parade weiß und schwarzer Federstutz. Schwarz seidene, mit Silber durchwirkte Trompeten-Banderolles. Silberne Trompeten. Pauken wie Regiment Nr. 2.

Husaren-Rgt. Nr. 6. Der Flügel der Mütze ist mit goldener Legaturtresse eingefaßt. Zur Parade gelb und blauer Federstutz. Schwalbennester von gelb und weißer Borte.

Husaren-Rgt. Nr. 7. Die Schnüre weiß, hellblau durchwirkt; Filzmützen mit silberner Legaturtresse eingefaßt. Zur Parade hellblau und gelber Federstutz. Hellblau-seidene Trompeten-Banderolles mit Silber durchwirkt.

Husaren-Bataillon Nr. 11. Auf Dolman und Pelz trugen die Trompeter gleich den Husaren, Besatz von weiß und roth melirten Ketten- und Rundschnüren. Längs der äußeren Knopfreihen und um den Pelzvorstoß des Aermels lief eine weiße, roth und grüngestreifte Plattschnur. Aermel des Dolmans wie des Pelzes sparrenförmig mit eben dieser Schnur besetzt, die auch zu den Schwalbennestern verwendet wurde. Der Mützenflügel war mit silberner Legaturtresse eingefaßt und trug vorn über der Stirn eine roth und grüne Bandkokarde. Der Federstutz war weiß, am oberen Ende roth. Fangschnüre roth und weiß melirt. Das Bataillon führte zwei Arten Trompeten-Banderolles. Das Parade-Banderolle aus silberner, roth und grün durchwirkter Rundschnur; das Interim-Banderolle aus weißer Schnur.

Ueber die Trompeter der Regimenter Nr. 8 und 10 ist nichts aufzufinden gewesen, außer der Notiz in Lippe's Husarenbuch, daß die Trompeter des Regiments „Ganzer Tod" grüne Fangschnüre hatten.

~~~~~~

Auditeure und Quartiermeister.

Sie trugen ebenfalls Husaren=Uniform. Außer zwei Notizen in Lippe's Husaren=Buch ist es nicht möglich gewesen, etwas Näheres über ihre Uniforms=Abzeichen zu finden. Nach dieser Quelle trugen der Auditeur und Regiments=Quartiermeister des Regiments Nr. 2 zum Unterschiede von den Offizieren weiße Beschnürung. Beim braunen Regiment trugen sie rothe Dolmans mit weißen, ganz kurzen Schnüren, zwischen zwei Knopfreihen; dazu brauntuchene, weiß beschnürte Pelze.

~~~~~~

Bereuter.

Die Bereuter trugen einen bleumourantnen Rock*) mit ebensolchen schwedischen Aufschlägen, rothem Futter und weißen Knöpfen. Die Farbe des Kragens und der Weste glich der des Dolmans des betreffenden Regiments. Um die Weste lief ein Tressenbesatz, der sich in der Farbe nach den Schnüren des Regiments richtete. Der Hut war mit einer silbernen Legaturtresse eingefaßt und wurde 1762 mit einem weiß=schwarzen Federstutz geschmückt. Lederne Reithosen mit bis zum Knie reichenden Stulpen und Anschnall= Sporen. Schwarze Halsbinde.

~~~~~~

Profose.

Die Uniform der Profose war für alle Husaren=Regimenter die nämliche. Brauner Rock, rother Kragen, grüne Aufschläge, gelbes Schoßfutter, weiße Unterkleider. Stiefel wie die Bereuter. Hut mit silberner Legaturtresse. Schwarze Halsbinde.

---

*) Im Schnitte dem der damaligen Dragoner gleich.

Namen des Regiments	Dolman	Kragen und Aufschläge	Schnüre	Pelz	Pelzausschlag		Ueberhose	Schärp	
					Offizier	Husar		Grund	K
Nr. 1 (1806: v. Gettkandt)	saftgrün	saftgrün	weiß	dunkel= grün	weiß	weiß	saftgrün	dunkel= roth	
Nr. 2 (1806: v. Rudorff)	roth	dunkel= blau	weiß	dunkel= blau	grau Unterof: Fuchspelz	weiß	dunkelblau	dunkel= blau	
Nr. 3 (1806: v. Pletz)	weiß	gelb, früher: saftgrün	gelb	dunkel= blau	weiß	weiß	dunkelblau	gelb früher: saftgrün	fr g
Nr. 4 (1806: Prinz Eugen v. Würtemberg)	hellblau	hellblau	weiß und hellblau gemustert, Offiziere: silberne	weiß	weiß früher schwarz	weiß früher schwarz	hellblau, früher: weiß	weiß hellblau gemustert	
Nr. 5 (1806: v. Prittwitz)	schwarz	roth	weiß	schwarz	schwarz	schwarz	schwarz	dunkel= roth	
Nr. 6 (1806: Schimmelpfennig von der Oye)	braun	gelb	gelb	braun	weiß	nach Luppe: weiß; nach Menzel: keiner	braun	gelb	
Nr. 7 (1806: v. Köhler)	gelb	hellblau	weiß	hellblau	schwarz	schwarz	hellblau	hellblau	
Nr. 8 (1806: v. Blücher)	dunkel= roth	dunkel= roth	weiß	dunkel= roth	schwarz	schwarz	dunkelroth	dunkel= roth	
Uniform desselben Regiments bis 1764	schwarz	grün, Offiziere: von Sammet	grün, Offiziere: goldene	schwarz	schwarz	schwarz	schwarz	grün	
Nr. 10 (1806: v. Usedom)	strohgelb	dunkel= blau	roth	dunkel= blau	weiß	weiß	dunkelblau	roth	

...ntel	Säbeltasche		Mütze	Schabrake		Bemerkungen.
	Grund	Besatz		Grund	Zackenbesatz	
...rün	saftgrün	weiß	Pelzmütze mit dunkelgrünem Beutel	dunkelgrün	saftgrün	Die grüne Uniform seit Frühjahr 1742. Vor dieser wurde die rothe, Seite 4 beschriebene, getragen.
...iß	roth	weiß	Pelzmütze mit rothem Beutel	dunkelblau	roth	In den ersten Jahren trug das Regiment im Sommer Filz=, im Winter Pelzmützen.
...iß	gelb, früher: saftgrün Offiziere: blau, früher: saftgrün	weiß, Offiziere: golden	Pelzmütze mit weißem Beutel	dunkelblau	weiß	Nachweislich trug das Regiment noch in den ersten Jahren des siebenjährigen Krieges die grünen Abzeichen.
...iß	weiß, Offiziere: hellblau	hellblau, Offiziere: silbern	Pelzmütze mit hellblauem Beutel. In den ersten Jahren Filzmützen	weiß	hellblau	Die weißen Ueberhosen und der schwarze Pelzausschlag nachweislich noch in den ersten Jahren des siebenjährigen Krieges.
...arz	schwarzledern, Offiziere: roth	keiner, Offiziere: silbern	Flügelmütze mit gesticktem, weißen Todtenkopfe	schwarz	roth	
...un	braun	gelb	Flügelmütze	braun	gelb	Die Uniform dieses Regiments soll anfänglich weiß gewesen sein. (Lippe, Husaren=Buch).
...iß	hellblau	weiß	Flügelmütze	hellblau	gelb	
...iß	schwarzledern, Offiziere: dunkelroth	keiner, Offiziere: silbern	Flügelmütze	dunkelroth	dunkelroth	
...arz	Offiziere: schwarz	Offiziere: goldenen Namenszug und Krone	Flügelmütze mit aufgesticktem, liegenden Skelett mit Sanduhr u. d. Legende: „Vincere aut mori"	schwarz	grün	Die Unteroffiziere ließen ihre Pelze mit Genehmigung des Prinzen Heinrich auf eigene Kosten weiß ausschlagen.
dunkelblau, Offiziere: dunkelblau	dunkelblau	gelbe Zacken, rother Namenszug, Offiziere: silbern	Pelzmütze mit strohgelbem Beutel	dunkelblau	gelb	

Uniformen von 1786–1806.

Namen des Regiments 1806	Dolman	Kragen und Aufschläge des Dolmans	Schnüre und Knöpfe	Pelz	Pelzausschlag		Schärpe		Säbeltasche		Bemerkungen
					Offizier	Husar	Grund	Knöpfe	Grund	Besatz	
Nr. 1 von Gettkandt	hellgrün, um 1800: dunkelgrün	grün, um 1800: roth	weiß	dunkelgrün	weiß	weiß	roth	weiß	hellgrün, um 1800: dunkelgrün	weiß	Seit 1796 Filzmützen. Offiziere um 1800 den Flügel der Mütze mit Silberstoff gefüttert.
Nr. 2 Leib-Husaren von Rudorff	scharlachroth	dunkelblau	weiß, Offiziere: golden	dunkelblau	grau Unteroff.: Fuchspelz	weiß	dunkelblau	weiß	roth	weiß, Offiziere: golden	Mützen von Schuppenfell, mit rothem Beutel (Kolpak).
Nr. 3 von Pletz	weiß, seit etwa 1800: dunkelblau	gelb	gelb	dunkelblau	weiß Unteroff.: Fuchspelz	weiß	gelb	weiß	gelb	weiß	Seit 1796 Filzmützen. Futter des Mützenflügels bei den Offizieren golden.
Nr. 4 Prinz Eugen	hellblau	hellblau, seit etwa 1800:	blau mit weiß gedreht, seit 1787: Offiziere:	weiß, seit 1787:	Offiz. mit Fuchspelz	weiß	gelb	weiß	weiß, Offiziere:	hellblau, Offiziere:	Mütze gleich Nr. 1.

										Bemerkungen
Nr. 5 von Prittwitz	schwarz	scharlach=roth	weiß	schwarz	roth	schwarz	Fuchs=kehlen.	schwarz	ledern, Offiziere: roth	Offiziere: silbern	weißen Todtenkopfe. Der Mützenflügel bei den Offizieren mit Silberstoff gefüttert.
Nr. 6 Schimmel= pfennig von der Oye	braun	gelb	gelb	braun	weiß (Fuchs= kehlen) Unteroff.: schwarz	weiß	gelb	braun	braun	gelb	1806: Lange, tuchene, hellblaue ungarische Beinkleider; bei den Offizieren mit goldenen, bei den Unteroffizieren und Husaren mit gelben Schnüren besetzt. Offiziere goldenes Mützenflügel-Futter.
Nr. 7 von Köhler	citronen= gelb	hellblau	weiß	hellblau	schwarz	weiß	hellblau	roth	hellblau	weiß	Offiziere: Futter des Mützenflügels silbern.
Nr. 8 von Blücher	dunkel= karmoisin= roth	dunkel= karmoisin= roth, seit 1789: schwarz	weiß	dunkel= karmoi= sinroth	schwarz	schwarz	roth	dunkel= karmoi= sinroth	schwarz= ledern, Offiziere: schwarz= sammten	feiner, Offiziere: silbern	Schabrakenbesatz seit 1789: schwarz. Offiziere: Mützenflügel mit Silber gefüttert. Seit dem Jahre 1800 außerdem noch mit losen Silber= tressen besetzt.
Nr. 10 von Usedom	gelb, seit 1803: dunkel= blau	dunkelblau, seit 1803: schwefelgelb	roth mit wei= ßen Streifen. Offiziere: silbern. Seit 1803: weiß. Offiziere: silbern	dunkel= blau	weiß (Fuchs= kehlen)	weiß seit 1803: schwarz	karmoi= sinroth	blau	schwarz= ledern, Offiziere: blau	feiner, Offiziere: silbern	Mützen wie Nr. 1.
Nr. 11 Husaren= Bataillon von Bila (Ansbach= sches) — 1792	gelb	grün	Husaren: weiß, roth melirt. Unteroffiz.: weiß, Offiziere: silbern	dunkel= grün	grau	weiß	roth	weiß	roth	weiß	Grüne Schabraden. Filzmützenflügel der Offiziere mit Silberstoff. Schabrake dunkelgrün mit gelbem Zackenbesatz.
Nr. 11 — 1806	dunkel= grün	scharlach= roth	gelb	dunkel= grün	blaue Barauken	weiß, Unteroff.: schwarz	roth	roth	roth	gelb	Hellblaue, ungarische Beinkleider; dunkelgrüne Schabraken mit rothen Zacken. Offiziere: rothe Schabraken mit grünem Besatz.

5. Kapitel.

Die Frei- und Provinzial-Husaren unter Friedrich dem Großen.

Die Frei-Husaren.

Die Ueberlegenheit der feindlichen Armeen — vorzüglich der Kaiserlichen — an leichten Truppen, legte Friedrich II. den Gedanken nahe, durch Vermehrung der Husaren-Truppe in dieser Hinsicht seiner Armee den Feinden gegenüber ein gewisses Gleichgewicht zu verschaffen. Da aber die Zahl der Husaren immerhin eine verhältnißmäßig geringe blieb und namentlich auch eine leichte Infanterie fehlte, so wurde in der Bildung von Frei-Korps ein Ersatz geschaffen. Diese Frei-Korps waren ein integrirender Bestandtheil der Armee. Dadurch, daß der König mit jedem Chef eines zu errichtenden Frei-Korps eine Kapitulation einging und den Korps dieselben Rechte wie den Feldregimentern einräumte, mußten sie auch vom Feinde als reguläre Truppen angesehen werden.

Wir haben uns an dieser Stelle nur mit den Frei-Korps zu beschäftigen, soweit denselben Husaren zugetheilt waren.

Was die Uniform anbelangt, so sei im Allgemeinen bemerkt, daß die Abzeichen der Offiziere (goldene resp. silberne Schnüre, schwarz-silberne Schärpen) gleich denen der Husaren-Regimenter der Armee waren. Bei denjenigen Korps, welche einen Federstutz trugen, war derselbe, falls nicht andere spezielle Angaben gemacht sind, gleich denen der Armee; also Mannschaften weiß, Unteroffiziere ebenso mit schwarzem Kelchfleck, bei den Offizieren mit schwarzer Wurzel.

Es folgen die einzelnen Korps, nach der Zeit ihrer Errichtung geordnet.

I.

Frei-Husaren von Mayr.

Johann von Mayr*) errichtete im Jahre 1756 zu Reichenbach in Sachsen das erste Frei-Bataillon. Bei demselben befand sich auch eine Abtheilung Husaren. 1759 ging es an den Oberst Johann Franz von Colignon und 1760 an den Oberst-Lieutenant l'Homme de Courbière über. Es zeichnete sich 1757 bei Tetschen und Roßbach; 1758 bei Plauen, Basberg und Dresden aus.

Im Jahre 1763 trat das Bataillon in die Stelle des 1757 zu Emden in französische Gefangenschaft gerathenen Garnison-Bataillons Nr. 12.

Die **Uniform** der Husaren bestand aus einer Flügelmütze mit weißem Federstutz und dunkelrothen Fangschnüren. Ueber der Stirn auf dem Mützenflügel ein weißer Königlicher Namenszug ohne Krone.

_____

*) Johann von Mayr wurde am 1. Mai 1716 zu Wien geboren. Seine Erziehung erhielt er von den Jesuiten. Er war besonders musikalisch begabt, doch nöthigte ihn sein Leichtsinn 1732 Wien zu verlassen. Darauf ging er nach Ungarn und erwarb sich durch seine Meisterschaft im Violinspiel hohe Gönner. Hier nahm er Kriegsdienste beim Herzoglich Lothringen'schen Regimente und wurde Feldwebel. Sein ungebundenes Leben warf ihn auf das Krankenbett und in einem Anfalle von Schwermuth suchte er durch Erstechen seinem Leben ein Ende zu machen. Die Wunde war nicht gefährlich und er genas. Dieser Vorfall bildete einen Wendepunkt. Nach seiner Wiederherstellung gewöhnte er sich an eine geregeltere Lebensweise und richtete sein ganzes Augenmerk auf den Dienst. In dem folgenden Türkenkriege wurde er mehrfach verwundet, auch von der Pest befallen, die er glücklich überstand. Im ersten Schlesischen Kriege focht er bei Mollwitz, wurde aber zu Prag gefangen. Nachdem er sich losgekauft hatte, trat er in die Dienste des Kaisers Karl VII. und brachte es bis zum Lieutenant und General-Adjutanten beim Reichsgeneral Feldmarschall Grafen Seckendorf. Ein Streit mit seinem Oberst war die Ursache, daß er die Kaiserliche Armee verließ und sächsische Dienste nahm. Dort wurde er durch Vermittelung einer hochgestellten Dame Premier-Lieutenant beim Minckwitz'schen Dragoner-Regiment und kämpfte bei Kesselsdorf. 1746 focht er wieder unter Kaiserlichen Fahnen in den Niederlanden und wurde dort 1747 Rittmeister. 1750 kehrte er nach Dresden zurück und trat als Oberst-Lieutenant in die Polnische Kron-Armee ein. Aber auch hier war seines Bleibens nicht lange, denn das Unglück wollte, daß 1754 in einem Duell sein Gegner auf dem Platze blieb. Zu Potsdam stellte er sich Friedrich II. vor, in der Absicht, in dessen Dienste zu treten. Die Unterhandlungen zerschlugen sich jedoch, weil Mayr seinen Rang behalten wollte. Willens in Russische Dienste zu gehen, reiste er nach Rußland. Zu Mitau erreichte ihn ein Brief vom Könige, der ihn nach Potsdam zurückrief. Er blieb in Folge dessen als Freiwilliger im Gefolge des Königs. Beim Ausbruche des siebenjährigen Krieges wurde er Flügel-Adjutant und erhielt, vom Könige zum Obersten ernannt, den Befehl, zu Reichenbach das erste Frei-Bataillon zu errichten. Die Formation desselben war bis zum Frühjahr 1757 vollendet. Hierauf focht er bei Tetschen, vernichtete die Magazine im Pilsnitzer Kreise und in der Oberpfalz und deckte im Juli 1757 den Rücken des Königs beim Korps des Feldmarschall Keith. Im Herbste focht er gegen die Französische und die Reichs-Armee. Im Winter blieb er in Sachsen und that mit seinem Korps dem Feinde manchen Abbruch. 1758 gehörte sein Bataillon zur Avant-Garde bei der Armee des Prinzen Heinrich und focht darauf in Franken unter General von Driesen. Im Gefecht bei Basberg wurden ihm 2 Pferde unter dem Leibe erschossen. Wegen seiner Tapferkeit ernannte ihn der König zum General-Major. Im November kämpfte er bei Dresden. In dem Winterquartiere zu Plauen, das er Anfangs Dezember bezogen hatte, machte ein früher Tod am 3. Januar 1759 seinem vielbewegten Leben ein Ende.

Dolman hellblau mit weißen Schnüren;

Pelz dunkelblau mit weißen Schnüren und schwarzem Pelzvorstoße.

Rothe Schärpen mit weißen Knöpfen. Säbeltasche hellblau mit weißer Borte und gekröntem Königlichen Namenszuge. Schabrake dunkelblau mit hellblauem Zackenbesatze.

~~~~~

II.

Frei-Husaren von Lubomirski.

Eine Stammliste*) vom Jahre 1759 bringt folgende Angaben: „Regiment von Lubomirski. Der Polnische Prinz von Lubomirski übernahm 1758 die Errichtung eines meist aus Polaken bestehenden neuen Husaren-Regiments, wovon er selbst zum Chef ernannt worden. Andern Nachrichten zufolge ist solches, da nur 2 Eskadrons zu Stande gekommen, unter die andern gesteckt worden." So weit diese Quelle. Die Errichtung erfolgte zu Breslau.

Uniform (nach Menzel). Braune Pelzmützen mit grünem Kolpak. Fangschnüre der Husaren roth mit weißen Quasten.

Dolman grün, ohne Kragen, nur bei den Offizieren ist derselbe mit einem gleichfarbigen, liegenden mit Tresse besetzten Kragen versehen. Schnüre des Dolmans grün, für die Offiziere golden; letztere trugen die äußeren Schnur-reihen mit einander verbunden. Die Knöpfe waren gelb.

Pelz roth, Schnüre wie auf dem Dolman. Bei den Offizieren wie bei den Husaren sind die äußeren Schnurreihen mit einander verbunden. Bei den Husaren lief rings um die Schnurreihen des Pelzes, wellenförmig gesetzt, eine grüne Borte. Bei den Unteroffizieren war dieselbe von Gold — gradlinig gesetzt, die Ecken abgerundet. Bei den Offizieren fehlt die Borte gänzlich. Der Pelzvorstoß war durchgängig weiß.

---

*) Kurzgefaßte Geschichte aller Kgl. Preuß. Rgtr., welche bis in den Februar 1759 fortgesetzt von J. F. S. — Frankfurt und Leipzig 1759. 8°.

Seydlitz

1743 Rittmeister und Escadronchef im Hus. Rgt.
von Natzmer. (in Trebnitz).

Schärpe und Scharawaden grün. Grüne Säbeltaschen mit gelber Borteneinfassung und gekröntem Königlichen Namenszuge. Rothe Schabraken mit grünem Zackenbesatz und gelbem Schnurvorstoß.

Theilweise von diesen Angaben abweichend findet sich in Lippe's Husarenbuch, folgende Bemerkung: Dolman grün, Pelz roth, Beschnürung weiß, 5 Reihen Knöpfe.

<hr>

III.

Frei-Husaren von Kleist.

Friedrich Wilhelm Gottfried Arnd von Kleist, Chef des grünen Husaren-Regiments (Nr. 1), errichtete im Jahre 1759 und 1760 in Sachsen ein Frei-Korps, bestehend aus 2 Eskadrons Frei-Husaren, unter dem Namen „Volontaires de Prusse" und 3 Eskadrons Frei-Dragoner.

Die Husaren befanden sich à la suite des Kleist'schen Husaren-Regiments (Nr. 1). Zum Unterschiede von diesem, das man „Alt-Kleist-Husaren" nannte, findet sich für die Frei-Husaren die Benennung „Jung-Kleist-Husaren". Da sich das Korps gleich nach seiner Errichtung bedeutend hervorthat, wurde es auf die Stärke von 5 und 1762 als Regiment auf die Stärke von 10 Eskadrons gesetzt. Zum Kommandeur erhielt es den Major Karl August Hohenstock. Erwähnt sei noch, daß 1760 zu 61 außer den Husaren und Dragonern noch ein Frei-Bataillon mit Jägern von Kleist errichtet wurde, welches den Namen Preußische Kroaten führte. Diese Frei-Truppen fochten in Böhmen und Sachsen und zeichneten sich besonders bei Torgau aus. Später wurden sie in Pommern gegen die Russen und in Franken gegen die Reichs-armee verwendet. Der Frieden von 1763 brachte auch diesem Korps die Auflösung.

Uniform der Kleist'schen Frei-Husaren (nach Menzel):

Mütze von braunem Pelz mit rothem Beutel. Federstutz bei den Offizieren weiß mit schwarzer Wurzel, bei den Husaren grün, bei den Unter-offizieren grün mit schwarzem Kelchfleck. Fangschnüre der Husaren grün mit rothen Quasten.

Dolman roth mit weißen, für die Offiziere silbernen Schnüren. Der niedrige rothe Kragen fehlt bei den Offizieren.

Pelz dunkelgrün mit schwarzem Vorstoß. Schnüre wie auf dem Dolman; um die Schnurreihen des Dolmans wie des Pelzes läuft ringsherum, wellenförmig gesetzt, eine weiße resp. silberne Tresse.

Schärpe der Husaren grün mit weißen Knöpfen. Säbeltasche roth mit grünem Zackenrande; weißer gekrönter Königlicher Namenszug. Schabrake roth mit grünem Zackenbesatz und weißem Vorstoße; in den beiden hinteren Ecken weißer Namenszug wie auf der Säbeltasche.

Eine gleichzeitige Abbildung, die vorgelegen hat, giebt die Abzeichen, wie folgt: Kolpak, Dolman und Scharawaden roth, Pelz grün, Schnüre und Pelzvorstoß weiß, Schärpe grün-gelb.

<hr>

IV.

Frei-Husaren von Bauer.

Im Jahre 1760 errichtete Major **Friedrich Wilhelm von Bauer*)** (bei der alliirten Armee im Gefolge des Prinzen Karl von Braunschweig-Bevern) ein Pionier-Korps und im folgenden Jahre ein Husaren-Korps. Anfangs des Jahres 1762 trat Bauer mit seinem Korps in Preußische Dienste und zwar als „Ingenieur-Oberst-Lieutenant und Chef eines Husaren-Regiments."

Nach dem Frieden wurden seine Husaren unter die Reiterei im Magdeburgischen vertheilt.

Ueber die **Uniform** ist nichts aufzufinden.

---

*) von Bauer, ein tüchtiger Mathematiker und Baumeister, Sohn eines Oberförsters im Hanauischen, trat als Geometer in Hessen-Kassel'sche, darauf als Ingenieur in Bückeburgische Dienste. Bei Ausbruch des Krieges 1756 ging er als Feuerwerker der Hessischen Artillerie nach England, wurde wegen seiner tüchtigen Zeichnungen Stückjunker, nach der Rückkehr 1757 Lieutenant, bald Kapitän und als Herzog Ferdinand von Braunschweig das Kommando der alliirten Armee übernahm, dessen General-Adjutant und Ingenieur im Hauptquartier. Der König von Preußen adelte ihn 1761. Nach einer schweren Verwundung vor Ziegenhain fungirte er ausschließlich im Stabe. Nach dem Frieden nahm er Russische Dienste und starb 1783 als General-Lieutenant.

<hr>

V.

Frei-Husaren von Schony.

Karl Ludwig von Schony, ein geborner Ungar, früher in Würtembergischen Diensten, errichtete im Jahre 1761, in die Preußische Armee als Major übertretend, ein Frei-Korps, bestehend aus Husaren, Grenadieren und Musketieren. Der Sammelplatz war Breslau und die umliegenden Städte. Die Formation des Korps war in den ersten Tagen des August beendet und fand diese Truppe gegen die Russen Verwendung. Die Stärke der Husaren-Abtheilung belief sich auf 3 Eskadrons.

1763 wurde mit der Entlassung des Chefs auch das Korps aufgelöst und die Husaren unter die Schlesischen Regimenter vertheilt.

Als **Uniform** wird von einer Quelle*) angegeben: Dunkelblauer Dolman und Pelz mit gelben Schnüren.

Hiervon weicht das Menzel'sche Werk in Betreff des Dolmans ab. Es finden sich dort die folgenden Angaben:

Filzmützen schwarz, ohne Federstutz. Bei den Husaren und Unteroffizieren ist der Flügel mit gelbem Bande besetzt, bei den Offizieren fehlt diese Verzierung. Fangschnüre bei den Husaren roth mit orange Quasten.

Dolman hellblau mit gelben Schnüren; die äußeren Schnurreihen mit einander verbunden. Schmale rothe stehende Kragen; dieselben fehlen jedoch bei den Offizieren.

Pelz dunkelblau. Die Beschnürung desselben gleicht der auf dem Dolman; Pelzvorstoß schwarz.

Schärpe dunkelroth mit weißen Knöpfen. Säbeltasche roth mit gelbem Bortenbesatz und gekröntem Königlichen Namenszuge. Schabrake hellblau mit rothem Zackenbesatze und gelbem Schnurvorstoße.

---

*) Soldatenfreund, 1881, 7. Heft.

VI.

Frei-Husaren von Bequignolles.

Der Rittmeister **Johann Leonhard d'Artois von Bequignolles** errichtete 1761 bei dem Heere des Herzogs von Braunschweig in Halberstadt ein Frei-Korps aus Husaren und Infanterie bestehend.

Dasselbe focht mit Auszeichnung und wurde 1763 nach dem Frieden reduzirt.

Ueber die **Uniform** ist nichts aufzufinden gewesen.

VII.

Frei-Husaren von Favrat.

1763 wurde die Favrat'sche, sogenannte „schwarze Brigade" errichtet. Wegen des in demselben Jahre erfolgten Friedensschlusses kam jedoch die Formation nicht zum völligen Abschluß. Dieses Korps wurde schon in demselben Jahre wieder aufgelöst. Es bestand aus Jägern, Grenadieren, Dragonern und Husaren.

Als **Uniform** trugen letztere gelbe Dolmans und schwarze Pelze. Die Schnüre waren roth.

Die Land-Husaren.

Dieselben wurden von den Ständen während des siebenjährigen Krieges zum Schutze gegen die Russen und Schweden „aus lauter Landeskindern" errichtet.

I.

Pommersche oder Stettiner Husaren.

1757 wurde von den Pommerschen Ständen ein Husaren-Korps, 2 Eskadrons stark, zur Abwehr gegen die Schweden errichtet. Chef derselben wurde Major von Stülpnagel, Kommandeur Major von Hohendorf. Bei

Pasewalk und Pyritz thaten diese Provinzial-Husaren treffliche Dienste. Nach erfolgtem Friedensschlusse mit Rußland und Schweden 1762 wurde das Korps aufgelöst.

Uniform:

Flügelmützen ohne Federstutz, Fangschnüre der Husaren roth mit weißen Quasten.

Dolman hellblau. Kragen haben nur die Offiziere, und zwar liegende von gleicher Farbe wie der Dolman. Schnüre weiß, resp. silbern.

Pelz dunkelblau mit weißem Vorstoß. Schnüre wie auf dem Dolman. Die Offiziere trugen auf Dolman und Pelz die äußeren Schnurenden verbunden. Schärpe roth — nach Lippe Husarenbuch: gelb.

II.

Küstrinische Husaren.

1757 wurde in der Neumark eine 100 Pferde starke Husaren-Eskadron errichtet. Sie lag zu Küstrin und Peiz in Garnison. Chef der nach der Garnison benannten Truppe war Rittmeister von Schmidt.

Der Frieden brachte dem Korps die Auflösung.

Uniform:

Filzmützen ohne Federstutz. Husaren rothe Fangschnüre mit hellblauen Quasten.

Dolman und Pelz mattbraun, ersterer ohne Kragen. Pelzvorstoß weiß. Schnüre weiß, bei den Offizieren silbern. Dieselben trugen die äußeren Schnurreihen auf Dolman und Pelz verbunden.

Schärpe roth-weiß.

III.

Berlinische Husaren.

Am Anfange des Jahres 1759 entstand in der Kurmark ebenfalls ein Husaren-Korps, 112 Mann stark (1 Eskadron). Die Kommandeure werden verschieden angegeben und zwar nennt eine Quelle den Rittmeister von Natzmer, eine andere Major von Maltitz.

Die Auflösung erfolgte nach dem Friedensschlusse.

Uniform:

Schwarze Filzmützen mit Federstutz. Fangschnüre der Husaren weiß mit rothen, nach Anderen roth mit grünen Quasten.

Dolman weiß, ohne Kragen; weiße resp. silberne Schnüre.

Pelz dunkelblau; Vorstoß weiß. Die Offiziere trugen auf Dolman wie Pelz die äußeren Schnurenden mit einander verbunden.

Schärpe roth und weiß.

6. Kapitel.

Die Standarten
(bis 1806).

Jede Eskadron hatte ihre eigene Standarte. Die Einrichtung, daß die Leib-Eskadron (resp. die Leib-Kompagnie) eine Fahne von anderer Farbe hatte, kannte man bei den Husaren nicht. Bis zum Jahre 1740 hießen die Feldzeichen bei den Husaren Fahnen, von da ab Standarten. Im Juni 1743 mußten sämmtliche Husaren-Regimenter ihre Standarten abliefern, da sich nach der Ansicht des Königs die Führung derselben für die Fechtweise dieser Truppe nicht eignete.

Die Form der Standarten war derjenigen der jetzigen Ulanen-Flaggen ähnlich, das heißt mit zwei Zipfeln. Das Flaggentuch, das Anfangs nur aus einfach liegendem Stoffe gemacht war, maß von der Stange bis zu den beiden äußersten Spitzen 68 cm.; in der Höhe 52 cm. Ringsum war das Fahnentuch mit einem Zackenbesatze in der Art desjenigen auf der Schabrake besetzt. Die Breite der Zacken betrug 4 cm.

Das bei sämmtlichen Regimentern weiße Mittelschild war von Lorbeerzweigen umgeben und zeigte den nach rechts fliegenden Adler unter einem Spruchbande, welches die Inschrift „Pro gloria et patria" trug*). Ueber dem Schilde befand sich die Königliche Krone; in den vier Ecken gekrönte Königliche Namenszüge von Zweigen umgeben. Unter dem Schilde und an der Stange auf dem Raume zwischen den beiden Namens-zügen war je eine Granate angebracht, mit der Flamme dem Mittelschilde zugekehrt. Sämmtliche Verzierungen waren nicht gestickt, sondern gemalt. Die Banderolles hatten eine Länge von 141 cm. und waren schwarz mit

---

*) Unter Friedrich Wilhelm I. lautete die Devise: „Non soli cedit".

Silber drellirt. Die Stange war glatt und von oben nach unten in spiral-
förmig laufenden Streifen zweifarbig angestrichen. Am unteren Theile der
Stange befanden sich zwei aus Holz gedrehte Scheiben, ähnlich etwa wie an
den alten Turnierlanzen. Ueber der oberen lief an der Stange eine Schiene
entlang, an der sich ein Ring bewegte; derselbe diente zur Befestigung an
das mit einem Karabiner-Haken versehene Standarten-Bandolier. Die Spitze
der Stange war von durchbrochener Metallarbeit und zeigte den Königlichen
Namenszug.

Abbildungen aus der Zeit Friedrich's des Großen und zwar von den
Regimentern Nr. 3, 4 und 7, zeigen Grundtuch wie Zackenbesatz, der Farbe
der Schabrake entsprechend. Malerei beim Regiment Nr. 4 in Gold. Beim
Regiment Nr. 7 befinden sich die Namenszüge in weißen Feldern, während
sonst diese Felder die Grundfarbe des Fahnentuches haben. Die Kanelirung
der Stange bei Regiment Nr. 3 ist grün und gelb; die Scheiben roth. Bei
Regiment Nr. 4: Stange weiß, roth kanelirt, Scheiben weiß mit roth. Stange
von Nr. 7 roth mit blau.

Die folgende Tabelle giebt eine Uebersicht über die Husaren-Standarten
wie solche im Jahre 1806 geführt worden.

Die Standarten
im Jahre 1806.

Nr.	Namen des Regiments	Fahnentuch	Mittelschild	Malerei	Zacken-besatz	Stange	
						Grund	Kanelirung
1	von Gettkandt	dunkelgrün	weiß	gold	hellgrün	grün	roth
2	von Rudorff	dunkelblau	weiß	gold	orange	blau	roth
3	von Pletz	blau	weiß	gold	gelb	blau	gelb
4	Prinz Eugen v. Würtemberg	hellblau	weiß	gold	weiß	hellblau	roth
5	von Prittwitz	schwarz	weiß	silber	roth	grün	roth
6	v. Schimmelpfennig	braun	weiß	gold	gelb	hellblau	gelb
7	von Köhler	weiß		silber	silber	dunkel=grün	hellblau
8	von Blücher	dunkel=karmoisin	weiß	silber	weiß	grün	roth
10	von Usedom	hellblau	weiß	gold	weiß	hellblau	gelb
11	von Bila	hellblau	weiß	gold	gelb	blau	roth

7. Kapitel.

Einiges über die Remontirung.

Die Remontirung wurde von den einzelnen Regimentern selbst besorgt. Es wurden zu diesem Zwecke alljährlich Kommandos nach ungarischen Märkten geschickt, die theilweise bis an die türkische Grenze gingen. Das Leib-Husaren-Korps war durchgängig auf Schimmeln beritten und zwar wollte Friedrich Wilhelm I., daß es alle helle Schimmel sein sollten und gestattete nur Schwarz-Schimmel, wenn sie sonst sehr gut wären (1731). Für die Pferde des älteren Husaren-Stammes wurden 20 Thaler pro Stück bezahlt, für die des jüngeren 50 Thaler. 1738 bewilligte der König für den Major v. Brunikowski (älterer Husaren-Stamm) den Ankauf von Rappen, Braunen und Füchsen, verbietet jedoch bei dessen Korps die Schimmel. Unter Friedrich dem Großen behielt das Leib-Korps, das Zietensche Husaren-Regiment, die Schimmel bei. Das Husaren-Regiment von Brunikowski (Nr. 1) ritt Braune. Die Pferde werden überall als sehr ausdauernd geschildert. Nach einer Bekanntmachung in der Schlesischen Zeitung, Breslau, den 5. Januar 1752 werden 2000 Stück leichter polnischer Husaren-Pferde gesucht, 15 Hand hoch, das Stück zu 32 Thaler = 48 Gulden baar für Pferde aller Farben, Schecken und Isabellen ausgenommen.

Eine Regelung des Pferde-Ersatz-Wesens fand 1751—52 statt. Jedes Regiment erhielt jährlich 105 Pferde; ein Viertel davon durften Stuten sein, die nicht trächtig waren oder gefohlt hatten. Es war den Regimentern überlassen, ob sie sich durch Kommandos die Pferde aus der Ukraine und Walachei selbst besorgen oder durch Händler ankaufen lassen wollten. Der Preis für das Pferd war auf 31 Thaler festgesetzt, nur bei dem Zietenschen Regimente wurden 34 Thaler für das Stück vergütet, beim 3. Husaren-Regimente 32 Thaler. Die Größe der Pferde sollte sich zwischen 4 Fuß 10 Zoll und 5 Fuß bewegen. Rüsch, Kommandeur der Todtenkopf-Husaren schickte 1750 ein Remonte-Kommando bis tief in die Türkei hinein; dieses letztere Regiment war auf lauter tartarischen Pferden beritten*). 1768 wurde für ein Pferd beim Zietenschen Regiment (nicht unter 11 Zoll) 37 Thaler festgesetzt, für eins bei den preußischen und pommerschen Regimentern 31 Thaler, bei den schlesischen 32 Thaler.

Bei dem schwarzen Husaren-Regimente (Nr. 5) ritt die Leib-Eskadron Schimmel, ebenso die Trompeter des Regiments Nr. 8. Bei letzterem Regiment scheint die Leib-Eskadron bis 1804 Füchse geritten zu haben.

_____

*) Nach einer Notiz in einem Briefe Friedrich's des Großen aus dem Jahre 1748.

II. Theil.

Die Husaren der neuen Armee.

~~~~~~

Rüsch'sche Hus. (N.º 5.)

ungebetene Gäste im westphäl. Kloster Marienfeld.

8. Kapitel.

Uebersicht der Formationen vom Jahre 1807 bis zur Gegenwart.

Die Schicksale der Husaren-Regimenter in dem Unglücks-Jahre 1806 sind bei den einzelnen Regimentern der alten Armee in Kürze angegeben worden.

Beim Tilsiter Frieden fand sich nur noch ein Regiment das „schwarze" von Prittwitz-Husaren Nr. 5, im Regiments-Verbande vor, während aus den Depots und Resten der übrigen Husaren-Regimenter 4 Brigaden gebildet worden waren. (v. Rudorff, v. Dziengel, v. Zieten und v. Blücher). Die Zusammensetzung dieser Brigaden ist aus folgender Uebersicht zu entnehmen.

Vom Jahre 1808*) an wurden die Namen der Regimenter nicht mehr nach den Chefs sondern nach den Provinzen geführt. Eine Ausnahme hiervon machte das 2. Brandenburgische Husaren-Regiment, welches zusätzlich noch den Namen von Schill erhielt.

Uebersicht.

Bestand im Herbst 1807:	Nach der Reorganisation 1808:
Husaren-Regiment **v. Prittwitz (Nr. 5),** 8 Esks. stark. (Laut A.K.-Ordre v. 16. Oktober 1807 von 10 auf 8 Esks. gesetzt).	Erhielt am 7. Septbr. 1808 den Namen: **Leib-Husaren****). Wurde am 20. Septbr. getheilt in die **Husaren Nr. 1 u. 2.** **1. u. 2. Leib-Husaren-Regiment.**

---

*) In diesem Jahre wurden alle Kavallerie-Regimenter auf 4 Eskadrons gesetzt und betrug die Stärke eines Regiments 26 Offiziere, 48 Unteroffiziere, 13 Trompeter und 440 Gemeine.

**) Nach der Pariser Konvention vom 8. September 1808 befahl der König die 8 Kompagnien (Eskadrons) Leib-Husaren zur Garde zu rechnen, „um die Bestimmungen dieses Vertrages zu erfüllen und die jetzt bestehenden Truppen möglichst beizubehalten." (Scherbening I. 202. 203.)

Bestand im Herbst 1807:	Nach der Reorganisation 1808:	
Husaren-Brigade v. Rudorff, 4 Esks. stark. Setzte sich zusammen aus den Resten und dem Depot des Rgts. **v. Rudorff (Nr. 2)** und den Resten des Husaren-Bataillons **v. Bila (Nr. 11)**. 9 Pferde waren vom Berlinischen Husaren-Kommando überwiesen worden.	7. Septbr. 1808: **Husaren Nr. 3. 1. Brandenburgisches Husaren-Regiment.**	
Husaren-Brigade v. Dziengel, 4 Esks. stark. Wurde gebildet aus den Resten der Regimenter **v. Gettkandt (Nr. 1)**, **v. Schimmelpfennig (Nr. 6)** und dem Depot u. Rest **v. Köhler (Nr. 7)**.	7. Septbr. 1808: **Oberschlesisches Husaren-Rgt.*)** oder **1. Schlesisches Hus.-Rgt.**	Vereinigt am 5. Dezember 1808 unter dem Namen: **Husaren Nr. 4. 1. Schlesisches Husaren-Regiment.**
Husaren-Brigade v. Zieten, 4 Esks. stark. Gebildet aus dem Rgt. **Prinz Eugen v. Würtemberg (Nr. 4)** und dem Depot und Rest des Rgts. **v. Usedom (Nr. 10)**.	7. Septbr. 1808: **Niederschlesisches Husaren-Rgt.** oder **2. Schlesisches Hus.-Rgt.**	
Husaren-Brigade v. Blücher, 4 Esks. stark. Bestand aus dem Rgt. und Depot **v. Blücher.**)	7. Septbr. 1808: **Husaren Nr. 5. Pommersches Husaren-Rgt. (v. Blücher).**	
Die während des Krieges formirte **Schill'sche Kavallerie**, 4 Esks. stark.	7. Septbr. 1808: **2. Brandenburgisches Husaren-Rgt. v. Schill.**	

*) 5. Dezember 1808 gab die 1. Esk. ihre Pferde an das 1. Schlesische Husaren-Rgt.,
„ 2. „ „ „ „ „ 1. Brandenburgische „ „
„ 3. „ „ „ „ „ 2. „ „
„ 4. „ „ „ „ „ die Schlesische reitende Artillerie.
**) Obgleich gefangen, ranzionirte sich das Regiment unter Führung dreier Wachtmeister gänzlich.

| Die in Schlesien unter **Graf Götzen** formirte Kavallerie, 10 Esks. stark. | 20. November 1808:
Husaren Nr. 6.
2. Schlesisches Husaren-Rgt.*) |

~~~~~~

In Folge der Schill'schen Unternehmung, im Frühling 1809, wurde das 2. Brandenburgische Husaren-Regiment aufgelöst. Beim 1. Brandenburgischen Husaren-Regimente fiel deshalb die Nummer fort und führte dasselbe nun gemäß der A. K.-Ordre vom 31. Mai 1809 den Namen: Brandenburgisches Husaren-Regiment. Im Jahre 1810 war der Bestand demnach folgender:

das Husaren-Regiment Nr. 1 — 1. Leib-Husaren-Regiment;

„ „ „ Nr. 2 — 2. Leib-Husaren-Regiment;

„ „ „ Nr. 3 — Brandenburgisches Husaren-Regiment;

„ „ „ Nr. 4 — 1. Schlesisches Husaren-Regiment;

„ „ „ Nr. 5 — Pommersches Husaren-Regiment;

„ „ „ Nr. 6 — 2. Schlesisches Husaren-Regiment.

Eine weitere Neuformation ist 1811 zu verzeichnen (28. Mai): Die Normal-Husaren-Kompagnie, die im April 1812 auf 1 Esk. verstärkt den Namen Garde-Normal-Husaren-Eskadron**) erhielt und der Stamm des Garde-Husaren-Regiments wurde (21. Februar 1815).

Für die Dauer des Feldzuges 1812 wurden durch Zusammensetzung je zweier Eskadrons verschiedene Regimenter, sogenannte kombinirte Husaren-Regimenter, gebildet. Nämlich aus:

2 Esks.***) des 1. und 2. Leib-Husaren-Rgts. — das kombinirte Hus.-Rgt. Nr. 1;

---

*) Zur Formation wurden auch noch die Mannschaften im Kanton des Regiments v. Pletz-Husaren (Nr. 3) verwendet.

**) Laut A. K.-Ordre vom 8. April 1813 wurde diese Esk. nur Garde-Husaren-Eskadron genannt.

***) Die mobilen Esks. erreichten eine Stärke von je 6 Offizieren, 15 Unteroffizieren, 3 Trompetern, 1 Chirurg, 1 Kurschmied, 144 Husaren und 162 Pferde.

2 Esks. des Brandenburg. u. Pommerschen Husaren-Rgts. — das
kombinirte Hus.-Rgt. Nr. 2;

2 „ „ 1. u. 2. Schlesischen Husaren-Rgts. — das kombinirte
Hus.-Rgt. Nr. 3.

Während der Feldzüge 1813—1815 wurden 2 Normal-Husaren-Regimenter errichtet, nämlich das Schlesische National-Kavallerie- und das Elb-National-Husaren-Regiment.

Bei der Vermehrung der Armee im Jahre 1815 wurden die Regimenter Nr. 7, 8, 9, 10, 11 und 12 neu errichtet.

Nr. 7. (Westpreuß.-Husaren-Rgt., aus 1 Esk. des 1. Hus.-Rgts. und 2 Esks. des Schles. National-Kavallerie-Regiments;

Nr. 8. (1. Westfälisches Husaren-Rgt.), aus je 1 Esk. des 3. und 6. Husaren-Rgts.;

Nr. 9. (Rheinisches Husaren-Rgt.), aus 1 Esk. des 4., 1 Esk. des 5. Husaren-Rgts. und der Lützow'schen Kavallerie;

Nr. 10. (1. Magdeburg. Hus.-Rgt.), aus dem Elb-National-Husaren-Regimente;

Nr. 11. (2. Westfälisches Husaren-Rgt.), 1813 als Bergisches Rgt. errichtet;

Nr. 12. (2. Magdeburg. Hus.-Rgt.), aus dem Sächsischen übernommen*).

Laut A. K.-Ordre v. 3. Dezember 1816 sind die Provinzial-Namen, welche die Regimenter noch neben ihrer Benennung führen, immer hinter dieser letzteren anzuführen; die Nummern werden stets in Zahlen ausgedrückt.

Am 10. März 1823 fielen die Provinzial-Namen fort, wurden aber durch A. K.-Ordre vom 4. Juli 1860, bei der Reorganisation der Armee, wieder eingeführt. Die Regiments-Nummern bis 7. Mai 1861 in Klammern. Die Husaren-Regimenter Nr. 3 und Nr. 5 erhielten in diesem Jahre als Auszeichnung beisätzlich die Namen früherer Chefs. Das Husaren-Regiment Nr. 7 bekam die Bezeichnung „Königs-Husaren-Regiment". Die Benennungen waren nun folgende:

Garde-Husaren-Regiment;

1. Leib-Husaren-Regiment Nr. 1;

2. „ „ „ Nr. 2;

---

*) Laut A. K.-Ordre v. 16. August 1816 wurde der Etat eines Kavallerie-Regiments auf 24 Offiziere, 61 Unteroffiziere, 13 Trompeter, 5 Chirurgen, 4 Kurschmiede, 428 Gemeine und 502 Pferde festgesetzt.

Brandenburgisches Husaren-Regiment (Zietensche Husaren) Nr. 3;

1. Schlesisches Husaren-Regiment Nr. 4;

Pommersches Husaren-Regiment (Blüchersche Husaren) Nr. 5;

2. Schlesisches Husaren-Regiment Nr. 6;

Königs-Husaren-Regiment (1. Rheinisches) Nr. 7;

1. Westfälisches Husaren-Regiment Nr. 8;

2. Rheinisches   „   „   Nr. 9;

Magdeburgisches   „   „   Nr. 10;

2. Westfälisches   „   „   Nr. 11;

Thüringisches   „   „   Nr. 12;

Das Jahr 1866 brachte der Preußischen Armee einen Zuwachs von 4 Husaren-Regimentern, nämlich:

1. Hessisches Husaren-Regiment Nr. 13 (2. Oktober 1866);

2.   „   „   „   Nr. 14 (2. Oktober 1866);

Hannoversches   „   „   Nr. 15 (27. Sept. 1866);

Schleswig-Holsteinsches Husaren-Regiment Nr. 16 (30. Oktober 1866).

Die ersten beiden Regimenter wurden aus dem Kurhessischen übernommen; das Hannoversche aus Abgaben der beiden Westfälischen, das Schleswig-Holsteinsche Husaren-Regiment aus Abgaben der beiden Rheinischen Husaren-Regimenter neu gebildet.

Laut A. K.-Ordre vom 10. November 1866 wurden die 5ten Esks. zu 85 Pferden als Ersatz-Esks. errichtet.

Laut A. K.-Ordre vom 28. Februar 1867 wurden bei den sämmtlichen Kavallerie-Regimentern 5te Esks. gebildet*).

Am 2. Dezember 1873 erhielt das Schleswig-Holsteinsche Husaren-Regiment den Namen: Husaren-Regiment Kaiser Franz Joseph von Oesterreich, König von Ungarn (Schleswig-Holsteinsches) Nr. 16.

---

*) Friedensstärke eines Kavallerie-Regiments zu 5 Eskadrons: 1 Regiments-Kommandeur, 1 Stabsoffizier, 2 Rittmeister I. Klasse, 3 Rittmeister II. Klasse, 5 Premier-Lieutenants, 1 Adjutant, 12 Seconde-Lieutenants, zusammen 25 Offiziere. 1 Oberstabsarzt (Regimentsarzt), 4 Assistenzärzte, 1 Zahlmeister, 5 Wachtmeister, 5 Vice-Wachtmeister, 5 Portepeefähnriche, 20 Sergeanten, 42 Unteroffiziere, 1 Stabstrompeter, 15 Trompeter, 74 Gefreite, 25 Kapitulanten, 474 Gemeine, 20 Handwerker, zusammen 686 Köpfe; hierzu kommen noch: 1 Zahlmeister-Aspirant, 5 Lazarethgehilfen, 1 Ober-Roß-Arzt, 4 Roßärzte, 1 Regiments-Sattler, 1 Büchsenmacher, also im Ganzen 699 Köpfe, 667 Königliche Dienstpferde.

9. Kapitel.

Kurze Geschichte der Husaren-Regimenter der neuen Armee.

Garde-Husaren-Regiment.

Garde-Korps. — Garde-Kavallerie-Division. — 2. Garde-Kavallerie-Brigade.

Garnison: Potsdam.

Formation: Am 2. März 1815 wurde das Regiment in der Stärke von 4 Eskadrons aus der Husaren-Eskadron des leichten Garde-Kavallerie-Regiments und aus 3 Esks. des Ostpreußischen National-Kavallerie-Regiments gebildet. Die erste Esk. war im Jahre 1811 als Normal-Husaren-Eskadron errichtet worden. 1813 bildete sie zusammen mit der Garde-Dragoner-, Garde-Ulanen- und Garde-Kosaken-Eskadron, das leichte Garde-Kavallerie-Regiment. — Das Ostpreußische National-Kavallerie-Regiment wurde in der Stärke von 4 Esks. 1813 in Königsberg in Preußen von den Ständen errichtet. 3 Esks. wurden zur Bildung des Garde-Husaren-Regiments hergegeben, während die 4. zur Errichtung des 4. Ulanen-Regiments verwendet wurde.

Abgaben: Im Jahre 1860 gab das Regiment eine kombinirte Eskadron zur Formation des 2. Garde-Dragoner-Regiments ab; 1866 diente 1 Esk. zur Errichtung des 1. Hannöverschen Dragoner-Regiments Nr. 9.

Feldzüge: Die 1. Eskadron (Normal-Husaren-Eskadron) focht **1813** bei Groß-Görschen, 2. Mai; Borna, 4.; Bautzen, 21.; Görlitz, 23.; Haynau, 26. Mai (nahm 1 Kanone); Leipzig, 16.—18. Oktober.

    1814: La Rothière, 1. Februar; Arcis sur Aube, 20. bis 21. März; Paris, 30. März.

    Die übrigen 3 Eskadrons, dem Ostpreußischen National-Kavallerie-Regiment angehörig, kämpften **1813** bei Bunzlau, 21. August;

an der Katzbach, 26. August (eroberten 2 bespannte Geschütze); Görlitz, 5. September; Bautzen, Bischofswerda, 12; Goldbach, 22. September; Leipzig, 15.—19. Oktober (nahmen 4 Geschütze).

1814 vor Thionville, 16.—25. Januar; Montmirail, 11. Februar; Vitry, 21. Februar; Laon, 9. März; Bery au Bac, 18.; Coulommiers, 26. März (erbeuteten 2 Geschütze und 1 Adler); Paris, 30. März.

1815 machte das Regiment als Garde-Husaren-Regiment den Marsch nach Paris mit.

1864 focht das Regiment bei Kolding, 18. Februar; bei Friedericia, 18. März.

1866 bei Burkersdorf, 28. Juni; Königinhof, 29. Juni; Königgrätz, 3. Juli.

1870—71 bei St. Privat la Montagne, 18. August; bei Beaumont, 30. August; bei Sedan, 1. September; Belagerung von Paris vom 19. September bis 20. Dezember; Schlacht an der Hallue, 21. Dezember; Bouchavesnes bei Peronne, 27. Dezember; Bapeaume, 3. Januar; Masnières, 6.; Kapitulation von Peronne, 10.; Schlacht bei St. Quentin, 19.; Huppy, 20. Januar.

Regiments-Kommandeure.

1815   Oberst-Lieut. **v. Knobloch**; schied als Oberst mit Wartegeld aus (brach den Fuß bei einer Parade).

1819   Oberst **Graf v. Nostitz**; Flügel-Adjutant Sr. Majestät des Königs; wurde Kommandeur der 2. Garde-Kavallerie-Brigade.

1821   Oberst-Lieut. **v. Malachowsky**; Flügel-Adjutant Sr. Majestät des Königs; wurde Brigade-Kommandeur (8. Kavallerie-Brigade).

1832   Oberst-Lieut. **Graf v. Pückler**; später Oberst; erhielt die erste Kavallerie-Brigade; 10. September 1840 Gen.-Major; Kommandeur der 11. Kavallerie-Brigade.

1840   Oberst-Lieut. **v. Schönermark**; 17. Februar 1844 als Gen.-Maj. pensionirt; starb wenige Tage darauf in Potsdam. (Siehe auch Hus.-Rgt. Nr. 6).

1844	Oberst-Lieut. **v. Kaphengst**; 22. März 1845 Oberst; erhielt die 15. Kavallerie-Brigade.
1848	Major **Graf v. Dönhoff**; als Kommandeur in das Regiment Gardes du Korps versetzt.
1848	Major **Frhr. v. Beverförde-Werries**; 26. September 1850 Oberst-Lieut.; 2. Dezember 1851 Oberst; als Gen.-Major mit Pension der Abschied bewilligt.
1854	Major **Baron Gehr v. Schweppenburg**; 13. Juli 1854 Oberst-Lieut.; 22. Mai 1858 Oberst; erhielt die 2. Kavallerie-Brigade.
1859	Oberst-Lieut. **Graf v. Bismarck-Bohlen**; Flügel-Adjutant Sr. Majestät des Königs; 31. Mai 1859 Oberst; erhielt die 5. Kavallerie-Brigade.
1861	Oberst-Lieut. **Frhr. v. Kerssenbroigk**; starb als Oberst in Kiel 1864.
1865	Oberst-Lieut. **v. Krosigk**; 8. Juni 1866 Oberst; erhielt die 22. Kavallerie-Brigade.
1868	Oberst-Lieut. **v. Hymmen**; Flügel-Adjutant Sr. Majestät des Königs; 18. August 1871 Oberst; erhielt die 6. Kavallerie-Brigade.
1874	Major **Prinz Wilhelm von Würtemberg, K. H.**; mit dem Charakter als Oberst (15. Mai 1875) zu den Offizieren à la suite der Armee versetzt.
1875	Major **v. Krosigk**; 3. Juli 1875 Oberst-Lieut.; 11. Juni 1879 Oberst.

1. Leib-Husaren-Regiment Nr. 1.

I. Armee-Korps. — 2. Division. — 2. Kavallerie-Brigade.

Garnisonen*): Danzig (zum Theil in Langfuhr) und Preuß. Stargardt.

Formation: Ueber die Errichtung dieses Regiments siehe I. Theil, Seite 23. Das Regiment — die berühmten Todtenkopf-Husaren, — blieb in der Stärke von 8 Esks. 1807 bestehen und erhielt als Auszeichnung für den Feldzug 1806—7, am 7. September 1808 den Namen „Leib-Husaren." Am 12. September desselben Jahres

---

*) 1838: Danzig, Elbing, Pr.-Stargardt und Rosenberg. — 1859: Danzig, Pr.-Stargardt. — 1851: Danzig, Riesenburg. Pr.-Stargardt, Rosenberg. — 1856: Danzig, Elbing, Pr.-Stargardt. — 1860: Danzig, Pr.-Stargardt. — 1875: Danzig, (z. Theil in Langfuhr, Osterode, Pr.-Stargardt). — Seit 1881 wie oben angegeben.

wurde es in 2 Regimenter zu je 4 Esks. getheilt: in das Husaren=
Regiment Nr. 1 (1. Leib=Husaren=Regiment) und Nr. 2 (2. Leib=
Husaren = Regiment). Ersteres führte bis zum 4. Juli 1860 den
Namen: 1. Husaren=Regiment, genannt 1. Leib=Husaren=Regiment;
seitdem 1. Leib=Husaren=Regiment Nr. 1.

Abgaben: 1815 wurde eine Eskadron zur Bildung des 7. Husaren=Regiments,
1860 wiederum eine zur Formation des Westfälischen Dragoner=
Regiments Nr. 7, 1866 eine kombinirte Eskadron zur Errichtung
des Ostpreußischen Dragoner=Regiments Nr. 10 abgegeben.

Feldzüge: Im Jahre **1812** nahmen 2 Eskadrons, welche mit 2 Eskadrons
des 2. Husaren=Rgts. das kombinirte Husaren=Rgt. Nr. 1 bildeten,
Theil an den Gefechten von Widszy, 5. Juli; Poniewisz, 7. Juli;
Garossenkrug, 1. Oktober; Tomsdorf, 17. November; dem Ueber=
falle bei Friedrichstadt, 18. November und dem Gefechte bei
Piktupöhnen, 26. Dezember (2 Russische Jäger=Bataillone gesprengt
und größtentheils gefangen genommen, außerdem 2 Kanonen und
3 Pulverwagen erobert).

1813 focht das Regiment bei Dannigkow=Möckern am 5. und Halle
am 28. April; Hoyerswerda, 28. Mai; Luckau, 4. Juni (2 Kanonen
und Pulverwagen erobert; es konnte indessen nur 1 Haubitze
zurückgebracht werden). Groß=Beeren, 23. August; Dennewitz,
6. September; Mühlberg, 19. September; Leipzig, 16.—19. Oktober;
Sturm auf Zütphen, 23. November; Besetzung von Gorkum,
14. Dezember und nahm Theil an der Beobachtung von Herzogen=
busch, 15. Dezember 1813 bis 26. Januar 1814.

1814 wohnte es bei: den Gefechten von Hoogstraaten, Meerxem und
Lier, 11., 12. und 13. Januar; dem Sturme auf Lier, 31. Januar;
dem Gefechte von Condé, 25. Februar; dem Vorpostengefechte bei
Soissons, 3. März und Compiègne, 1. April.

1866 focht das Rgt. bei Trautenau, 27. Juni; Königgrätz, 3. Juli
(1 Geschütz erobert*); Kralitz und Tobitschau, 14. und 15. Juli.

---

*) Nach den Feldzügen von 1812—15 wurden für eroberte Geschütze 50 Dukaten vergütet, wenn
dieselben mit blanker Waffe genommen worden, während bei den eroberten Fahnen und Standarten jedesmal nur
eine persönliche Belohnung durch Verleihung des eisernen Kreuzes oder Avancement stattgehabt zu haben scheint.
Unterm 7. Februar 1867 erließ Se. Majestät die Ordre, daß für die Trophäen des Feldzuges
1866 Douceur=Gelder gezahlt werden sollten und zwar für ein Geschütz 60, und für eine Fahne oder Standarte
40 Dukaten. Es waren in dem Feldzuge 1866: 142 Geschütze und 16 Feldzeichen erobert worden. Mithin
gelangten 28,246 Thaler 20 Sgr. zur Auszahlung an die resp. Regimenter.

1870—71 Beaumont, 30. August; Sedan, 1. September; Petit=Bicêtre, 19. September; Milly, 26. September; Marolles, 1. Oktober; Males Herbes, 9. Oktober; Artenay (Orléans), 11. Oktober; Rekognoszirungen bei Chateauneuf, Sully, Vannes, Tigy, Viennes en Val, vom 19. Oktober — 2. November; Treffen bei Coulmiers, 9. November; Artenay, 14. und 18. November; Lumeau, 25. November; Schlacht bei Orléans, 2. — 4. Dezember; Bazoche sur Gallerandes, Meung, 6. und 7. Dezember; Beaugency und Cravant, 8., 9., 10. Dezember; Vendôme und Coulommiers, 15. Dezember; Le Mans, 10. — 12. Januar; Bazougers, 25. Januar; Meslay, 28. Januar.

Chefs.

(Frühere Chefs, von 1741 ab, siehe beim Stamm=Rgte. I. Theil, Seite 24).

1860
(12. August).
2. Chef: **General=Feldmarschall Friedrich Karl, Prinz von Preußen, Königl. Hoheit.**

Regiments-Kommandeure.

1807 Major **v. Pfuhl**; erhielt als Oberst Pension.

1809 Major **v. Szerdaheli**; als Oberst pensionirt.

1812 Major **v. Sandrart**; wurde als Oberst Kommandeur der 3. Kavallerie=Brigade.

1816 Oberst=Lieut. **Dallmer**; erhielt als Oberst Pension.

1817 Oberst=Lieut. **Baron v. Krafft**; als Oberst Kommandeur der 13. Kavallerie=Brigade.

1830 Oberst **Baron v. Canitz und Dallwitz**; ging 1832 zur Diplomatie über.

1833	Major **v. Below**; im Jahre 1838 als Oberst zum 2. Adjutanten Sr. K. H. des Kronprinzen ernannt.
1839	Oberst=Lieut. **v. Brösike**; 10. September 1840 Oberst; als Gen.= Major pensionirt.
1843	Oberst=Lieut. **v. Gerhardt**; interim., 6. März 1845 bestätigt; als Oberst zur Disposition gestellt.
1846	Major **v. Thskza**; interim., 5. Oktober 1846 als Kommandeur bestätigt; als Oberst=Lieut. pensionirt.
1848	Major **Graf Clairon d'Haussonville**; 19. April 1851 Oberst; erhielt die 5. Kavallerie=Brigade.
1853	Major **Frhr. v. Wrangel**; 13. Juli 1854 Oberst=Lieut.; als Oberst pensionirt.
1856	Major **Graf v. Blumenthal**; 15. Oktober 1856 Oberst=Lieut.; 31. März 1859 Oberst; mit Pension zur Disposition gestellt.
1860	Oberst=Lieut. **v. Eckartsberg**; als Oberst pensionirt.
1862	Major **v. Krosigk**; 17. März 1863 Oberst=Lieut.; zum Garde= Husaren=Rgt. versetzt.
1864	Major **v. Kehler**; 25. Juni 1864 Oberst=Lieut.; als Oberst zur Disposition gestellt.
1867	Major **v. Hanstein**; 22. März 1868 Oberst=Lieut.; 26. Juli 1870 Oberst; als Gen.=Maj. mit Pension zur Disposition gestellt.
1874	Major **v. Oetinger**; 19. September 1874 Oberst=Lieut.; 20. September 1876 Oberst; erhielt die 1. Kavallerie=Brigade.
1882	Major **v. Bercken**.

2. Leib-Husaren-Regiment Nr. 2.

V. Armee=Korps. — 10. Division. — 10. Kavallerie=Brigade.

Garnisonen*): Posen und Lissa.

Formation: 1808 durch Theilung des Regiments v. Prittwitz (siehe voriges Regiment) entstanden. Seinen jetzigen Namen führt es seit 1860.

---

*) 1846: Herrnstadt, Guhrau, Wohlau, Winzig. — 1852: Posen und Polnisch=Lissa.

Abgaben: 1815 wurde die 4. Eskadron zur Neubildung des 8. Husaren=Regiments, 1860 eine Eskadron zur Errichtung des 2. Schlesischen Dragoner=Rgts. Nr. 8, 1866 die Ersatz=Eskadron zur Formation des Kurmärkischen Dragoner=Regiments Nr. 14 verwendet.

Feldzüge: 2 Eskadrons des Regiments nahmen an dem Feldzuge **1812** in Kurland, mit 2 Esks. des 1. Husaren=Rgts. als kombinirtes Husaren=Rgt. Nr. 1, Theil. Ueber die bestandenen Kämpfe siehe vorangehendes Regiment.

1813 focht das Rgt. bei Dannigkow, 5. April; Groß=Görschen, 2.; Kolditz, 5.; Bautzen, 20. und 21. Mai; Rochlitz, 17. August (eroberte 3 Kanonen); Lauterseifen bei Löwenberg, 19. August; Löwenberg, 21. August; an der Katzbach, 26. August (eroberte 2 Geschütze mit Bespannung); Bischofswerda, 23. September; Wartenburg, 3. Oktober (nahm dem Feinde 6 Kanonen ab); Schlacht bei Leipzig, 16.—19. Oktober (2 Fahnen und 2 Kanonen erobert); bei Freiburg, 21. Oktober befreite es mit dem Sächsischen Ulanen=Rgte. 4000 Russische und Oesterreichische Gefangene; bei Eisenach. An den Einschließungen von Mainz und Metz nahm das Rgt. nur kurze Zeit Theil.

1814 focht es bei Vitry le français, 1. Februar; Mery sur Seine, 22. Februar; Laon, 9.—10. März, wo es eine Kürassier=Standarte und 6 Kanonen eroberte; Bery au Bac, 13.; Claye, 28. und Paris, 30. März (9 Kanonen erobert).

1815 machte das Rgt. den Marsch nach Frankreich mit.

1848 kämpfte es im Großherzogthum Posen und zwar bei Xions, 29. April. Während der Polnischen Insurrektion von 1863 stand es an der Polnischen Grenze.

1866 focht es bei Königgrätz, 3. Juli; in den Gefechten von Rudelsdorf, Tobitschau und Rockeinitz.

1870—71 war es in der Schlacht von Weißenburg, 4. August; am Tage darauf hatte die 1. Esk. ein Rekognoszirungs=Gefecht in der Richtung auf Hagenau; Schlacht bei Wörth, 6. August; Avantgarden=Gefecht bei Buchweiler und Steinburg, 7.; der Beschießung von Marsal wohnte am 13. der 1. und 2. Zug der 1. Esk. bei. Schlacht bei Beaumont, 30.; (Avantgarden=Gefecht bei Stonne); Schlacht bei Sedan, 31. August; (Gefechte bei Frenois, Dom le Mesnil); Rekognoszirung auf Fontainebleau, 17. September;

Gefecht bei Dannemois, 18.; Patrouillen-Gefechte bei Mareau aux Bois, 23. September; bei Neuville aux Bois und Artenay, 1. Oktober; Gefecht bei Toury, 5.; Gefecht bei Artenay, 10. Oktober, in welchem das Rgt. 300 Gefangene machte und 1 bespanntes Geschütz eroberte. Patrouillen-Gefechte bei Daudeau, Chateaudun, Courville, Illiers (vom 10. Oktober — 5. November). Gefecht bei Orléans, 11. Oktober; Gefechte bei Bonneval, 12. und 23. November; Brou, 25. November; Schlacht bei Orléans, 2.—4. Dezember; Gefecht bei Ouzouer, 7.; Coudray, 8.; Schlacht bei Beaugency und Cravant, 9. und 10. Dezember; Avantgarden-Gefecht bei Thyron-Gardais, 6. Januar; Gefecht bei Nogent le Rotrou, 7.; Gefechte bei Bellème, 8. und 9.; Schlacht bei Le Mans 10., 11. und 12.; Gefecht bei Ballon, 13.; Gefecht bei Alençon, 15. Januar; Patrouillen bei Gesvres, Villaines la Juhel.

Chefs.

1861 2. Chef: **Ihre Kaiserliche und Königliche Hoheit, die Kronprinzessin des Deutschen Reiches und von Preußen.**

Regiments-Kommandeure.

1808 Oberst-Lieut. **Graf de la Roche-Aymon**; als Gen.-Major den Abschied mit Pension erhalten.

1810 Major **v. Kosel**; wurde als Oberst-Lieut. Kommandant von Graudenz.

1813 „ **v. Kall**; blieb bei Kolditz am 5. Mai 1813.

1813 „ **v. Stössel**; als Gen.-Major ausgeschieden.

1818 „ **v. Schwanenfeld**; als Oberst-Lieut. den Abschied erhalten.

1821 Oberst-Lieut. **v. Hedemann**; wurde als Oberst 1829 Kommandeur des 2. Garde-Ulanen- (Landwehr-) Regiments.

1829 Oberst-Lieut. **Graf zu Münster-Meinhövel**; als Oberst in das 5. Husaren-Regiment versetzt.

1830	Oberst-Lieut. **Graf zu Eulenburg**; 1839 als Gen.-Maj. pensionirt.
1839	Major **Baron v. Zedlitz-Neukirch**; 10. September 1840 Oberst-Lieut.; als Kommandeur zum 4. Kürassier-Regiment versetzt.
1842	Oberst-Lieut. **v. Kaphengst**; interim. Kommandeur, 12. Januar 1843 bestätigt; zum Garde-Husaren-Regiment versetzt.
1844	Major **Graf v. Lüttichau**; interim. Kommandeur; 30. März 1844 Oberst-Lieut.; 14. Januar 1845 als Kommandeur bestätigt; 27. März 1847 Oberst; 14. November 1848 gestorben.
1848	Major **Schimmelpfennig v. d. Oye**; 19. April 1851 Oberst-Lieut.; 23. März 1852 Oberst; mit Pension der Abschied bewilligt.
1854	vacat.
1855	Major **Graf Wrschowetz-Sekerka v. Sedczicz**; erhielt als Oberst-Lieut. den Abschied mit Pension.
1857	Major **v. Flies**; 9. April 1857 Oberst-Lieut.; 31. Mai 1859 Oberst; erhielt die 6. Kavallerie-Brigade.
1860	Major **v. Lindern**; 18. Oktober 1861 Oberst-Lieut.; als Kommandeur in das Königs-Husaren-Regiment (1. Rhein.) Nr. 7 versetzt.
1864	Oberst-Lieut. **v. Schauroth**; 30. Oktober 1866 Oberst; 18. August 1871 Gen.-Major; erhielt die 9. Kavallerie-Brigade.
1871	Major **v. Winterfeld**; 18. Januar 1871 Oberst-Lieut.; 22. März 1873 Oberst; zu den Offizieren von der Armee versetzt.
1873	Oberst-Lieut. **Detmering**; 22. März 1876 Oberst; erhielt die 16. Kavallerie-Brigade.
1882	Oberst-Lieut. **Frhr. v. Stein**.

Brandenburgisches Husaren-Regiment (Zietensche Husaren) Nr. 3.

III. Armee-Korps. — 6. Division. — 6. Kavallerie-Brigade.

Garnisonen*) Rathenow und Friesack.

*) Bis 1812: Berlin. (1809 rückte das Rgt. in Berlin ein. Die 2. und 4. Esk. lag zuerst in der Neustadt, die 1. und 3. in der Friedrichstadt, dann alle 4 Esks. in der Nähe des Halleschen Thores). — 1815 bis November 1818: in Frankreich, zuletzt in Commercy. — 1818—1819: Gladbach, Viersen, Scheidt, Wickerath. — 1820: Düsseldorf, Burscheidt, Schleebusch und Wickerath. 1820 (September) bis 1830 (Oktober): Düben, Kemberg, Schmiedeberg, Dommitsch, später Torgau. 1830—31: Halle, Eisleben, Artern und Sangerhausen. — 1831 (Oktober) bis 1851: Düben, Kemberg, Schmiedeberg. — 1851—1860: Rathenow und Nauen. — 1860: Rathenow und Friesack.

Formation: Siehe I. Theil, Seite 11 unter Husaren-Regiment Nr. 2 (1806 v. Rudorff). 1807 Husaren-Brigade v. Rudorff (4 Esks.), bestehend aus dem Depot und den Resten der v. Rudorff-Husaren (Nr. 2) und v. Bila (Nr. 11); erhielt am 7. September 1808 den Namen: 1. Brandenburgisches Husaren-Regiment; 5. November 1816: 3. Husaren-Regiment (Brandenburgisches); 10. März 1823: 3. Husaren-Regiment; 4. Juli 1861: Brandenburgisches Husaren-Regiment Nr. 3; seit dem 3. November 1861 die heutige Bezeichnung.

Abgaben: 1815 gab das Regiment eine Eskadron (2.) zur Formation des 8. Husaren-Regiments, 1860 die 2. Esk. zur Bildung des Magdeburgischen Dragoner-Regiments Nr. 6, 1866 die 2. Esk. zur Errichtung des 2. Brandenburgischen Dragoner-Regiments Nr. 12 ab.

Feldzüge: Die Feldzüge des Stamm-Regiments siehe I. Theil, Seite 12 unter Leib-Husaren-Regiment v. Rudorff (Nr. 2).

2 Eskadrons des neuen Regiments machten den Feldzug 1812, vereinigt mit 2 Esks. des 5. Husaren-Rgts., als kombinirtes Husaren-Regiment Nr. 2 mit.

1812 nahmen die beiden Esks. Theil an den Schlachten von Borodino, 7. September und Maloi-Jaroslawetz, 24. Oktober, sowie an den Gefechten bei Widszy, 5.; Ostrowo, 24.—26.; Witepsk, 27. Juli; Smolensk, 17. August.

1813 focht das Regt. bei Groß-Görschen, 2. Mai; Bautzen, 20.—21. Mai; Löwenberg, 21. August; an der Katzbach, 26.; bei der Verfolgung am Tage nach der Schlacht eroberte es mehrere Munitionswagen; Bunzlau, 30. August; Reichenbach, 5. September; Goldbach, 22.; Bischofswerda, 23. September; Wartenburg, 3. Oktober; Leipzig, 16.—19., wo es 15 Kanonen und 5 Pulverwagen nahm; Freiburg, 21. Oktober; Einschließung von Mainz.

1814 war es bei La Chaussée, 3. Februar (eroberte 2 Kanonen); Montmirail, 11.; Chateau-Thierry, 12.; Mery, 22. Februar; Bery au Bac, 14. März; Sezanne, 26.; Claye, 28. März; Einschließung von Thionville, Luxemburg, Bombardement von Chalons.

1815 hatte das Rgt. Theil an den Gefechten und Schlachten von Ligny, 16. Juni; Belle-Alliance, 18; Wavre, 18.—19.; Namur, 20. Juni; Versailles, 1. Juli.

1848 kämpfte das Rgt. in Schleswig-Holstein und zwar am

Hus.

23. April bei Ober-Selk und 2 Tage darauf bei Holdenes; bei Seegard, 5. Juni; im Reitergefechte bei Skrydstrup, 29. Juni, eroberte das Rgt. das Standarten-Bandolier, welches es noch heute führt.

1849 focht das Regiment in Baden: Mannheim, 22. Juni; Ladenburg, 25. Juni; Rastatt, 1. Juli.

1864 machte es den Feldzug in Schleswig-Holstein mit und kämpfte bei Windeby, 1. Februar; Missunde, 2.; wo Lieut. Graf v. d. Gröben fiel; Wallsbüll, 7. Februar; sodann wohnte es der Belagerung von Düppel bei und machte als das einzige Kavallerie-Regiment den Uebergang nach Alsen, 29. Juni, mit; Gefecht bei Kekenis, 30. Juni.

1866 Gefecht bei Liebenau, 26. Juni; Schlacht bei Königgrätz, 3. Juli, wo es starke Verluste erlitt; machte den Zug bis vor Wien mit.

1870—71 Gefecht bei Habskirchen, 3. August; Neunkirchen, 6.; Pange, 12.; Schlacht bei Bionville, 16., in der es herbe Verluste zu beklagen hatte; Schlacht bei Gravelotte, 18. August; Gefecht bei Epernon, 4. Oktober; Rekognoszirung gegen Gallardon, 6.; gegen Condé, 7.; gegen Chartres, 14; nochmals gegen Condé, 17.; Patrouillen-Gefecht bei Gallardon, 19.; bei Epernon, 20.; Houx, 21. Oktober; Rekognoszirung gegen Courville, 3. November; bei Corvès les Ys; bei Mondaubleau, 24. November; Schlacht bei Artenays und Orléans, 3.—4. Dezember; bei Salbris, 7.; Bierzon (Verfolgung), 8.; Patrouillen-Gefechte bei Chaumont, 26. Dezember; Salbris und Bierzon; bei Langpré, 6. Januar; Schlacht bei Le Mans, 10.—12.; Gefecht bei Conlie, 15.; bei La Flèche, 24. Januar.

Chefs.

1823—1851 General der Kavallerie Herzog von Cumberland, Königl. Hoheit, später Se. Majestät der König von Hannover (Ernst August).

1851—1878 Se. Majestät der König Georg V. (ehemaliger König von Hannover), † 29. Juni 1878.

1878 General=Feldmarschall Friedrich Karl, Prinz von Preußen, Königl. Hoheit

Kommandeure des Regiments.

1809 Oberst **v. Corswandt**; 1811 Gen.=Major und Brigadier der Westpreußischen Kavallerie.

1811 Major **v. Hobe**; 1813 Oberst=Lieut.; 7. August 1813 Oberst und Brigade=Kommandeur.

1813 Major **v. Sohr**; dann Oberst=Lieut.; wurde als Oberst Direktor der Militär=Reit=Anstalt, später Lehr=Eskadron.

1815 Oberst=Lieut. **v. Klinkowström**; 1. April 1832 als Oberst=Lieut. zum Kommandeur der 14. Kavallerie=Brigade ernannt.

1832 Major **Frhr. v. d. Horst**; erhielt als Oberst 25. März 1841 die 16. Kavallerie=Brigade.

1841 Major **Baron v. Dobeneck**; wurde als Oberst=Lieut. zum Kommandeur des Garde=Dragoner=Regiments ernannt.

1843 Major **Frhr. v. d. Goltz**; interim. Kommandeur; 30. März 1844 Oberst=Lieut.; 14. Januar 1845 als Kommandeur bestätigt; 27. März 1847 Oberst; erhielt 1848 den Abschied mit Pension.

1848 Major **Alexander Prinz zu Solms=Braunfels**; 26. September 1850 Oberst=Lieut.; 2. Dezember 1851 Oberst; mit der Pension eines Gen.=Major verabschiedet.

1853 Oberst=Lieut. **v. Griesheim**; zum Garde=Dragoner=Regiment versetzt.

1854 Major **v. Pfuhlstein**; 13. Juli 1854 Oberst=Lieut.; 22. Mai 1858 Oberst; erhielt die 9. Kavallerie=Brigade.

1858	Major **Graf v. d. Gröben**; Flügel-Adjutant Sr. Majestät des Königs; 31. Mai 1859 Oberst-Lieut.; 18. Oktober 1861 Oberst; erhielt die 8. Kavallerie-Brigade.
1864	Oberst-Lieut. **v. Kalckreuth**; 30. Oktober 1876 Oberst; mit Pension der Abschied bewilligt.
1867	Major **v. Zieten**; 22. März 1868 Oberst-Lieut.; 1870 Oberst; an seinen bei Vionville erhaltenen Wunden zu Gorze am 24. August 1870 gestorben.
1871	Oberst-Lieut. **v. Rauch**; 2. September 1873 Oberst; starb.
1875	Major **v. Rosenberg**; 22. März 1876 Oberst-Lieut.; 18. September 1880 Oberst.

1. Schlesisches Husaren-Regiment Nr. 4.

VI. Armee-Korps. — 11. Division. — 11. Kavallerie-Brigade.

Garnisonen*): Ohlau, Strehlen und Münsterberg.

Formation: 1807 Husaren-Brigade v. Dziengel, bestehend aus den Resten der Regimenter v. Gettkandt (Nr. 1), v. Schimmelpfennig (Nr. 6) und v. Köhler (Nr. 7), in der Stärke von 4 Esks. Die Brigade erhielt am 7. September 1808 den Namen: Oberschlesisches Husaren-Regiment. Dieses wurde unterm 5. Dezember mit der Husaren-Brigade v. Zieten, später Niederschlesisches Husaren-Regiment, vereinigt unter dem Namen: Husaren-Regiment Nr. 4, 1. Schlesisches Husaren-Regiment. Die Husaren-Brigade v. Zieten bestand aus dem Regiment Prinz Eugen von Würtemberg (Nr. 4), dem Rest des Regiments v. Usedom (Nr. 10) und dem Depot.

Abgaben: 1815 wurde die 3. Eskadron zur Bildung des 9. Husaren-Regiments, 1860 die neuformirte 5. Esk. zur Errichtung des Dragoner-Regiments Nr. 8, 1866 die 5. Esk. zur Formation des 3. Schlesischen Dragoner-Regiments Nr. 15 hergegeben.

Feldzüge: Zwei Eskadrons des Rgts. nahmen im Jahre **1812**, vereinigt mit 2 Esks. des 6. Husaren-Rgts., als kombinirtes Husaren-Rgt.

---

*) 1841: Ohlau, Strehlen. — 1851: Oels, Ohlau, Strehlen, Creuzburg. — 1860: Ohlau, Strehlen. — 1867 wie oben angegeben.

Nr. 3 Theil an den Gefechten bei St. Annen, 5. August; Wolgund, 7. August; zwischen diesem Orte und Zennhoff; bei dem Kosacken=krug, 19. September; Schlockhoff, 30. September; Garossenkrug, 1. Oktober und Dahlenkirchen, 17. November.

1813 focht das Rgt. bei Groß=Görschen, 2. Mai; Weißig oder Königswartha, 19.; Bautzen, 20—21.; Haynau, 26. Mai; Dresden, 26.—27. August; Kulm,. 30. August; Leipzig, 16.—19. Oktober; 2. Esks. in den Gefechten bei Wittenberg, 13. April; die beiden übrigen Esks. außerdem in dem Gefechte bei Weimar, 18. April; sowie das vereinigte Regiment bei Peterswalde und Tellnitz bei Kulm, 16. und 17. September. 2 Esks. machten die Belagerung von Wittenberg mit; das Regiment die von Erfurt bis zur Ueber=gabe des Ortes am 6. Januar 1814.

1814 kämpfte das Rgt. bei Etoges, 13. Februar; Champaubert, 14. Februar; Gué à Trème, 28. Februar; Laon, 9.—10. März; Sezanne, 26.; Claye, 28.; Paris, 30. März.

1815 focht es bei Gosselies, 15. Juni; Ligny, 16.; Belle Alliance, 18.; Compiègne, 27. und Nanteuil, 28. Juni, wobei das Rgt. 2 Kanonen und einen Pulverwagen eroberte. In eben diesem Jahre nahm es Theil an der Einnahme von Avesnes, 22. Juni und Guise, 24. Juni; ebenso an der Belagerung von La Fère.

1848 kämpfte das Rgt. im Großherzogthum Posen und zwar bei Ostrowo, 12. und 13. April; Groß=Topola, 22.; bei Raszkow, 26. April.

1866 bei Königgrätz, 3. Juli.

1870—71. Beaumont, 30. August; Schlacht bei Sedan, 1. Sep=tember; Gefecht bei Bicètre, 19. September; bis zum 7. Oktober vor Paris; Gefecht bei Marolles, 8. Oktober; Artenays, 10.; Patrouillen=Gefechte bei Bina, westlich von Orléans, vom 19. bis 25. Oktober; Chantome, 7. November; Coulmiers, 9.; in der Schlacht bei Orléans, 2.—4. Dezember, eroberte die 1. Esk. 4 Geschütze und 4 Munitionswagen; Meung, 6.; Schlacht bei Beaugency und Cravant, 8.—10.; Vendome und Coulmièrs, 15.; Rekognoszirungen gegen Montvirail, nordöstlich Le Mans, 30. De=zember; Schlacht bei Le Mans, 10.; 11. und 12. Januar; Patrouillen-Gefecht bei Villaines la Juhel; Rekognoszirung gegen Evron.

Chefs.

1824
(14. September)

General-Feldmarschall Graf v. Zieten; starb am 3. Mai 1848 zu Warmbrunn in Schlesien.

1851
(31. Mai)

Michael Nicolajewitsch, Großfürst von Rußland, Kaiserliche Hoheit.

Regiments-Kommandeure.

1809 Oberst-Lieut. **v. Zieten**; von der Formation an bis 15. Febr. 1813.

1813 Major **v. Blücher**; (später **Graf v. Blücher-Wahlstatt**); trat als Oberst außer Dienst.

1815 Major **v. Engelhardt**; interim. Kommandeur; † 7. Juli 1828 als Oberst.

1829 Oberst-Lieut. **v. Zeuner**; interim., 1830 wirklicher Kommandeur.

1834 Major **Westphal v. Bergener**; interim. Kommandeur, 1835 zum wirklichen ernannt; erhielt am 22. März 1843 die 12. Kavallerie-Brigade.

1843 Oberst-Lieut. **v. Gerhardt**; 30. März 1844 in das 1. Leib-Husaren-Regiment versetzt.

1844 Major **v. Bonin**; zum interim., 14. Januar 1845 zum wirklichen Kommandeur ernannt; 22. März 1845 Oberst-Lieut.; 10. Mai 1848 Oberst; erhielt die 3. Kavallerie-Brigade.

1850 Oberst-Lieut. **Philipp Prinz v. Croy**; Flügel-Adjutant Sr. Majestät des Königs; 18. Januar 1851 Oberst; zum 2. Garde-Ulanen- (Landwehr-) Regiment versetzt.

1851 Major **Frhr. Hiller v. Gärtringen**; interim. Kommandeur; 23. März 1852 Oberst-Lieut. und als Regiments-Kommandeur bestätigt; 22. März 1853 Oberst; mit Pension verabschiedet, hiernach zur Disposition gestellt.

1855 Oberst-Lieut. **Synold v. Schütz**; 15. Oktober 1856 Oberst; in das Kriegsministerium versetzt.

1856	Oberst=Lieut. **Wilhelm Graf zu Stolberg=Wernigerode**; 31. Mai 1859 Oberst; erhielt die 12. Kavallerie=Brigade.
1859	Major **v. Kolichen**; als Oberst verabschiedet.
1863	Oberst=Lieut. **v. Strantz**; vom General=Stabe der 7. Division, in den General=Stab als Abtheilungs=Chef zurückversetzt.
1866	Major **v. Buddenbrock**; 22. März 1868 Oberst; mit Pension verabschiedet.
1869	Major **v. Brozowski**; 18. Januar 1871 Oberst=Lieut.; zum 1. Garde=Dragoner=Regiment versetzt.
1870	Major **v. Krieger**; 18. Januar 1871 Oberst=Lieut.; als Oberst mit Pension verabschiedet.
1873	Maj. **v. Hänlein**; 2. September 1873 Oberst=Lieut.; 20. September 1876 Oberst; erhielt die 5. Kavallerie=Brigade.
1882	Oberst=Lieut. **v. Zitzewitz**.

~~~~~~~~~~

Pommersches Husaren-Regiment (Blüchersche Husaren) Nr. 5.

II. Armee=Korps. — 4. Division. — 4. Kavallerie=Brigade.

Garnisonen:*) Stolp, Schlawe und Cöslin.

Formation: Das Regiment wurde im Jahre 1807 (7. September) aus dem Depot und den Ranzionirten des Husaren=Regiments v. Blücher (Nr. 8) in der Stärke von 4 Esks. unter dem Namen Pommersches Husaren=Regiment gebildet. 1823 nach Wegfall der Provinzial= Namen führte das Regiment die Bezeichnung 5. Husaren=Regiment.

Abgaben: 1815 wurde die 4. Eskadron zur Errichtung des 9. Husaren= Regiments, 1860 eine Esk. zur Bildung des Westfälischen Dragoner= Regiments Nr. 7, 1866 zwei Esks. zur Formation des Pommerschen Dragoner=Regiments Nr. 11 abgegeben.

Feldzüge: Im Jahre 1812 nahmen 2 Eskadrons des Regiments, welche mit 2 Esks. des 3. Husaren=Rgts. das kombinirte Husaren=Rgt.

---

*) 1808: Belgard, Dramburg (später Arnswalde, dann Cöslin) Schlawe, Stolp. — 1815 bis Ende Juni 1817: Münster (Westfalen), dann in Pommern. — 1841: Stolp, Schlawe, Belgard. — 1851: außer den genannten noch Cörlin, 1852 Cöslin für Cörlin. — 1866: fiel Belgard fort.

Nr. 2 bildeten, Theil an den Schlachten und Gefechten bei Ostrowo und Witepsk, 24.—27. Juli; Smolensk, 17. August; den Arrier= garde=Gefechten am 21., 22., 24., 25. und 26. August, den Ge= fechten zwischen Dorogobusch und Wiasma, zwischen Wiasma und Mosaisk, zwischen Mosaisk und Moskau, den Gefechten auf der Straße von Moskau nach Kasan; bei Tarutina und Wiasma; der Schlacht von Borodino, 7. September.

1813 focht das Rgt. bei Baruth, 17. August; Groß=Beeren, 23., wo es 18 feindliche Pulverwagen nahm; Luckau, 28. August; Thiesen, 3. September; Dennewitz, 6. September, in welcher Schlacht es mehrere Bairische Infanterie=Bataillone warf, 3 Kanonen und 30 Pulverwagen eroberte; Leipzig, 16.—19. Oktober; Ueberfall bei Neuß, 2. Dezember; Gefecht bei Wesel, 19. Dezember; 2 Esks. hatten Antheil an der Belagerung von Stettin.

1814 war das Rgt. bei Hoogstraaten und Lier, 11. und 12. Ja= nuar; Maubeuge, Tournay, 17. Februar; Condé, 25. Februar, sowie bei der Einschließung und Einnahme von Nymwegen zugegen.

1815 nahm das Rgt. an den Schlachten von Ligny, 16. Juni und Belle Alliance, 18.; sowie an den Gefechten bei Wavre, 18. und 19., Namur; 20. Juni und Versailles, 1. Juli, Theil.

1848 wurde das Regiment zur Unterdrückung des Aufstandes in Posen verwendet und kämpfte bei Wreschen, Labischin, Strzelno und Sokolowo.

1866 focht es bei Podkost am 28. Juni; bei Gitschin, 29. Juni; Königgrätz, 3. Juli.

1870—71 machte das Regiment folgende Schlachten und Gefechte mit: Sedan, 1. September; Patrouillen gegen Meaux, 13.; Petit Bicêtre, 19.; (1., 4. und 5. Esk.); gewaltsame Fouragirung bei Le Châtelet, 29. September; Marolles, 8. Oktober; Artenay, 10.; Scharmützel bei La Ferté St. Aubin (1. Esk.), 13.; Patrouillen= Gefechte in der Gegend von Lailly und Artenay, vom 16. Oktober bis 3. November; Coulmiers, 9. November; Orléans (Ormes), 4. Dezember; Meung, 6.; Cravant 8., 9. und 10. Dezember; Le Mans, 12. Januar 1871. Vom 24. bis 30. Januar täglich Patrouillen=Gefechte westlich und südwestlich von Le Mans.

Chefs.

1817 **General=Feldmarſchall Fürſt Blücher von Wahlſtatt**; † 1819.

1843
(15. Dezember).
General der Kavallerie Graf von Noſtitz; Gen.=Adjutant Sr. Majeſtät des Königs; † 1866.

1872
(14. September).
General der Kavallerie Hann v. Weyhern; ſeit dem 25. Januar 1883 — 2. Chef des Rgts.

1883
(25. Januar).
Prinz v. Wales, Königliche Hoheit; 1. Chef des Rgts.

Regiments=Kommandeure.

1808   Major **v. Sydow**; als Oberſt=Lieut. dimittirt; 1813 Kommandeur des Pommerſchen National=Kavallerie=Regiments; † 1823 als Gen.=Lieut. außer Dienſt.

1809   Major **v. Czarnowsky**; blieb als Oberſt im Jahre 1812 in Rußland.

1813   Major **v. Thümen**; wurde 1815 als Oberſt Brigade=Kommandeur. Er fiel am 16. Juni bei Ligny an der Spitze ſeiner Brigade.

1815   Major **v. Arnim**, wurde 1830 als Oberſt Kommandeur der 15. Kavallerie=Brigade.

1830   Oberſt **Graf zu Münſter Meinhövel**; wurde 1836 mit Penſion zur Diſpoſition geſtellt und erhielt den Charakter als Gen.=Major.

1836   Oberſt **v. Schack**; 1842 als Gen.=Major zum Kommandeur der 7. Kavallerie=Brigade ernannt.

1842   Oberſt=Lieut. **v. Voß**; interim., 12. Dezember 1842 wirklicher Kommandeur; 22. März 1845 Oberſt; geſtorben.

1850   Major **v. Pfuhl**; 19. April 1851 Oberſt=Lieut.; 23. März 1852 Oberſt; als Gen.=Major penſionirt.

1857   Oberſt=Lieut. **Hann v. Weyhern**; 31. Mai 1859 Oberſt; erhielt die 7. Kavallerie=Brigade.

1860   Major **v. Flemming**; 18. Oktober 1861 Oberſt=Lieut.; 25. Juni 1864 Oberſt; erhielt die 8. Kavallerie=Brigade.

1866	Major **v. Somnitz**; 30. Oktober 1866 Oberſt.
1867	Major **Frhr. v. Salmuth**; 18. Juni 1869 Oberſt-Lieut.; 18. Auguſt 1871 Oberſt; erhielt die 7. Kavallerie-Brigade.
1875	Oberſt-Lieut. **v. Thiele**; 11. Juni 1879 Oberſt.

2. Schleſiſches Huſaren-Regiment Nr. 6.

VI. Armee-Korps. — 12. Diviſion. — 12. Kavallerie-Brigade.

Garniſonen*): Neuſtadt in O.-Schl., Leobſchütz, Ober-Glogau und Ziegenhals.

Formation: Errichtet wurde das Regiment aus 10 Eſks. der unter Graf Götzen in Schleſien errichteten Kavallerie.

1806 waren in Schleſien die Depots folgender Kavallerie-Regimenter zurückgeblieben:

Küraſſiere:

Graf Henckel	Nr. 1.
v. Heiſing	„ 8.
v. Holtzendorff	„ 9.
v. Bünting	„ 12.

Dragoner:

v. Prittwitz	Nr. 2.
vacat v. Voß	„ 11.
v. Brüſewitz	„ 12.

Huſaren:

v. Gettkandt	Nr. 1.
v. Pletz	„ 3.
Prinz v. Würtemberg	„ 4.
v. Schimmelpfennig	„ 6.
v. Bila	„ 11.

Mit Ausnahme des Depots der Küraſſiere v. Heiſing, welches in die Kapitulation von Schweidnitz eingeſchloſſen war, wurden die genannten Depots ſowie viele Ranzionirte, von dem Fürſten von Anhalt-Pleß zur Bildung von 20 Eſks. verwendet. In Folge der Kriegsereigniſſe, namentlich vor Schweidnitz, wurde die Reiterei aufgelöſt. Der thatkräftige Nachfolger des Fürſten von Anhalt-Pleß, General-Gouverneur Oberſt-Lieut. Graf v. Götzen ſammelte von Neuem in der Graffſchaft Glatz die oben erwähnten 10 Eskadrons.

Am 20. November 1808 wurden 4 Eskadrons derſelben zur Bildung des 2. Schleſiſchen Huſaren-Regiments verwendet. 1823 die Benennung in 6. Huſaren-Regiment umgewandelt.

Abgaben: 1815 gab das Regiment die 4. Eſk. zur Bildung des 8. Huſaren-Regiments ab; 1860 die kombinirte 5. Eſk. zur Formation des 2., und 1866 die kombinirte 5. Eſk. zur Errichtung des 3. Schleſiſchen Dragoner-Regiments Nr. 15.

---

*) 1809: Frankenſtein, Striegau, Münſterberg, Nimptſch. — 1811: Lüben, Guhrau, Herrnſtadt, Haynau. — 1816: Saarlouis, Saarbrücken. — Frankreich bei der III. Brigade in Stenay. — 1819: Grottkau, Neuſtadt i. O.-Schl., Ober-Glogau, Leobſchütz. — 1838: Münſterberg, Ober-Glogau, Neuſtadt, Leobſchütz. — 1852: Neuſtadt i. O.-Schl., Münſterberg, Ober-Glogau, Leobſchütz. — 1857: fällt Leobſchütz fort. — 1867: die heutigen Garniſonen.

Feldzüge: 2 Eskadrons des Regiments haben den Feldzug des Jahres 1812, vereinigt mit 2 Esks. des 4. Husaren-Rgts. als kombinirtes Husaren-Rgt. Nr. 3; das ganze Rgt. die Feldzüge der Jahre 1813, 1814 und 1815 mitgemacht.

1812 machten die 1. und 2. Esk. die Gefechte bei Eckau, 19. Juli; Dahlenkirchen, 22. August; Tomoszna, 26. September; Eckau, 27.; Bauske, 28; Gräfenthal, 29.; Rauhenthal, 30. September; Battern, 29. Oktober; Friedrichstadt, 18. November, mit.

1813 focht das Rgt. getheilt; die 3. und 4. Esk. in den Schlachten von Groß-Görschen, 2. Mai und Groß-Beeren, 23. August; in den Gefechten bei Langensalza, 12. und 13. April, wo sie 3 Kanonen und 2 Haubitzen eroberten; Wanfried, 17. April; Senftenberg, 17. Mai und Leipzig, 18. Oktober. Die 1. und 2. Eskadron fochten in den Schlachten bei Bautzen, Dresden und von Leipzig, hatten auch Theil an den Gefechten bei Halle, 28. April; Leipzig, 2. Mai; Königswartha, 19. Mai; Weißenfels, 12. September; Merseburg, 18.; Kösen, 19.; Meuselwitz, 28. September (2 Geschütze erobert); Stösen, 10. Oktober; Weimar, 22.; Gelnhausen, 30. und 31. Oktober; ebenso an der Belagerung von Wittenberg.

1814 fochten die 1. und 2. Esk. des Rgts. in den Schlachten von La Rothière, 1. Februar, wo sie mit 2 Esks. des Schlesischen National-Husaren-Regiments vereint, 5 Geschütze nahmen, und bei Laon, 9. und 10. März. Beide Esks. nahmen thätigen Antheil an den Gefechten bei Ligny, 23. Januar; Brienne, 29.; St. Dizier, 30. Januar, sowie bei Montmirail, 11. Februar; Chateau-Thierry, 12.; Mery, 22. Februar; Sezanne, 26. März und Neuilly. Die 3. und 4. Esk. an denen bei Hoogstraaten, 11. Januar und Courtray, 22. März.

1815 war das Rgt. in der Schlacht von Belle-Alliance, 18. Juni und in dem Gefechte bei Senlis, 27. Juni, thätig.

1866 machte das Regiment das Gefecht von Gruhlich mit, focht bei Königgrätz und wurde darauf zur Beobachtung von Josephstadt gebraucht.

1870—71 betheiligte es sich an nachstehenden Schlachten und Gefechten: Sedan, 1. September; Belagerung von Paris, 20. September bis 5. Oktober; Gefecht bei Boissy le Cutté, 26. September. Seit dem 7. Oktober gegen die Loire- und West-

Armee. Chantôme, 7. Oktober; Marzoches, 8.; Coulmiers, 9.; Artenay, 10.; Rekognoszirung bei Aschères, 12.; Beaugency, 20.; Ourcelle, 25. Oktober; Coulmiers und Orléans, 9. November; Orléans, 1. und 3. Dezember; Bazoches les Gallerandes, 2.; Ormes, 3.—4.; Meung, 6.—7.; Le Bardon, 7.; Beaugency=Cravant, 8.—10.; Mer, 12.; Vendôme, 15.—16. Dezember. Patrouille bei Chateaudun, 2. Januar; am Braye=Bach, 7.; Le Mans, 7.—12.; Pont de Gesnes, 10. Januar. Rekognoszirungen vom 7. bis 29. Januar in der Gegend von Sargé, Evron, St. Léger, Vaiges und Soulgé le Bruant (Sougle).

<p style="text-align:center">~~~~~~~~</p>

Chefs.

1809	**Oberst Graf v. Götzen**; 1816 als Gen.=Lieut. dimittirt; † 1820.
1841 (30. November).	**General der Kavallerie Karl Theodor Maximilian, Prinz von Baiern**; legte 1866 die Chefwürde nieder.
1871 (10. Juni).	**Alexis Alexandrowitsch, Großfürst von Rußland, Kaiserliche Hoheit.**

<p style="text-align:center">~~~~~~~~~</p>

Regiments-Kommandeure.

1809	Major **v. Willich**; wurde bereits im April in den Ruhestand versetzt.
1809	Major **v. Winterfeld**; starb im September 1810 zu Breslau.
1809	Major **v. St. Paul**; derselbe hatte das Regiments=Kommando nur während zweier Monate; wurde als Kommandeur zum 3. Ulanen=Regiment versetzt.
1810	Major **v. Eicke**; interim., 17. Oktober 1811 wirklicher Kommandeur; 12. Februar 1814 Oberst; wurde am 20. August 1816 Brigade=Kommandeur in Trier.

1816	Oberst-Lieut. **v. Witowsky**; 10. Juni mit halbem Gehalt vom Dienst entbunden.
1817	Major **v. Langen**; seit 16. September 1816 interim. Kommandeur; † 9. September 1823.
1823	Oberst-Lieut. **v. Barnekow**; interim. Kommandeur; 30. März 1824 Oberst; 14. September 1824 wirklicher Kommandeur; wurde 1834 Kommandeur der 10. Kavallerie-Brigade.
1834	Major **v. Schönermark**; 30. März 1837 Oberst-Lieut.; 30. März 1839 Oberst; 30. März 1840 zum Garde-Husaren-Regiment versetzt.
1840	Oberst-Lieut. **Frhr. v. Forstner**; 10. September 1840 Oberst; nahm den 10. März 1842 mit dem Charakter als Gen.-Major seinen Abschied.
1842	Oberst-Lieut. **Graf v. Westarp**; interim., 10. Januar 1843 wirklicher Kommandeur; 22. März 1845 Oberst; 1848 Kommandeur der 9. Kavallerie-Brigade.
1848	Major **v. Rudolphi**; interim., am 7. Mai 1848 wirklicher Kommandeur; 19. November 1849 Oberst.Lieut.; 22. September 1851 Oberst; 27. April 1854 Kommandeur der 4. Kavallerie-Brigade.
1848	Major **v. Weber**; 13. Juli 1854 Oberst-Lieut.; 22. Mai 1858 Oberst; 14. Juni 1859 für die Dauer des Kriegszustandes unter Stellung à la suite des Regiments mit der Führung der 5. Kavallerie-Brigade beauftragt; 13. November desselben Jahres mit Pension zur Disposition gestellt.
1859	Major **v. Trotha**; 18. Oktober 1861 Oberst-Lieut.; 25. Juni 1864 Oberst; erhielt die 18. Kavallerie-Brigade.
1866	Major **Krug v. Nidda**; 30. Oktober 1866 Oberst-Lieut.; als Oberst mit Pension zur Disposition gestellt.
1868	Major **v. Grävenitz**; 18. Juni 1869 Oberst-Lieut.; 18. Januar 1871 Oberst; erhielt die 10. Kavallerie-Brigade.
1874	Oberst-Lieut. **v. Stangen**; als Oberst pensionirt.
1876	Major **Kähler**; 20. September 1876 Oberst-Lieut.; 16. September 1881 Oberst; 1882 zu den Offizieren von der Armee versetzt; demnächst mit Pension zur Disposition gestellt.
1882	Oberst-Lieut. **v. Rosenberg**.

Königs-Husaren-Regiment (1. Rheinisches) Nr. 7.

VIII. Armee-Korps. — 15. Division. — 15. Kavallerie-Brigade.

Garnisonen*): Bonn.

Formation: 1815 (14. April) aus 1 Eskadron des 1. Husaren-Regiments und 2 Esks. des Schlesischen National-Kavallerie-Regiments unter dem Namen 7. Husaren-Regiment (Westpreußisches) errichtet. Die Bezeichnung nach seinem hohen Chef führt es seit 1861 (8. Januar).

Abgaben: 1860 eine kombinirte 5. Eskadron zur Bildung des Rheinischen Dragoner-Regiments Nr. 5; 1866 zwei Esks. zur Errichtung des Schleswig-Holsteinschen Husaren-Regiments Nr. 16.

Feldzüge: Die Eskadron des 1. Leib-Husaren-Regiments hatte bis zur Formation dieses Regiments gleiche Schicksale mit ihrem Stamm-Regimente.

Die Feldzüge des Schlesischen National-Kavallerie-Regiments siehe 12. Kapitel.

1848 half das Regiment die Insurrektion im Posenschen dämpfen und focht bei Grätz, Miloslaw, Bogalin und Rogalinek.

1866 war es betheiligt an den Gefechten von Hühnerwasser und Münchengrätz; in der Schlacht von Königgrätz und den Gefechten von Prasek und Znaim; an der Attake bei Wackersdorf vor Wien.

1870—71 focht das Regiment bei Gravelotte, 18. August; war bei der Einschließung von Metz, 22.—24. August; Moreuil und Berteaucourt, les Thennes (2. und 3. Esk.), 25.—26. November; Amiens, 27. November; Buchy, 4. Dezember; an der Hallue, 23. Dezember; Sapignies, 2. Januar (ohne 4. Esk.); Tertry-Poeuilly, 18.; Attake bei Trefcon; St. Quentin, 19.; Rekognoszirung gegen Cambrai und Arras, 22. Januar.

---

*) 1815: Wrietzen a. O. und Salzwedel. — 1815 bis 1817: Inowraclaw, Slupce, Trzemeszno, Rogasen. 1817 bis 1832: Polnisch-Lissa, Ostrowo, Kempen, Kosten. — 1832 bis 1852: Posen, Kosten, Nakel, Militsch, Krotoschin. Abwechselnd in Wreschen, Schmiegel, Zduny, Inowraclaw, Rogasen, Lissa und Samter. Seit 1852: Bonn.

Chefs.

1846
(25. September).
General-Lieutenant **v. Colomb**; † am 12. November 1852
zu Berlin.

1857
(1. Januar).
Seine Majestät der Kaiser und König*).

Die betreffende A. K.=Ordre d. d. Charlottenburg, den 1. Januar 1857 lautete:

„Ich habe den Prinzen von Preußen, Königliche Hoheit, zum Chef des 7. Husaren=Regiments ernannt, wonach das General=Kommando das Weitere bekannt zu machen und das Regiment anzuweisen hat, die üblichen Eingaben an Se. Königliche Hoheit einzureichen.

Friedrich Wilhelm."

In Folge dessen ging unter demselben Datum dem Regimente folgendes Telegramm zu:

„Dem Major v. Wostrowsky
in Bonn.

Der König hat die Gnade gehabt, mich zum Chef des 7. Husaren=Regiments zu ernennen, welche mir geschehene Ehre ich mit großer Freude dem Regiment hiermit anzeige.

Prinz von Preußen."

~~~~~~~~

Regiments-Kommandeure.

1815
Major **Graf Henckel v. Donnersmark**; erhielt 1816 als Oberst-Lieut. den nachgesuchten Abschied.

1816
Oberst=Lieut. **v. Sohr**; erhielt als Oberst 30. März 1831 die 13. Kavallerie=Brigade.

1831
Oberst=Lieut. **Baron v. Rheinbaben**; 30. März 1832 Oberst; erhielt am 30. März 1838 die 12. Kavallerie=Brigade.

1838
Major **v. Wolff**; 30. März 1840 Oberst=Lieut.; 7. April 1842 Oberst; erhielt am 22. Mai 1845 die 15. Kavallerie=Brigade.

1845
Oberst=Lieut. **v. Waltier**; am 30. März 1848 verabschiedet.

1848
Major **v. Nowakowski**; war nur 12 Tage Kommandeur, traf nie bei dem Regiment ein.

1848
Oberst=Lieut. **v. Wödtke**; 8. Juli 1848 als Gen.=Major verabschiedet.

---

*) Die erste Uniform, die Se. Majestät anlegten, war die des Husaren=Regiments v. Rudorff Nr. 2 (Weihnachten 1803).

1848	Major **v. Beczwarzowski**; 26. September 1850 Oberst-Lieut.; 13. November 1851 Oberst; wurde 1852 Kommandeur der Landgendarmerie.
1852	Oberst-Lieut. **Graf v. Oriolla**; Flügel-Adjutant Sr. Majestät des Königs; 13. Juli 1854 Oberst; erhielt am 30. Oktober 1856 die 5. Kavallerie-Brigade.
1856	Major **v. Wostrowsky**; 9. April 1857 Oberst-Lieut.; 1859 mit Pension zur Disposition gestellt.
1859	Major **Graf v. der Goltz**; 31. Mai 1859 Oberst-Lieut; 7. Januar 1861 Flügel-Adjutant Sr. Majestät des Königs; 18. Oktober 1861 Oberst; erhielt die 14. Kavallerie-Brigade.
1864	Oberst-Lieut. **v. Lindern**; 18. Juni 1865 Oberst; 1867 zum Kommandant von Erfurt ernannt.
1867	Oberst-Lieut. **Frhr. v. Loë**; Flügel-Adjutant Sr. Majestät des Königs; 22. März 1868 Oberst; erhielt am 31. Mai 1871 die 21. Kavallerie-Brigade.
1871	Major **Heinrich XIII., Prinz Reuß**; 18. August 1871 Oberst-Lieut.; 24. April 1873 Flügel-Adjutant Sr. Majestät des Kaisers und Königs; 2. September 1873 Oberst; erhielt die 29. Kavallerie-Brigade.
1880	Oberst-Lieut. **v. Colomb**.

1. Westfälisches Husaren-Regiment Nr. 8.

VII. Armee-Korps. — 13. Division. — 13. Kavallerie-Brigade.

Garnisonen*): Paderborn und Neuhaus.

Formation: Errichtet am 7. März 1815 aus je einer Esk. des 2., 3. und 6. Husaren-Regiments als 8. Husaren-Regiment (1. Westfälisches).

Abgaben: 1860 eine Eskadron (die 4.) zur Neubildung des Rheinischen Dragoner-Regiments Nr. 5, 1866 zwei Eskadrons (die 4. und 6.) zur Errichtung des Hannoverschen Husaren-Regiments Nr. 15.

---

*) 1816: Lübben, Lübbenau, Luckau und Lieberose. — 1817: Trier. — Herbst 1820: Düsseldorf, Wickerath, Neuß und Bommelskirchen. — 1822: Düsseldorf, Wickerath, Cleve. — 1824: Düsseldorf und Wickerath. — 1834: Düsseldorf und Benrath. — 1851: Paderborn, Lippstadt, Neuhaus. — 1866: Paderborn, Neuhaus, Wiedenbrück und Lippstadt. — 1878: Paderborn, Neuhaus, Lippstadt. — 1879: Paderborn und Neuhaus.

Gersdorf Husaren

den 27 Septbr. 1759.

Feldzüge: Die einzelnen Eskadrons haben, bis zur Errichtung des Regiments, das Schicksal der Stamm-Regimenter getheilt.

1815 hat das Regiment in dem Feldzuge an der Schlacht von Belle-Alliance, 18. Juni; dem Gefechte bei Senlis, 27., und an dem Bombardement des Fort Guise, 24. Juni, Theil genommen.

1849 focht das Rgt. in Schleswig-Holstein bei Dons-Mühle und Alminde, 7. Mai; Aarhuus, 31. Mai.

1864 war es betheiligt an den Gefechten von Missunde, 2. Februar; Baekke und Skjodeg, 29. Februar; Patrouillengefecht bei Hjortsballekro, 30. März; Reiterscharmützel bei Thorstedt, 22. April; Lundby und Sönder-Tranders, 3. Juli.

1866 focht es bei der Main-Armee: vor Dermbach, 4. Juli; bei Kissingen, 10.; bei Laufach-Waldaschach, 13.; Aschaffenburg, 14; Seligenstadt, 15.; Walldürn, 23.; Tauber-Bischofsheim und Hardheim, 24. Juli.

1870—71 war das Regiment betheiligt bei: Spichern, 6. August; Vorpostengefecht bei Laquenexy, 13.; bei Colombey, 14.; Gravelotte, 18.; Einschließung von Metz; Noisseville, 31. August bis 1. September; Peltre und Mercy le Haut, 22. und 23. September; La Grange aux boix, 27.; Einschließung und Belagerung von Montmédy; Beobachtung von Longwy; bei Champlitte, 19. Januar; Marnay, 21.; Bynas, 23.; Rekognoszirungs-Gefechte bei Vorges, 25. bis 27. Januar; bei Pontarlier, 1. Februar.

Chefs.

1841 (23. November)	Se. Königliche Hoheit Maximilian, Kronprinz von Baiern; seit 1848: Se. Majestät der König von Baiern, Maximilian II.; bis zu seinem im Mai 1864 erfolgten Tode.
1865 (25. August)	Se. Majestät Ludwig II., König von Baiern.

Regiments-Kommandeure.

1815   Major **v. Colomb**; zuletzt Oberst; wurde am 20. Oktober 1823 in das Kriegsministerium versetzt.

1825   Oberst **v. Sulicki**; 20. März 1829 pensionirt.

1829   Oberst-Lieut. **v. Simolin**; später Oberst; 30. März 1838 Kommandeur der 2. Kavallerie-Brigade.

1838   Major **v. Natzmer**; interim., 24. Januar wirklicher Kommandeur; 8. Februar 1842 als Oberst pensionirt.

1843   Oberst-Lieut. **v. Rohr**; 5. Dezember 1845 als Oberst zur Disposition gestellt.

1846   Major **Graf v. Westarp**; interim., 5. Oktober 1846 als Kommandeur bestätigt; 8. Mai 1849 Oberst-Lieut.; 4. Mai 1850 gestorben.

1850   Major **Frhr. zu Inn- und Knyphausen**; 23. März 1852 Oberst-Lieut.; 8. Januar 1853 der Abschied mit dem Charakter als Oberst bewilligt.

1853   Oberst-Lieut. **Eugen Wilhelm Alexander Erdmann, Herzog von Würtemberg**; 12. Juli 1855 Oberst; erhielt die 11. Kavallerie-Brigade.

1856   Oberst-Lieut. **v. d. Lanken**; 31. Mai 1859 Oberst; 20. September 1859 mit Pension der Abschied bewilligt.

1859   Major **v. Flemming**; führte das Regiment an Stelle des fehlenden Kommandeurs; 12. Mai 1860 Kommandeur des 5. Husaren-Regiments.

1860   Major **v. Rauch**; später Oberst-Lieut.; 2. Juli 1862 als Kommandeur zum Husaren-Regiment Nr. 11 versetzt.

1862   Major **v. Rantzau**; 17. März 1863 Oberst-Lieut.; 8. Juni 1866 Oberst; erhielt 18. April 1868 die 16. Kavallerie-Brigade.

1868   Major **Heusinger v. Waldegg**; 18. Juni 1869 Oberst-Lieut.; 9. Dezember 1869 mit Pension zur Disposition gestellt und ihm der Charakter als Oberst verliehen.

1869   Major **Arent**; mit der Führung beauftragt; 10. März 1870 zum Kommandeur ernannt; 26. Juli 1870 Oberst-Lieut.; 18. Januar 1872 Oberst; 16. November 1875 die 1. Kavallerie-Brigade erhalten.

1875   Oberst-Lieut. **v. Niesewand**; 11. Juni 1879 Oberst.

2. Rheinisches Husaren-Regiment Nr. 9.

VIII. Armee=Korps. — 16. Divison. — 16. Kavallerie=Brigade.

Garnisonen*): Trier.

Formation: 17. März 1815 zu Rochefort während der Okkupation aus je 1 Esk. (der 3.) des Schlesischen und des Pommerschen Husaren=Regiments (der 4.) und der 3. Esk. der Lützow'schen Kavallerie errichtet.

Abgaben: 1860 eine Eskadron (die 5.), zur Formation des Rheinischen Dragoner=Regiments Nr. 5, 1866 zwei Esks. (die 4. und 6.) zur Bildung des Schleswig-Holsteinschen Husaren=Regiments Nr. 16.

Feldzüge: Die einzelnen Eskadrons haben, bis zur Errichtung des Regiments, die Schicksale ihrer Stamm=Regimenter getheilt.

Das Regiment hat im Feldzuge des Jahres **1815** Theil genommen an der Schlacht bei Ligny, 16. Juni; den Gefechten bei Wavre, 17. und Namur, 20. Juni, wo es, in Gemeinschaft mit einer Esk. des damaligen 7., heutigen 1. Schlesischen Dragoner=Rgts. Nr. 4, 2 Geschütze nahm.

1849 focht das Rgt. gegen die Aufständischen in der Rheinpfalz und in Baden und zwar in den Gefechten von Bobernheim, 13. Juni; Ludwigshafen, 15.; Philippsburg und Wiesenthal, 20; Waghäusel, 22.; Durlach, 25.; an der Murg (Bischweiher und Oberweier), 29.; Kuppenheim, 30. Juni. (Bei Wiesenthal brillante Attake der 1. Eskadron unter Führung Sr. Kgl. Hoheit des Prinzen Friedrich Karl von Preußen).

1866 war das Rgt. der Main=Armee zugetheilt und machte mit: Patrouillen=Gefecht bei Arnstein, 21. Juni; Hünfeld, 4. Juli; Hammelburg, 10.; Bischbrunn, 23.; Helmstadt, 25.; Hettstadt, 26.; Würzburg, 27. Juli. (Bei Helmstadt Reitergefecht mit Bairischen Chevauxlegers).

1870—71 befand es sich in folgenden Schlachten und Gefechten: Spichern, 6. August; Vionville, 16.; Gravelotte, 18. August; Belagerung von Metz; Moreuil, 25. November; Amiens, 27. November (Attake gegen ein Bataillon Französischer Chasseurs à pied; starke Verluste); St. Martin und Bosc le Hard, 4. Dezember;

---

*) 1816: Gollnow, Belgard, Treptow a. d. R., Greiffenberg. — 1820: Koblenz und Andernach. — 1830: Saarbrücken und Saarlouis. — 1850: Merseburg und Eisleben. — 1860: Trier. — 1865: Trier und Mainz. — von 1870 ab: Trier.

La Chaussée, 21; an der Hallue, 23; (die 2. Esk. unternahm eine Expedition nach Souchez, 29. Dezember und attakirte 500 Mobil= garden); Bapaume, 3. Januar; Rekognoszirungen und Patrouillen gegen Marquions, Ribécourt, Bapaume und Essigny le Grand vom 9.—18.; St. Quentin, 19. Januar.

Chefs.

1846
(28. November).

Großfürst Constantin Nikolajewitsch von Rußland, Kaiser= liche Hoheit.

Regiments-Kommandeure.

1815   Major **v. Hellwig**; 4. Oktober 1815 Oberst=Lieut.; 1819 Oberst; 1830 zum Kommandeur der 15. Kavallerie=Brigade ernannt; 1831 Gen.=Major; erhielt 1838 den Abschied als Gen.=Lieut.; † 26. Juni 1845 zu Liegnitz.

1831   Oberst=Lieut. **v. Kehler**; 10. November 1832 mit Pension und dem Charakter als Oberst ausgeschieden.

1833   Major **v. Strantz**; interim. Kommandeur; 30. März 1834 Oberst=Lieut. und wirklicher Kommandeur; 19. April 1836 Oberst; 4. Januar 1839 in Saarbrücken gestorben.

1839   Major **v. Willisen**; interim. Kommandeur; 12. September 1840 Oberst=Lieut.; erhielt am 7. April 1842 als Kommandeur das 7. Kürassier=Rgt.

1842   Oberst=Lieut. **Frhr. v. Schleinitz**; interim. Kommandeur, am 12. September desselben Jahres bestätigt; 22. März 1845 Oberst; erhielt am 4. April 1848 die 16. Kavallerie=Brigade.

1848   Major **Küntzel**; 1849 Oberst=Lieut.; 22. September 1851 Oberst; erhielt am 27. April 1854 die 2. Kavallerie=Brigade.

1854   Oberst=Lieut. **v. Hobe**; 22. Mai 1858 Oberst; erhielt am 22. November 1858 die 13. Kavallerie=Brigade.

1858	Major **Graf v. Schlippenbach**; am 11. Februar 1860 mit dem Charakter als Oberst=Lieut. der Abschied bewilligt.
1860	Major **Frhr. v. Wittenhorst=Sonsfeld**; 18. Oktober 1861 Oberst=Lieut.; 18. Juni 1865 Oberst; 13. Dezember 1866 mit Pension und dem Charakter als Gen.=Major der Abschied bewilligt.
1866	Major **v. Cosel**; führte während des Feldzugs 1866 das Rgt.; wurde am 30. Oktober 1866 Kommandeur des Hannoverschen Husaren=Rgts. Nr. 15.
1866	Oberst **v. Baumbach**; 14. Januar 1868 Kommandeur der 11. Kavallerie=Brigade.
1868	Major **v. Wittich**; gen. **v. Hinzmann=Hallmann**; 22. März 1868 Oberst=Lieut.; 26. Juli 1870 Oberst; erhielt am 10. Januar 1874 den Abschied mit dem Charakter als Gen.=Major.
1874	Major **v. Westernhagen**; mit der Führung des Rgts. beauftragt; 17. Februar 1874 Kommandeur; 19. September 1874 Oberst=Lieut.; 22. März 1877 Oberst; erhielt die 15. Kavallerie=Brigade.
1882	Oberst=Lieut. **Lenke**.

~~~~~~~~

Magdeburgisches Husaren-Regiment Nr. 10.

IV. Armee=Korps. — 7. Division. — 7. Kavallerie=Brigade.

Garnisonen: Aschersleben und Schönebeck*).

Formation: Das Regiment wurde am 19. November 1813 als Elb=National=Husaren=Regiment errichtet (Näheres siehe 12. Kapitel). 1815 erhielt es den Namen 10. Husaren=Regiment (1. Magdeburgisches).

Abgaben: 1815 die 3. Eskadron zur Formirung des 8. Dragoner=Regiments (jetzt Rheinisches Kürassier=Regiment Nr. 8), 1860 wurde eine 5. kombinirte Eskadron zur Errichtung des Magdeburgischen

---

*) März 1816: Aschersleben und Oschersleben. — 1821: Aschersleben, Schönebeck und Salze, später fällt Salze fort.

Dragoner-Regiments Nr. 6 hergegeben, 1866 eine Esk. zur Bildung des Schleswig-Holsteinschen Dragoner-Regiments Nr. 13.

Feldzüge: der Jahre **1814** und **1815** siehe unter Elb-National-Husaren-Regiment.

1866 focht das Regiment bei Einsiedel; Kratzau; Münchengrätz, 28. Juni; Gitschin; Königgrätz, 3. Juli (eroberte 1 Fahne); Preßburg, 22. Juli; Ersatz-Eskadron bei Langensalza, 27. Juni.

1870—71: Bliesbrücken; Rekognoszirung bei Rimling, 6. August; Rekognoszirungs-Gefecht bei Puxieux (ohne 1. Esk.), 15.; Bionville-Mars la Tour (ohne 1. Esk.), 16; Schlacht bei Gravelotte-St. Privat, 18.; Rekognoszirung bei Harricourt, 28.; Ueberfall von Audun le Tiche (1. Esk.), 30. August; Amagne; Novion; le Bourget; les Aluettes, 30. September; Mantes; Pacy sur Eure (2. Esk.), 5. Oktober; Avantgarden-Gefecht bei Cherisy, (2. u. 4. Esk.), 9.; Gefecht bei Cherisy, 10.; Gefecht bei Vernon (ohne 2. Esk.); Villegats, 22.; Bonnierès, 31. Oktober; Boissy, 3. November; Bellecote, 14.; Blaru; Vernon, 22.; Conches; Villeneuve, 25. November.

<hr>

Chef.

1843 (6. März).	**General der Kavallerie Wilhelm, Herzog von Braunschweig, Hoheit.**

<hr>

Regiments-Kommandeure.

1813	Von seiner Formation bis zum 20. Februar 1814 wurde das Regiment provisorisch vom Rittmeister **v. Brehmann** befehligt.
1814	Major **v. Ledebur**; wurde den 15. Mai 1830 zum Gen.-Major und Kommandant von Colberg ernannt.

1830   Oberst-Lieut. **Baron Roth v. Schreckenstein**; als Oberst den 30. März 1837 Kommandeur der 13. Kavallerie-Brigade.

1838   Major **Schach. v. Wittenau**; am 15. September 1838 als wirklicher Kommandeur bestätigt; 22. März 1843 Oberst; erhielt den 2. April 1845 die 3. Kavallerie-Brigade.

1845   Oberst-Lieut. **v. Willisen**; 5. Oktober 1846 als Kommandeur bestätigt; 27. März 1847 Oberst; 1848 mit dem Charakter als Gen.-Major à la suite Sr. Majestät des Königs gestellt.

1848   Major **v. Oppen**; 26. September 1850 Oberst-Lieut.; 13. November 1851 Oberst; den 18. März 1853 verabschiedet; erhielt später den Charakter als Gen.-Major.

1853   Major **v. Podewils**; 13. Juli 1854 Oberst-Lieut.; 13. November 1855 als Oberst verabschiedet.

1855   Major **Graf zu Dohna**; 15. Oktober 1856 Oberst-Lieut.; 4. April 1857 als Regiments-Kommandeur zum 2. Garde-Ulanen-Regiment versetzt.

1857   Major **v. Alvensleben**; 9. April 1857 Oberst-Lieut.; 8. Juli 1858 als Kommandeur zum Regiment der Gardes du Korps versetzt.

1858   Major **v. Reimann**; 1. Juli 1860 Oberst-Lieut.; erhielt den 17. Oktober 1860 den erbetenen Abschied.

1860   Major **v. Besser**; 18. Oktober 1861 Oberst-Lieut.; 18. Juni 1865 Oberst; erhielt die 9. Kavallerie-Brigade.

1867   Major **v. Weise**; 22. März 1868 Oberst-Lieut.; 26. Juli 1870 Oberst; 1872 pensionirt.

1872   Major **v. d. Decken**; am 22. März 1873 Oberst-Lieut.; 18. Januar 1875 Oberst; erhielt 1880 die 10. Kavallerie-Brigade.

1880   Oberst-Lieut. **Frhr. v. Wrangel**; 1881 pensionirt.

1881   Oberst-Lieut. **Frhr. v. Troschke**.

2. Westfälisches Husaren-Regiment Nr. 11.

VII. Armee-Korps. — 14. Division. — 14. Kavallerie-Brigade.

Garnisonen*): Düsseldorf und Benrath.

Formation: Errichtet am 8. Dezbr. 1813 zu Düsseldorf als Berg'sches Regiment. Nachdem es der Preußischen Armee einverleibt worden war, erhielt es 1815 den Namen: 11. Husaren-Regiment (2. Westfälisches).

Abgaben: 1815 eine Eskadron zur Formirung des 5. Ulanen-Regiments, 1860 eine Eskadron zur Bildung des Rheinischen Dragoner-Regiments Nr. 5, 1866 zwei Esks. zur Errichtung des Hannoverschen Husaren-Regiments Nr. 15.

Feldzüge: Im Jahre **1814** nahm es, als Berg'sches Rgt., Theil an der Belagerung von Mainz.

1815 focht es in den Schlachten von Ligny, 16. Juni; von Belle-Alliance, 18. Juni und wohnte dem Gefechte bei Namur und den Belagerungen von Maubeuge, Givets und Charlemont, bei.

1849 war das Rgt. in Schleswig-Holstein bei folgenden Gefechten zugegen: Alminde, 7. Mai; Veile, 8.; Horsens, 11.; Sophienland und Aarhuus, 29. Mai.

1866 gehörte es zur Elb-Armee und war bei Königgrätz, 3. Juli; Iglau, 10.; Znaim, 13.; Jetzelsdorf, 15.; Gaunersdorf, 17. Juli.

1870—71: Spichern, 6. August; Scharmützel bei Peltre, 12.; (1. Esk.); Rekognoszirungs-Gefecht bei Puxieux, 15.; Vionville, 16.; Gravelotte, 18.; Sivry, 23.; Grand-Pré, 26.; Buzancy, 27. August; Vaucelles, 2. September; Einnahme von Reims, 4.; Rekognoszirung von Soissons, 10.; St. Denis; 17. September — 21. November vor Paris; Cravent, 22. Oktober; Rekognoszirung von La Hennière, Vernon, 22. November; La Fontenelle, 17. Dezember; Le Fidelaire, 18. Januar. Die 4. Esk. bestand nachfolgende Gefechte: Les Alluettes, 30. September; Pacy, 5. Oktober; Chericy, 9.; und Dreux, 10. Oktober.

---

*) 1815: Münster, Warendorff, Beckum. — 1816 dieselben, jedoch statt Beckum: Lippstadt, Wiedenbrück und Rheda, vom 10. November statt Wiedenbrück und Rheda: Werl. — Vom Oktober 1821: Münster, Werl, Lippstadt, Warendorff. — Vom 17. September 1825 bis 29. März 1849: Münster und Hamm. — 1850: Paderborn, Neuhaus, Delbrück und Lippstadt. — 1851; 22. Februar: Düsseldorf und Benrath. — Vom 1. Oktober 1860 bis 8. September 1861: Düsseldorf, Dieslaken, Benrath. — 8. September 1861 bis zum Ausmarsch 1866: Düsseldorf, Wesel, Benrath. — 1866: Lüneburg und Uelzen. — 1871: Düsseldorf und Geldern; 1874 statt Geldern: Benrath.

Chef.

1855
(7. Juni)

Se. Majestät der König der Niederlande Wilhelm III.

~~~~~~~~

Regiments-Kommandeure.

1813
Major **Frhr. v. Romberg**; von der Errichtung an; 1816 als Oberst-Lieut. und Kommandeur in das 4. Kürassier-Rgt. versetzt.

1817
Oberst-Lieut. **Frhr. v. Czettritz und Neuhaus**; wurde später als Oberst Kommandeur der 15. Kavallerie-Brigade.

1823
Oberst-Lieut. **v. Glaser**; wurde 1834 mit dem Charakter als Gen.-Major pensionirt.

1834
Major **Frhr. v. Forstner**; mit der Führung beauftragt; 30. März 1836 wirklicher Kommandeur; 30. März 1839 Oberst-Lieut.; 14. Juli 1839 als Oberst-Lieut. zur Disposition gestellt.

1839
Major **v. Heydebrand u. d. Lasa**; als Oberst pensionirt.

1844
Major **v. Lebbin**; interim., 4. Januar 1845 bestätigt; 22. März 1845 Oberst-Lieut.; 10. Mai 1848 Oberst; erhielt 1850 die 4. Kavallerie-Brigade.

1850
Major **v. Schlichten**; 23. März 1852 Oberst-Lieut.; 22. März 1853 Oberst; erhielt 1856 die 8. Kavallerie-Brigade.

1857
Major **v. Pfuel**; 22. Mai 1858 Oberst-Lieut.; 1. Juli 1860 Oberst; erhielt die 15. Kavallerie-Brigade.

1862
Oberst-Lieut. **v. Rauch**. 1r. März 1863 Oberst; später als Gen.-Major Kommandeur der 21. Kavallerie-Brigade.

1866
Oberst **v. Witzendorff**; zum Chef des Generalstabes des VIII. Armee-Korps ernannt.

1869
Major **Frhr. v. Eller-Eberstein**; 26. Juli 1870 Oberst-Lieut.; erhielt 1871 das 1. Garde-Ulanen-Regiment.

1871
Major **v. Griesheim**; 18. Januar 1872 Oberst-Lieut.; 19. September 1874 Oberst; † 1875.

1875
Oberst-Lieut. **v. Saldern-Ahlimb**; 1876 als Oberst mit Pension zur Disposition gestellt.

1876 Major **Graf v. d. Gröben**; à la suite des Rgts. mit der Führung beauftragt; 1877 zum Kommandeur ernannt; 18. April 1878 Oberst=Lieut.; 13. September 1882 Oberst.

Thüringisches Husaren-Regiment Nr. 12.
IV. Armee=Korps. — 8. Division. — 8. Kavallerie=Brigade.

Garnisonen*): Merseburg und Weißenfels.

Formation: Aus dem Sächsischen übernommen. General Bellegarde, General=Inspekteur der Kur=Sächsischen Kavallerie errichtete dieses Husaren=Regiment 1791. Am 17. Juni 1815 wurde der größte Theil des Regiments in Preußischen Dienst übernommen und aus diesem sowie noch anderen in Preußische Dienste übergetretenen Mannschaften der Sächsischen Armee, ein Husaren=Regiment unter dem Namen 12. Husaren = Rgt. (2. Magdeburgisches) errichtet. Seinen jetzigen Namen führt es seit 1860.

Abgaben: 1860 gab das Regiment 2 Esks. zur Neubildung des Magde=burgischen Dragoner=Regiments Nr. 6 und 1866 eine 5. kombinirte Esk. zur Formirung des Schleswig=Holsteinischen Dragoner=Regiments Nr. 13 her.

Feldzüge: Das Rgt. machte im Jahre **1815** die Gefechte bei Namur und Nanteuil mit.

1849 bestand es in Baden folgende Gefechte: Ladenburg, Oetigheim, Kuppenheim, Steinmauern und Rastatt.

1866 focht es bei Königgrätz, 3. Juli (4 Geschütze erobert) und Preßburg, 22. Juli.

1870—71 nahm das Regiment Theil an dem Rekognoszirungs=Gefechte bei Stürzelbronn; Schlacht bei Beaumont, 30. August; Sedan, 1. September; Verdun; Rekognoszirungs=Gefechte bei Sarcelles und Stains, 18. September; Montmerency, 25. November; Ausfall-Gefecht bei Epinai, 30. November (halbe 2. Esk.); Ein=schließung von Paris bis 28. Januar.

---

*) 1835: Eisleben, Artern, Sangerhausen, Collede. — 1841: Merseburg und Eisleben. — 1852: statt Eisleben, Weißenfels.

Chefs.

1834 (September)	**General=Lieut. von Natzmer**, vom September 1834 bis 1. November 1861.
1867 (16. Juni)	**Wladimir Alexandrowitsch Großfürst von Rußland, Kaiserliche Hoheit.**

~~~~~~~~~

Regiments-Kommandeure.

1815	Oberst=Lieut. **Frhr. v. Czettritz und Neuhaus**; wurde am 11. Mai 1816 zum 11. Husaren=Regiment versetzt.
1816	Oberst=Lieut. **v. Wulffen**; wurde als Oberst Anfangs April 1830 Kommandeur der 7. Landwehr=Brigade.
1830	Oberst=Lieut. **v. Wolff**; wurde am 30. Mai 1839 Gen.=Major und Kommandeur der 15. Kavallerie=Brigade.
1839	Major **v. Borcke**; 30. März 1844 Oberst; erhielt 27. März 1847 die 1. Kavallerie=Brigade.
1847	Major **Wurmb v. Zinck**; 19. April 1851 Oberst; als Gen.=Major pensionirt.
1853	Oberst=Lieut. **v. Meyerinck**; 12. Juli 1855 Oberst; erhielt 1858 die 14. Kavallerie=Brigade.
1858	Major **v. Podbielski**; 31. Mai 1859 Oberst=Lieut.; 18. Oktober 1861 Oberst; erhielt die 16. Kavallerie=Brigade.
1863	Major **Frhr. v. Barnekow**; 17. März 1863 Oberst=Lieut.; 8. Juni 1866 Oberst; erhielt 1868 die 2. Kavallerie=Brigade.
1868	Oberst=Lieut. **v. Sulkow**; 18. Januar 1871 Oberst; erhielt 1874 die 31. Kavallerie=Brigade.
1874	Major **v. Versen**; 19. September 1874 Oberst=Lieut.; 22. März 1877 Oberst; erhielt die 14. Kavallerie=Brigade.
1882	Oberst=Lieut. **Graf v. Wartensleben**; mit der Führung beauftragt.

~~~~~~~~~

1. Hessisches Husaren-Regiment Nr. 13.

XI. Armee-Korps. — 7. Division. — 21. Kavallerie-Brigade.

Garnisonen*): Frankfurt a. M. und Mainz.

Formation: Das Regiment wurde 1866 aus dem Kur-Hessischen über-nommen (Stiftungstag 2. Oktober). Es führt die heutige Bezeich-nung laut A. K.-Ordre vom 17. November 1867.

Am 9. Oktober 1688 durch den Oberst Alexander Hermann v. Wartensleben als Dragoner-Regiment errichtet. 1690 Dragoner-Rgt. von Gräffendorff; 1796 Erbprinz; 1721 König; 1751 Leib-Dragoner; 1806 beurlaubt; 1809 wurde wieder eine Eskadron errichtet, aber bald wieder aufgelöst; 1813 als Leib-Dragoner-Rgt. in der Stärke von 4 Esks. neu gebildet; 1821 zum Husaren-Rgt. umgewandelt, als 2. Husaren-Rgt.; 1825 erhielt es den Namen Herzog von Sachsen-Meiningen; 1832 wieder Leib-Dragoner-Rgt.; 1845: 1. Leib-Husaren-Regiment.

Feldzüge: **1870—71** focht das Regiment bei Weißenburg, 4. August; Wörth, 6. August; Sedan, 1. September; Ausfall gegen Ferme-Pompadour (Paris), 30. September; Artenay, 10. Oktober; Orléans, 11.; Er-stürmung von Châteaudun, 18.; Einnahme von Chartres, 21.; Illiers, 31. Oktober; Rekognoszirungs-Gefecht bei Courville (1. und 2. Esk.), 3. November; Vorposten-Gefecht bei Lévaville St. Sauveur, (1. Esk.), 17; Gefechte bei Châteauneuf en Thimerais, (2 Züge der 1. Esk.) 18.; Brétoncelles, 21.; Scharmützel bei Brou (2. Esk.), 26.; Alluys, 29. November; Artenay und Poupry, 2. Dezember; Orléans, 3.—4.; Beaugency-Cravant (Marchénoir), 7.—11. De-zember; Nogent le Rotrou, 2., 7. und 8. Januar; Schlacht vor Le Mans; Gefechte bei Le Chêne und Chanteloup (3. u. 4. Esk.), 10.; Le Chêne — Les Cohernières (1. Esk.), 11.; (St. Célerin); Verfolgungs-Gefecht bei Ballon (2. Esk.), 13.; Beaumont sur Sarthe (Bonnétable) 2. Esk., 14.; Gefecht bei Alençon, 15. Januar. Einzug in Paris (1. Esk.), 1. März.

〜〜〜〜〜

Chef.

1872
(4 Juni).

Se. Majestät der König von Italien Humbert.

*) Bis 1875 Hof-Geismar.

Regiments-Kommandeure.

1866   Oberst=Lieut. **Steinbrück= v. d. Mark**; mit Pension zur Disposition gestellt.

1868   Oberst=Lieut. **v. Heuduck**; 18. Januar 1871 Oberst; erhielt 1873 die 21. Kavallerie=Brigade.

1873   Major **Frhr. v. Lützow= gen. v. Dorgelo**; 19. September 1874 Oberst=Lieut.; mit Pension der Abschied bewilligt.

1875   Oberst=Lieut. **v. Plötz**; am 22. Mai 1877 zu den Offizieren von der Armee versetzt; 1878 als Oberst mit Pension zur Disposition gestellt.

1877   Major **v. Bülow**; 18. Oktober 1877 Oberst=Lieut.; 13. September 1882 Oberst.

2. Hessisches Husaren-Regiment Nr. 14.
XI. Armee=Korps. — 22. Division. — 22. Kavallerie=Brigade.

Garnisonen*): Cassel, Rotenburg a. d. Fulda und Wilhelmshöhe.

Formation: 1866 am 2. Oktober aus dem Kur=Hessischen (Husaren=Regiment Herzog von Sachsen=Meiningen) übernommen.

     1744 wurde in Baiern ein Husaren=Korps errichtet; 1786 durch die Hessen=Hanauische Eskadron verstärkt. Nachdem im folgenden Jahre noch eine 3. Esk. neu geworben worden war, wurde es zum „Husaren=Regiment" erhoben. 1806 „Prinz zu Solms", verliert aber schon im August diesen Namen und heißt einfach wieder Husaren=Regiment. 1809 wurde eine Esk. in Böhmen errichtet, aber wieder entlassen; 1813 in der Stärke von 4 Eskadrons neu formirt. 1821: 1. Husaren=Regiment. 1832: 2. Division des 2. Leib=Dragoner=Regiments. 1845: 2. Husaren=Regiment.

Feldzüge: 1870—71 focht das Regiment bei Weißenburg, 4. August; Wörth, 6.; war gegenwärtig bei der Beschießung von Pfalzburg, 10.; Gefecht bei Pont=Varin, 24. August; Sedan, 1. September; darauf vor Paris, wo es am 30. das Ausfall=Gefecht von Mont=

---

*) 1866: Cassel und Eschwege. — 1867: Cassel, Waldau, Wilhelmshöhe und Grebenstein. — 1868: Cassel, Wilhelmshöhe, Grebenstein. — 1870: statt Grebenstein: Rotenburg.

Mesly mitmachte. Beobachtung und Einschließung von Mézières (halbe 2. Esk.), vom 12. September bis 19. Dezember.

~~~~~~~

Chefs.

1873
(4. Mai) **Kaiserlich Russischer Gen.-Feldmarschall, Fürst Alexander Bariatinsky,** † 9. März 1879.

1882 **Amadeus Ferdinand Maria Prinz von Italien, Herzog von Aosta, Königliche Hoheit.**

~~~~~~~

Regiments-Kommandeure.

1866 Oberst-Lieut. **v. Bernuth**; 3. Juli 1868 Oberst; 1871 Chef des Stabes der 3. Armee-Inspektion; erhielt 1872 die 21. Kavallerie-Brigade.

1871 Major **v. Meyerinck**; 18. Januar 1872 Oberst-Lieut.; 19. September 1874 Oberst; erhielt 1880 die 29. Kavallerie-Brigade.

1880 Oberst-Lieut. **Graf v. Monts**; 1881 mit Pension zur Disposition gestellt.

1881 Oberst-Lieut. **v. Leipziger.**

~~~~~~~

Hannoversches Husaren-Regiment Nr. 15.
IX. Armee-Korps. — 18. Division. — 18. Kavallerie-Brigade.

Garnisonen*): Wandsbeck und Itzehoe.

Formation: Das Regiment wurde am 27. September 1866 aus der 4. und 6. Eskadron des 1. Westfälischen Husaren-Regiments Nr. 8

---

*) 1867: Düsseldorf. — 1868: Düsseldorf und Geldern. — 1870: Wandsbeck und Itzehoe.

(als 1. und 2. Eskadron) und aus der 5. und 6. Eskadron des 2. Westfälischen Husaren-Regiments (als 3. und 4. Eskadron), welche am 14. November 1866 zusammentraten, errichtet.

Feldzüge: **1870—71** focht das Regiment bei Spichern, 6. August; Colombey, 14.; im Bois de Vaux (2. Esk.), 17.; Gravelotte, 18. August; lag vor Metz vom 19. August bis 27. Oktober (Ausfall gegen Mercy-le-Haut); Belagerung von Thionville, 16.—24. November; Einschließung von Montmedy (1. und 2. Esk.), 11. November bis 14. Dezember; Gefecht bei Chauvancy und Thonne le Thil (ein Zug der 4. Esk.), 16. November; Longwy (3. u. 4. Esk.), 27. November bis 15. Dezember; Belagerung von Mézières, 19. Dezember bis 1. Januar; Scharmützel bei Nouzon und Bel Air (2 Züge der 4. Esk.), 21. Dezember; Gefecht bei Rimogne und Tremblois (1. und 3. Esk.), 22.; Scharmützel bei Nouzon (1 Zug der 4. Esk.) und Vorpostengefecht bei Bel Air und St. Mont la Villette (3. Esk.), 25. Dezember; Handstreich auf Rocroy (2. u. 3. Esk.), 5. Januar 1871; Avantgarden-Gefecht bei Marac (1. Esk.), 14.; Scharmützel bei Langres (1. Esk.), 16.; vor Langres (halbe 4. Esk.), 17.; bei Briennes und Bourg (eine Abtheilung der 3. Esk.), 18.; Gefechte am Ognon, (Pin) — 4. Esk. — 21.; Geschützkampf bei Dannemarie (halbe 4. Esk.); Rekognoszirung gegen den Doubs (bei Velesmes) — eine Abtheilung der 4. Esk. — 23.; Chaffois (1. Esk.) und Sambacourt (1 Zug der 1. Esk.), 29. Januar; Pontarlier, 1. Februar.

Chef.

1875 (25. September).	**General-Oberst von der Infanterie, Friedrich Franz II., Großherzog von Mecklenburg-Schwerin, Königliche Hoheit;** † 15. April 1883.

Regiments-Kommandeure.

1866	Major **v. Cosel**; 30. Oktober 1866 Oberst-Lieut.; als Oberst der Abschied bewilligt.

1867	Oberst=Lieut. **v. Unger**; 1870 zum Gen.=Stab versetzt; 26. Juli 1870 Oberst; zu den Offizieren von der Armee versetzt.
1871	Oberst=Lieut. **v. Grodzki**; in Genehmigung seines Abschieds= Gesuchs mit Pension zur Disposition gestellt; demnächst als Kommandeur des Oldenburg. Dragoner=Rgts. Nr 19 wieder angestellt.
1872	Oberst=Lieut. **v. Schadow=Godenhausen**; 3. Juli 1875 Oberst; 18. Oktober 1881 unter Beförderung zum Gen.=Major zum Kommandeur der 7. Kavallerie=Brigade ernannt.
1881	Oberst=Lieut. **v. Pelet=Narbonne**.

Husaren-Regiment Kaiser Franz Joseph von Oesterreich, König von Ungarn (Schleswig-Holsteinsches) Nr. 16.

IX. Armee=Korps. — 18. Division. — 18. Kavallerie=Brigade.

Garnison: Schleswig.

Formation: Am 30. Oktober 1866 errichtet, aus 2 Eskadrons (2. und 6.) des Königs=Husaren=Regiments (1. Rheinisches) Nr. 7 (als 1. und 2. Eskadron) und 2 Esks. (4. und 5. Esk.) des Rheinischen Husaren=Regiments Nr. 9 (als 3. und 4. Eskadron). Diese Stamm= Eskadrons vereinigten sich am 14. November 1866. Seit dem 2. Dezember 1873 führt das Regiment die heutige Bezeichnung nach seinem hohen Chef.

Feldzüge: 1870—71 befand sich das Regiment in folgenden Schlachten und Gefechten: Neunkirchen, 6. August; Scharmützel bei Fleury (1. Esk.), 13.; Schlacht bei Vionville, 16.; Gravelotte, 18.; Boncq (1. und 2. Esk.), 29. August; Sedan, 1. September; im Walde zwischen St. Léger und Condé (je 2 Züge der 1. und 4. Esk.), 2. Oktober; Epernon, 4.; Ueberfall in Ablis (4. Esk.), 8.; Patrouille gegen Chartres, 9.; Rekognoszirung bei Anneau (1. Esk.), 19.; Scharmützel bei St. Prest und Jouy (1. und 3. Esk.), 21. Oktober; Patrouillen bei Le Brieul und Le Ronse, 15. und 16. November; Gefecht bei Landelles (1. und 2. Esk.), 17.; Vorpostengefechte bei

La Ferté Bernard und Beaumont les Autelles, 22.; Scharmützel bei Sargé (1. Esk.), 24.; Tournoisis, 29. November; Schlacht bei Orléans, 3. und 4. Dezember; Nouan le Fuzelier, 7.; Gien, 26. Dezember; Epuisay, 7. Januar; Schlacht bei Le Mans, 11. Januar.

Chef.

1866 Oberst **v. Schmidt**; 26. Juli 1870 Gen.-Major und zu den Offizieren von der Armee versetzt; später zum Kommandeur der 7. Kavallerie-Brigade ernannt.

1873 Se. Majestät der Kaiser v. Oesterreich Franz Joseph.
(2. Dezember)

Regiments-Kommandeure.

1866 Oberst **v. Schmidt**; 26. Juli 1870 Gen.-Major und zu den Offizieren von der Armee versetzt; später zum Kommandeur der 7. Kavallerie-Brigade ernannt.

1871 Oberst-Lieut. **Frhr. v. Heintze**; 22. März 1873 Oberst; 1877 als Kommandeur gestorben.

1877 Major **Edler v. d. Planitz**; 18. April 1878 Oberst-Lieut.; 13. September 1882 Oberst.

Hus.-Ger

Sieger zu L

erner.

zur See.

10. Kapitel.

Die Uniformirung vom Jahre 1808 bis zur Gegenwart.

Kopfbedeckung.

A. Czakot.

Wie schon im ersten Theile erwähnt, wurde im Jahre 1806 bei den Husaren der Czakot eingeführt und ist wahrscheinlich von einigen Regimentern während des Feldzugs getragen worden, während andere die noch übrigen Vorräthe von Filzmützen auftrugen.

Bei der Neugestaltung der Armee im Jahre 1808 wurde im gesammten Heere, mit alleiniger Ausnahme der Kürassiere und der Leib-Ulanen-Eskadron, der Czakot als Kopfbedeckung eingeführt.

Diese Czakots waren von schwarzem Filz, mit schwarzledernem Deckel versehen, und mit schwarzem Leder in folgender Weise garnirt: ein Lederstreifen umgab den Czakot am oberen Rande, einer am unteren, zu beiden Seiten war ein Besatz in Form eines mit der Spitze nach unten gekehrten Sparrens angebracht. Der ebenfalls schwarzlederne Augenschirm war vorn abgerundet.

Im Frieden wurden zuerst an den Czakots von den Unteroffizieren und Husaren lederne Kinnriemen getragen. Dieselben waren nicht zum Schnallen eingerichtet, sondern wurden vermittelst eines auf der rechten Seite befindlichen Knebels oder Knopfes befestigt. Für den Krieg wurden messingene Schuppenketten vorgeschrieben. (Laut A. K.-Ordre vom 23. De-zember 1808 sollten die Schuppenketten sogleich beschafft werden, da bei ent-stehendem Kriege keine Zeit zur Beschaffung bleiben würde). Die Offiziere trugen lose vergoldete Kettchen, die auf beiden Seiten des Czakots an kleinen vergoldeten Adlern befestigt waren.

Vorn am Czakot war eine schwarz-weiß wollene, bei den Offizieren schwarz-silberne Rose angebracht. Dieselbe ragte nicht über den Rand des Deckels hervor. Als Dekoration trug das Leib-Regiment und nach dessen Theilung die aus ihm hervorgegangenen beiden Leib-Husaren-Regimenter, neusilberne Todtenköpfe. Die Normal-, später Garde-Husaren, einen messingenen (Offiziere silbernen) Garde-Stern; die übrigen Husaren-Regimenter eine schwarze Band-kokarde mit weißem Rande. Dieselbe war durch eine Litze von weißem oder gelbem Bande (je nach der Verschnürung, die das Regiment führte) mit der darüber befindlichen Rose verbunden. An der Stelle, wo diese Litze die Mitte der Kokarde traf, war sie mit einem Knopfe von gleicher Farbe versehen. Später wurde statt der Litze eine messingene Agraffe in derselben Form ein-geführt; bei den Offizieren war sie von Anfang an von Metall.

Zur Parade wurden Fangschnüre von weißer resp. gelber Farbe, je nach der Verschnürung, angelegt. Bei den Unteroffizieren und Trompetern waren dieselben schwarz und weiß, bei den Offizieren silbern mit schwarz durchwirkt. Die Fangschnüre gingen hinten um den Czakot herum und endigten nach der rechten Schulter fallend in zwei Quasten. Vorn um den Czakot wurde ein breites, gleichfarbiges Garngeflecht getragen. Als Paradestück wurden außerdem noch dicke, hohe Federbüsche geführt; nur die Leib- und Normal-Husaren trugen Haarbüsche. Die Farbe der Feder- wie Haarbüsche war für die Husaren weiß, für die Unteroffiziere weiß mit schwarzer, für die Trompeter roth mit weißer Spitze. Die Offiziere sämmtlicher Regimenter hatten weiße hohe Federbüsche, unten mit schwarzer Wurzel.

Zum gewöhnlichen Dienst wurde über dem Czakot ein Ueberzug von schwarzer Wachsleinewand getragen.

Die Tragezeit für den Czakot betrug 2 Jahre; der Schirm, der 2 Czakots aushielt, wurde nur alle 4 Jahre geliefert. Für die Federbüsche wurde nichts gut gethan.

In Nachfolgendem die Veränderungen, die der Czakot bis zu seiner Abschaffung erfahren hat.

1812.

Die Mannschaften der Abtheilungen, welche den Feldzug von 1812 mitmachten, erhielten vorn auf dem Czakot-Ueberzuge ein schwarz-weißes Feldzeichen aus gebranntem und lackirtem Leder. Die Offiziere führten dieses Abzeichen nicht.

1815.

Der Czakot erhielt eine etwas andere Form dadurch, daß der Deckel vergrößert wurde. An Stelle der Rose wurde ein Feldzeichen von eliptischer Form eingeführt — dasselbe ragte jetzt über den Deckelrand hervor. Die dicken Feder= und Haarbüsche fielen weg; statt derselben wurden hohe dünne Haar= büsche eingeführt; in der Farbe glichen sie den früheren.

1817

fielen bei den Offizier=Czakots die vergoldeten Ketten und Adler fort, statt derselben wurden am Czakot feste vergoldete Schuppenketten angebracht.

1826.

Laut A. K.=Ordre vom 7. Juni 1826 fielen bei den Linien=Husaren die Haarbüsche fort. In demselben Jahre wurde die Farbe der Fangschnüre durchgängig weiß; die Spiegelquasten bei den Unteroffizieren und Trompetern schwarz und weiß. Eine weiße Schnur umgab den oberen Czakotrand.

1832.

Dieses Jahr brachte für die Uniformen der Husaren bedeutende Aenderungen. Da die farbigen Kragen und Aufschläge wegfielen und durch solche von der Farbe des Dolmans ersetzt wurden, wurden die Uniformen einiger Regimenter ganz gleich. Se. Majestät verordnete deshalb unterm 17. März 1832, daß zur Unterscheidung das 2., 4., 8. und 10. Regiment Czakots mit hellblauer Tuchbekleidung erhalten sollte. Ebenso wurde unterm 11. April desselben Jahres für das Garde=Husaren=Regiment ponceaurothe Czakot=Bekleidung bestimmt.

Die Fangschnüre wurden verkürzt, so daß nur an der rechten Seite zwei kurze Quasten herabhingen, während eine einfache Schnur an dem oberen Czakotrand herumlief. Das Garngeflecht fiel weg. Da zum gewöhnlichen Dienst der Czakot mit Ueberzug getragen wurde und mithin die unterscheidende Tuchbekleidung nicht sichtbar war, wurde vorn auf dem Ueberzuge in Oelfarbe ein schwarzes mit weißem Rande versehenes Oval mit der Regiments=Nummer aufgemalt.

Aus dem Jahre 1832 stammt auch die Benennung „Blau=Augen" für das 2. Leib=Husaren=Regiment, da durch die Augenhöhlen des neusilbernen Todtenkopfes die blaue Farbe der Czakot=Bekleidung sichtbar war. Bei der ersten Revue, auf welcher der König das Regiment in der neuen Uniform sah, fiel ihm dieses auf und er befahl, daß die „blauen Augen" des Todten= kopfes mit schwarzen Zeug= oder Lederstückchen unterfüttert werden sollten.

1834

fiel auch bei dem Garde=Husaren=Regimente durch A. K.=Ordre vom 6. Ma der Haarbusch für den Dienst zu Pferde weg.

B. Filzmützen.

Bei der Neu=Uniformirung der Armee im Jahre 1843 erhielten sämmtliche Husaren=Regimenter mit Ausnahme des Garde= und 3. Husaren= Regiments Filzmützen, von ähnlicher Form wie sie unter Friedrich dem Großen getragen wurden. Dieselben waren mit schwarzem Tuch überzogen. Der Flügel, der sonst um die Mütze herumgeschlungen getragen wurde, hing zur Parade an der rechten Seite herab, und war innen mit farbigem Tuche ausgeschlagen. Die Farben dieses Flügelfutters waren nach den Regimentern folgende:

Regiment Nr. 1	Regiment Nr. 2	Regiment Nr. 4	Regiment Nr. 5	Regiment Nr. 6	Regiment Nr. 7	Regiment Nr. 8	Regiment Nr. 9	Regiment Nr. 10	Regiment Nr. 11	Regiment Nr. 12
ponceau= roth	weiß	gelb	blutroth	ponceau= roth	ponceau= roth	hellblau	gelb	hellblau	ponceau= roth	weiß

Bei den Offizieren richtete sich das Futter des Flügels nach der Farbe der Verschnürung und war demnach von weißem oder gelbem Atlas. Als Dekoration wurden von den beiden Leib=Husaren=Regimentern die neusilbernen Todtenköpfe getragen.

Schuppenketten wurden an den Filzmützen nicht angebracht; das schwarz= weiße National (Offiziere schwarz=silbern) aus Leder gefertigt, war von kreisrunder Form und wurde oben an der rechten Seite der Mütze getragen.

Zur Parade wurde ein weißer Haarbusch über der Kokarde aufgesteckt. Derselbe wurde in der Mitte durch einen messingenen Ring zusammen gehalten. Bei den Unteroffizieren war der Haarbusch mit schwarz, bei den Trompetern mit roth gemischt. Die Offiziere trugen einen weißen Federstutz mit schwarzer Wurzel. Links oben an der Mütze wurde mittelst eines Knebels die Fangschnur befestigt; dieselbe war weiß, für die Unteroffiziere und Trompeter mit schwarz-weißem Schieber und ebensolchem Knebel versehen. Die Offiziere trugen dieselbe silbern mit schwarz durchwirkt. Am Körper wurde die Fangschnur in der Art befestigt, daß sie von der linken Schulter herab, über die Brust unter der rechten Achselhöhle hindurch über den Rücken wieder nach der linken Schulter ging. Der Schieber trug zur Befestigung bei.

1844

verlor das 10. Regiment die Filzmützen und

1850

wurden dieselben ganz abgeschafft.

C. Pelzmützen.

Seit 1843 trugen das Garde- und 3. Husaren-Regiment Pelzmützen aus Seehundsfell, (Offiziere von Fischotter); dieselben waren anfänglich sehr hoch. Von dem Deckel der Mütze fällt ein tuchener Beutel, Kolpak genannt, herab. Das National ist von eliptischer Form und wird vorn am oberen Rande getragen. Die Fangschnüre waren denen an den Filzmützen gleich; beim Garde-Husaren-Regiment wurde an der rechten Seite ein breites weißes, bei den Offizieren schwarz-silbernes Garn-Geflecht angebracht, von dem zwei gleich-farbige Quasten herabhingen. Die Tragweise der Fangschnüre wurde später geändert und werden dieselben um den Hals geschlungen. Der Haarbusch war ebenfalls dem zu den Filzmützen getragenen gleich. Für die Offiziere des Garde-Regiments ist ein weißer Reiherbusch vorgeschrieben. Als Dekoration trägt das Garde-Regiment den messingenen Garde-Stern. Bei den Offizieren ist derselbe von Silber, das Mittelfeld von bunter Emaille. Die Schuppenketten sind von gelbem Metall.

Obersten in Generalsstellung führen auf der Pelzmütze einen vergol-deten Generalsadler (wie der Garde-Adler); zur Parade weißen Reiherbusch.

1844

erhielt das Husaren-Regiment Nr. 10 ebenfalls Pelzmützen.

1846

bekamen die Portepee-Unteroffiziere ein schwarz-silbernes Feldzeichen.

1850

wurden die Pelzmützen für sämmtliche Husaren-Regimenter, laut A. K.-Ordre vom 12. September, eingeführt, nachdem sie laut A. K.-Ordre vom 9. Februar probeweise geliefert worden waren. Dieselben erhielten jetzt vorn und hinten einen, gleich der Mütze mit Seehundsfell überzogenen, herunter zu klappenden Schirm. Das 1. und 2. Leib-Husaren-Regiment führt den neusilbernen Todtenkopf als Dekoration.

1860

erhielten sämmtliche Husaren-Regimenter vorn an der Mütze ein fliegendes Band aus Neusilber oder Messing, je nach der Farbe der Knöpfe, mit der Inschrift: Mit Gott für König und Vaterland. Beim Garde-Regiment ist dieses Band um den Stern gelegt und trägt außer der Inschrift noch die Jahreszahl 1860.

1861.

Laut A. K.-Ordre vom 8. Januar erhielt das 7. Husaren-Regiment bei seiner Ernennung zum Königs-Husaren-Regimente über dem Messing-bande*) auf der Pelzmütze den gekrönten königlichen Namenszug**).

---

*) Dasselbe ist anders gestaltet und von kleinerer Form als bei den übrigen Regimentern.
**) Se. Majestät, als Chef des Regiments, führen diesen Namenszug an der Pelzmütze nicht, ebensowenig auf den Schulterstücken.

Laut A. K.=Ordre vom 5. und 30. März erhielten die Offiziere der Regimenter Nr. 1., 2 und 7, gleich denen des Garde=Regiments weiße Reiherbüsche. (Auch die Chefs aller anderen Husaren=Regimenter tragen solche).

1865

wurde die Höhe der Mütze auf 5 Zoll verringert. Die Pelzschirme fielen weg. Das National wurde verkleinert und der den Haarbusch zusammen= haltende Ring abgeschafft. In Folge dessen werden die Haarbüsche frei nach rechts herabfallend getragen. Die Fangschnüre werden, wenn sie nicht um den Hals getragen werden, zusammengeschlungen und oben am Deckel befestigt. Das Garde=Regiment verlor das breite Garngeflecht und behielt nur die beiden Quasten.

Die Farben des Kolpaks sind aus der Tabelle ersichtlich.

1871

fallen laut A. K.=Ordre vom 23. November die grau=tuchenen Ohrenklappen weg, die im Winter bei strenger Kälte unter den Schuppenketten getragen wurden.

D. Feldmützen.

1808.

Dieselben waren Anfangs grau und mit einem Besatzstreifen versehen, der sich in der Farbe nach dem Dolman=Kragen richtete. Sie waren 6 Zoll hoch mit glattem Boden. Bei ungünstigem Wetter konnte ein Aufschlag niedergeknöpft werden, der Ohren, Backen, Kinn und Hals bedeckte. Den Offizieren war es untersagt die Mütze öffentlich zu tragen.

1813.

In diesem Jahre erwirbt sich die Mütze eigentlich erst das Bürgerrecht in der Armee. Sie wird von besserem Tuche gefertigt und mit einem Augen=

schirm, gleich dem der Czakots versehen. Zwischen Tuchdeckel und Wattirung lag zum Schutze gegen Nässe ein Wachsleinewand-Deckel.

1814

fiel die herunter zu schlagende Klappe weg (21. April).

1822

erhielt das Grundtuch die Farbe des Dolmans. Die Höhe wurde für die Offi=ziere auf 3¹/₂ Zoll; der Durchmesser des Deckels auf 18 Zoll festgesetzt.

1832.

Als in diesem Jahre die Kragen und Aufschläge mit den Dolmans gleichfarbig wurden, behielt dennoch der Mützenrand die frühere Farbe des Dolmankragens bei.

1842.

Durch A. K.=Ordre v. 23. Oktober wurde die auf dem Besatzstreifen über der Stirn zu tragende schwarz-weiße Kokarde eingeführt.

1843.

Das Garde=Husaren=Regiment behielt, als in diesem Jahre für dasselbe die rothen Dolmans eingeführt wurden, doch die dunkelblauen Mützen bei.

1860

wird bestimmt, daß der Durchmesser des Mützendeckels 2 Zoll mehr als der Durchmesser der Zirkelkopfweite; die ganze Höhe der Mütze 3²/₈ Zoll, die

Breite des Besatzstreifens 1³/₈ Zoll betragen sollte. Diese Mützen dürfen nur in steifer Form getragen werden. (Kr.=M.=B. 19. Febr. 63.)

1867

wurde für die reitenden Truppen bestimmt, daß der Deckel der Feldmütze 1¹/₂ Zoll mehr im Durchmesser als die Kopfweite haben und alle Einlagen mit Ausnahme des Werkfutters fortfallen sollten (A. K.=Ordre vom 25. April).

1873

wird für die Unteroffizier=Chargen noch eine Schirmmütze von feinerem Stoff, mit einjähriger Tragezeit, bewilligt; sie gleicht der Offizier=Schirmmütze.

*

Der Besatzstreifen der Mützen ist auf jeder Seite mit weißem oder gelbem Vorstoße versehen, ebenso der Deckelrand, je nach der Farbe der Ver= schnürung des Attilas. Beim Regiment Nr. 16 befindet sich jedoch der Vorstoß nur am Deckel der Mütze und nicht am Besatzstreifen.

Die Farbe der Mützen, wie sie heut getragen werden, ist aus der Tabelle ersichtlich.

E. Federhüte.

Die Adjutanten trugen bis 1849 (A. K.=Ordre vom 8. Mai), statt des Czakots einen Federhut von scharzem Seidenfilz, mit Busch von schwarz und weißen Federn; an der rechten Seite mit schwarz=silbernen Kordons und goldener Stern=Agraffe. Zu demselben wurde Leibrock und Schärpe getragen.

Dieselbe Tracht ohne Schärpe bildete für die übrigen Offiziere den Gesellschafts=Anzug.*)

Halsbinden.

Schwarz, bei den Offizieren von Seide.

---

*) „Das husarische Aeußere war freilich ganz damit geschwunden und man erzählt sich den Scherz, daß im Kasino eines Ungarischen Husaren=Rgts. das Bild eines Preußischen Offiziers in dieser Tracht gehangen habe, mit der Unterschrift: Soll Huszar sein." (Ardenne, Bergische Lanziers, Westfälische Husaren Nr. 11).

Dolman.

1808.

Von 1808 bis 1853 trug der Husar als Hauptbekleidungsstück den Dolman, eine kurze Jacke ohne Schöße, auf der Brust mit 18 Reihen dicht gesetzter gelber oder weißer Schnüre benäht, deren Außenenden mit einander verschlungen waren. Bei den Mannschaften hatte der Dolman 3 Knopfreihen, bei den Unteroffizieren deren 5, ebenso viele bei den Offizieren, deren Beschnürung von weißem oder gelbem Kameelgarn war. Den Kragen und die spitzen knopflosen Aufschläge umgab ein Schnurbesatz; statt der Achselklappen ebenfalls Schnüre. Die Rückennähte waren nach ungarischem Muster mit Schnüren benäht, die nach den Schößen zu Verschlingungen bildeten. Kragen und Aufschläge von abstechender Farbe, wie die Tabelle ausweist. Erstere waren anfangs sehr hoch und eckig ausgeschnitten.

Die Unteroffiziere hatten als Abzeichen um Kragen und Aufschläge goldene resp. silberne Tressen, wobei zu bemerken, daß dieser Tressenbesatz an dem Kragen vorn und unten herumlief, nicht wie heut, wo er am oberen Rande angebracht ist.

Die Trompeter trugen die Abzeichen der Unteroffiziere; außerdem noch Schwalbennester von Gold= oder Silbertresse.

Die Offiziere führten Achselklappen; dieselben waren roth vorgestoßen und hatten die Farbe des Dolmans (mit Ausnahme der aus der Theilung des Leib=Husaren=Regiments entstandenen beiden Regimenter, von denen das erste weiße, das zweite rothe Achselklappen hatte*).

Die einzelnen Chargen=Abzeichen, die auf den Achselklappen der Offiziere angebracht waren, sind folgende:

Subaltern=Offiziere,
eine silberne, an beiden Seiten von zwei schwarz=seidenen Streifen durchzogene Tresse, von $\frac{1}{2}$ Zoll Breite, längs der Mitte der Achselklappe, gesetzt.

Rittmeister,
zwei solche Tressen, an den beiden äußern Rändern der Achselklappe.

Stabsoffiziere,
ebensolche Tressen=Einfassung um alle vier Seiten der Achselklappe.

---

*) Dieses gilt auch für die Mannschaften der beiden Regimenter.

Später wurden an Stelle der Achselklappen bei den Offizieren silberne Achselschnüre eingeführt.

Tragezeit des Dolmans: 3 Jahre.

1809

erhielt das pommersche Husaren=Regiment die Uniform des in diesem Jahre aufgelösten Schill'schen Regiments; doch wurden statt der rothen Kragen dunkelblaue aufgenäht.

1811*).

Die Normal=Husaren=Eskadron erhielt um Kragen und Aufschläge eine gelb=wollene Borte.

1813.

Im Feldzuge trugen das 2. Leib=Husaren=Regiment und das pommersche, englische Uniformen. (Siehe die Tabelle.)

1814.

Die Dolman=Kragen wurden niedriger (2—2¼ Zoll) und wurden vorn mittelst 3 paar Haken und Oesen geschlossen.

1815.

Die beiden Leib=Husaren=Regimenter verloren die Achselklappen und erhielten statt derselben Achselschnüre gleich den übrigen Regimentern. Das 2. Leib=Husaren=Regiment vertauschte die rothen Kragen gegen schwarze; das

---

*) Eine A. K.=Ordre vom 21. Februar 1811 befahl, daß bei sämmtlichen Truppen die Montirungen durch Soldaten angefertigt werden sollten.

Garde=Husaren=Regiment bekam die Uniform der Normal=Husaren. Eine Uebersicht über die Uniforms=Abzeichen der in diesem Jahre neu errichteten Regimenter bringt die Tabelle.

1832.

In diesem Jahre wurden Kragen und Aufschläge mit den Dolmans gleichfarbig. (A. K.=Ordre v. 17. März.)

Die Borte bei den Garde=Husaren (siehe unter 1811) erhielt in der Mitte einen rothen Spiegel. Diese Borte wird von nun an auch von den Unter=offizieren unterhalb der goldenen Tresse und zwar so getragen, daß zwischen beiden ein kleiner Zwischenraum das blaue Tuch sichtbar werden läßt. (A. K.=Ordre vom 11. April.)

1836

erhielt der Dolman einen andern Schnitt — er wurde etwas länger als vorher — ebenso die Schoitaschirung eine etwas andere Form. Statt der kameelgarnenen Schnüre werden bei den Offizieren silberne resp. goldene eingeführt.

1843.

Auf den Schulterknöpfen wird die Eskadrons=Nummer angebracht. Das Garde= und das 3. Husaren=Regiment erhielt ponceaurothe Dolmans mit der bisherigen Verschnürung. Das 5. blutrothe, mit weißen Schnüren. Das 3. Husaren=Regiment also dem ehemals Zietenschen Regiment, das 5. dem Blücherschen entsprechend. Letzteres erhielt an den Außenenden der Schnüre kleine weiße Franzen.

1853

(A. K.=Ordre vom 24. November und 22. December) wurde von sämmtlichen Regimentern der Dolman vertauscht gegen die

Huzarka oder Attila.

Dieselbe unterscheidet sich im Wesentlichen vom Dolman durch die Schöße und die geringere Anzahl von Schnüren. Die Beschnürung besteht vorn auf der Brust aus 5 Reihen von weißer oder gelber doppelter Wollen-Schnur. An den äußeren Enden dieser Schnüre befinden sich Rosetten, bei dem Garde-Regiment von Metall, bei den übrigen Regimentern von Metall oder Wolle*). Geschlossen wird der Attila mittelst glatter (bei den Offizieren gereifelter) metallener, an den Schnurreihen befindlicher Knebelknöpfe, außerdem noch durch Haken und Oesen. Der Schnurvorstoß läuft um den vorn abgerundeten Kragen, vorn herunter und rings um die Schöße. Die Auf-schläge sind durch Schnurbesatz markirt, der sich vorn zu einem ungarischen Knoten verschlingt. Die Rückennähte und Schoßtaschen sind ebenfalls mit Schnurbesatz geschmückt; statt der Achselklappen Schnüre. An der Schoßtaille befinden sich 2 Knebelknöpfe.

Außerdem haben die Offiziere des Garde-Husaren-Regiments auf dem Vorderschoße je eine mit Schnur vorgestoßene Tasche; sowie in den Ecken der Vorder- und Hinterschöße eine Schnurverschlingung.

Die Garde-Husaren haben einen gelben Besatz um Kragen und Auf-schläge. Die Unteroffiziere und Trompeter tragen um Kragen und Aufschläge die silberne oder goldene Legaturtresse. Beim Garde-Regiment ist die Chargen-tresse zwischen der Garde-Borte und dem Rande des Kragens resp. der Aufschlagsschnur angebracht. Beim 2. Leib-Husaren-Regiment tragen die 5 Wachtmeister und der Stabs-Trompeter die Legaturtresse auch um die ganze Brust, um die obere und untere Attila-Schnur und die Rosetten entlang. Die Schwalbennester der Trompeter blieben dieselben wie früher auf den Dolmans.

Die Offiziere haben sämmtliches Schnurwerk in Gold oder Silber und zwar von Kettenschnur; beim Regiment Nr. 5 sind die Brust-Schnüre der Offiziere an den äußeren Enden mit losen silbernen Franzen besetzt (seit Februar 1861; zur Erinnerung an die Uniform des ehemaligen Blücherschen Regiments). Um die Aufschläge und Kragen silberne resp. goldene Tressen, die je nach der Charge verschiedene Breite haben. Die Rosettenknöpfe sind von Metall. Auf den Schultern bei allen Regimentern silberne, schwarzdurchwirkte Achselstücke ohne Unterfutter, mit den in der Armee üblichen goldenen Rang-

---

*) Von Metall bei den Regimentern: 3, 6, 8, 10, 12, 15 und 16. — .

abzeichen. Bei den Stabsoffizieren sind die Achselstücke geflochten. Die Offiziere des Husaren=Regiments Nr. 7 haben auf dem Schulterstücke den Königlichen Namenszug mit Krone. (A. K.=Ordre d. d. Ems, den 29. Juni 1874.)

Pelze.

Von 1808 bis 1853 wurden bei sämmtlichen Husaren=Regimentern außer dem Dolman noch Pelze getragen.

1808.

Dieselben waren kurz ohne Schöße und in Farbe, Schnurbesatz und Knöpfen den Dolmans gleich. Der Pelzvorstoß, der den Hals umgab, war oben sehr breit und bildete einen ziemlich hohen Kragen. Die Farbe des Pelzvorstoßes war für die Mannschaften weiß, für die Unteroffiziere schwarz und für die Offiziere von grauen Baranken. Die Zahl der Schnüre wie auf dem Dolman; die Husaren 3 Knopfreihen, Unteroffiziere und Offiziere 5. — Die Unteroffiziere trugen die Legaturtresse nur um den Pelzausschlag der Aermel; Trompeter Schwalbennester wie auf dem Dolman. Die Offiziere führten die Seite 131 beschriebenen Achselklappen, später erhielten sie Achselschnüre.

Getragen wurde der Pelz auf der linken Schulter, an einer doppelten Schnur mit Knebel und Schlaufe.

1811.

Die in diesem Jahre errichtete Normal=Eskadron erhielt schwarzen Pelzbesatz; Offiziere graue Baranken und Goldverschnürung. (Siehe Tabelle.)

1815

erhielten die Unteroffiziere den Pelzvorstoß von gleicher Farbe wie die Mannschaften. Die Regimenter Nr. 2, 7, 8, 9, 10 und 12 schwarzen Pelzvorstoß (ebenso die Offiziere der betreffenden Regimenter).

Frei-Hus.   Croat.   Obe

Chef des Hus. R

Kleist
und eines Freicorps.

Frei-Drag.

1832

wurde der Pelzbesatz bei allen Regimentern und zwar bei sämmtlichen Chargen schwarz, mit einziger Ausnahme der Offiziere der Garde-Husaren.

1834

wurde die Trageweise des Pelzes geändert — er wurde fortan auf dem Rücken getragen.

1836

wurden die Pelze zu gleicher Zeit mit den Dolmans verlängert und der Schnurbesatz etwas verändert.

Die Verschnürung der Offiziere wurde nicht mehr von Kameelgarn oder Seide, sondern von Gold- resp. Silberschnur angefertigt.

1843

erhält das 5. Regiment zu gleicher Zeit mit den neu eingeführten krapprothen Dolmans auch Pelze von dieser Farbe, während beim Garde- und 3. Regiment der Pelz nicht verändert wurde, trotzdem der Dolman eine andere Farbe erhielt.

1853

wurden die Pelze abgeschafft. Nur die Offiziere des Garde-Regiments erhalten dunkelblaue Interimspelze mit silbern-schwarzer Beschnürung (in der Form derjenigen der Interimsattilas ähnlich). Goldene Knöpfe, schwarzen Pelzvorstoß.

1865

legten die Offiziere des Garde-Regiments die Interimspelze ab, dagegen erhielten sie wie die Mannschaften dunkelblaue Pelze mit goldenem resp.

silbernem Schnurbesatz, ähnlich wie auf den Attilas. Diese neu eingeführten Pelze unterscheiden sich im Schnitte von den früher zu den Dolmans getragenen hauptsächlich durch die kurzen Schöße. Die Aufschläge zeigen die Garde=Borte, bei den Offizieren nur Schnureinfassung. Der Pelzvorstoß bei den Mannschaften schwarz, bei den Offizieren grau. Das Futter des Pelzes ist von weißem Boy, bei den Offizieren von weißer Seide. Schulterschnüre gleich denen auf dem Attila. Unteroffiziere und Trompeter um die Aermel Legaturtresse; letztere Schwalbennester. Getragen wird der Pelz, wenn er nicht angezogen ist, über der linken Schulter, an der sogenannten Pelzstrippe.

1873.

Das Brandenburgische Husaren=Regiment (Zietensche Husaren) Nr. 3 erhielt laut A. K.=Ordre vom 20. Februar ebenfalls Pelze. Dieselben gleichen denen des Garde=Regiments, nur ist die Verschnürung weiß resp. silbern; der Pelzvorstoß durchgängig grau, das Futter weiß. Die Garde=Borte fehlt natürlich.

1876.

Laut A. K.=Ordre vom 24. August erhielt auch das Husaren=Regiment Nr. 15 Pelze, die sich von denen des Zietenschen Husaren=Regiments nur durch schwarzen Pelzvorstoß und gelbes Futter unterscheiden.

In neuerer Zeit hat auch das 12. Husaren=Regiment Pelze erhalten, dieselben sind kornblumenblau mit weißen Schnüren. Futter und Pelzbesatz ist ebenfalls weiß.

Von den Chefs sämmtlicher Husaren=Regimenter werden ebenfalls Pelze getragen, die sich im Wesentlichen nicht von den beschriebenen unter=scheiden. Der Vorstoß ist von Kamschadalischem Biberfell; das Futter von weißer Seide.

Leibröcke.

Als Gesellschafts=Anzug trugen die Offiziere bis 1843 einen dunkel=blauen Leibrock. Eine A. K.=Ordre vom 11. April 1818 beseitigt die

Ungleichheiten, die früher bei diesem Bekleidungsstücke vorkamen. Vorn herunter war der Rock mit 8 platten Knöpfen in einer Reihe besetzt; die Farbe derselben wie auf den Dolmans. Der Vorstoß, der um den Kragen herum, an der Brust herunter, am Ausschnitte und um die Schoßumschläge lief, auch die Aermel-Aufschläge umgab, richtete sich in der Farbe nach der Verschnürung des Dolmans. Die Schoßumschläge dunkelblau. Hinten an der Taille befanden sich 2 Knöpfe, dicht unter der Taille 2 mit Schnurvorstoß versehene horizontal-gesetzte Taschen mit je 2 Knöpfen. Kragen und Aufschläge, letztere polnischen Schnitts, richteten sich in der Farbe nach denen des Dolmans und behielten diese Farben auch bei, als 1832 die farbigen Kragen des Dolmans fortfielen. Beim Garde-Regiment hatten diese Röcke auf dem Kragen einen geschlungenen goldenen Besatz. Auf den Schultern Achselklappen, später Epaulets, mit goldenen resp. silbernen Halbmonden. Die Farbe der Epaulet-Felder richtete sich nach der Grundfarbe des Dolmans; beim Garde-Regiment waren sie ponceauroth.

Für die Adjutanten war der Leibrock die reglementsmäßige Uniform.

Ueberröcke.

Durch A. K.-Ordre vom 23. Oktober 1808 wurden dunkelgraue Ueberröcke eingeführt. Dieselben hatten 2 Reihen Knöpfe. Die Schöße reichten eine Hand breit unter das Knie, die Kragen waren hoch und vorn offen; in der Farbe gleich denen des Dolmans.

1814

wurden dieselben vorn geschlossen; die Schöße bis zum Knie verkürzt. Der ganze Rock wurde im Schnitte verengert, so daß er auch ohne Montur getragen werden konnte.

1843

wurden dieselben abgeschafft und an ihrer Stelle eingeführt die

Interims-Attilas.

Sie werden von den Offizieren neben den Dienst-Attilas getragen, denen sie im Schnitte ziemlich gleichen. Der Kragen ist umgelegt und hat wie die Aermel-Aufschläge keinen Tressenbesatz. Die Schnüre, dünner als diejenigen des Dienst-Attilas, sind von weiß und schwarzem Kameelgarn (bei Nr. 7 schwarz-silbern). Der Schnurbesatz ist einfach, in den Schoßecken ein ungarischer Knoten; an den Vorderschößen befindet sich je eine Tasche, die nur bei dem Garde-Regiment mit Schnur-Vorstoß versehen ist. Wie denn überhaupt dieses Regiment einen reicheren und zwar schwarz-silbernen Plattschnur-Besatz hat, auch befinden sich bei diesem Regimente an den Hinter-Schößen noch je 3 Rosetten-Knöpfe. In der Farbe richten sich die Interims-Attilas nach den Pelzen und blieben auch so, als diese abgeschafft wurden.

Spenzer.

Von den Offizieren wurden früher außer den Dolmans noch Spenzer d. h. kurze, knappe Jacken mit spitzer Schnebbe, von der Farbe des Dolmans mit schwarz-silbernem Schnurbesatz getragen.

Kamisöler.

Von 1808 bis 1821 trugen die Mannschaften und Unteroffiziere Jacken von grau melirtem Tuche mit einer Reihe kleiner Knöpfe. Die Aermel waren zum Zuschnüren eingerichtet. Unterscheidende Regiments-Abzeichen waren nicht angebracht.

Jacken.

Statt der Kamisöler wurden seit 1821, laut A. K.-Ordre vom 21. Februar und 24. April, von Mannschaften und Unteroffizieren Tuchjacken getragen, die in der Farbe mit den Dolmans übereinstimmten. Die Kragen waren von der Farbe der Jacke und hatten nur auf jeder Seite eine Tuchpatte von der Farbe des Dolmankragens. Diese Kragenpatten waren mit einem weißen resp. gelben, der Dolman-Verschnürung entsprechenden Vorstoß, versehen. Achselschnüre wie auf den Dolmans. Die Aermel-Aufschläge wurden durch weißen resp. gelben Schnurbesatz markirt und zwar in polnischer Form. Geschlossen wurde die Jacke durch acht, in einer Reihe stehender, weißer oder gelber Knöpfe.

1832.

Wurden die farbigen Kragenpatten beibehalten, obgleich die Dolmankragen mit den Dolmans gleichfarbig wurden.

1842

wurden diese Jacken abgeschafft.

Drillich-Jacken.

Dieselben traten 1842 an Stelle der Tuchjacken, haben keine farbigen Abzeichen und werden durch 6 Zinnknöpfe geschlossen. Die Unteroffiziere tragen statt derselben Drillich-Röcke. 1862 wurde an den Kragen derselben als Abzeichen eine schwarz-weiße Borte (wie die Schützen-Auszeichnung) eingeführt. Die Knöpfe und zwar 6 vorn und 2 in der Rückentaille sind von Knochen.

Mantel.

Durch A. K.-Ordre vom 6. November 1807 wurden für die Mannschaften Mäntel von grauem Tuche eingeführt. Der Kragen war auf der Innenseite grau, auf der Außenseite gleich dem Dolmankragen. Auf der linken Schulter befand sich zum Festhalten des Bandoliers eine Achselklappe von der Farbe des Dolmans. Beim Regiment Nr. 1 jedoch weiß, bei Nr. 2 ponceauroth, später bei beiden Regimentern schwarz. Vorn herunter 6 metallene Knöpfe in einer Reihe.

Die Offiziere trugen ebenfalls Mäntel wie die Mannschaften mit stehendem farbigem Kragen, außerdem aber auch noch mit einem breiten grauen

Ueberfallkragen versehen. Geschlossen wurde der Mantel durch 6 in einer Reihe stehender, gewölbter Knöpfe. Der Kragen wurde durch kleine vergoldete Ketten zusammen gehalten.

1810

laut A. K.=Ordre vom 22. Januar wurde auch auf der rechten Schulter eine Achselklappe eingeführt.

1815

erhielt das Garde=Regiment rothe Achselklappen.

1832.

(A. K.=Ordre vom 29. März) wurde bei den Mannschaften auf der Außenseite der Kragen grau und erhielt eine Patte von der Farbe wie das Regiment solche bisher auf dem Mantelkragen führte. Auf jeder dieser Kragenpatten befand sich am hinteren Ende ein flacher Knopf. Die Unter=offiziere erhielten Kragen von der Grundfarbe des Dolmans mit Patten von gleicher Farbe wie die der Mannschaften. Diese Patten waren für die Unter=offiziere der Regimenter Nr. 2, 5, 9 und 12 noch mit einem weißen resp. gelben Vorstoße versehen. Pattenknopf wie die Mannschaften.

1843

behielten die Unteroffiziere des Garde= und 3. Regiments, als diese Regimenter die blauen Dolmans gegen die rothen vertauschten, die blauen Kragenpatten bei; das Regiment Nr. 3 auch die blauen Mantelachselklappen.

1845

wurden beim 10. Regiment die hellblauen Patten in pompadourrothe umgewandelt.

1854

erhielt das 7. Regiment blaue Achselklappen statt der schwarzen. In demselben Jahre wurde auch bei den Unteroffizieren für die Kragen die graue Grundfarbe eingeführt. Die farbige Patteneinfassung bei den Regimentern 2, 5, 9 u. 12 fällt weg, ebenso durchgängig bei den Mannschaften der Pattenknopf und verbleibt derselbe nur für die Unteroffiziere als Abzeichen.

1855

(Kr.=Min.=Bestimmung vom 23. August) der Reitschlitz soll eine Länge von 20 bis 28 Zoll haben und zum Knöpfen eingerichtet sein. (1855 und 1868 sind hierbei 4 Hornknöpfe vorgeschrieben.)

1871.

Bei Einführung der Kapott=Kragen wurden die farbigen Patten an der inneren Seite des Mantelkragens angebracht. Das Unteroffizier=Abzeichen bildet eine schmale weiß und schwarze Borte an der Patte.

Paletots der Offiziere.

1847

wurde statt des unter 1808 beschriebenen Mantels der Paletot eingeführt. Derselbe ist von dunkel=grau=blau melirtem Tuche und reicht bis unter die Kniescheibe. Hohe, herunter zu klappende Kragen; auf der äußeren Seite von der Farbe der Kragenpatten an den Mänteln der Husaren; auf der Innenseite von der Farbe der Mantelachselklappen derselben. Beim Garde= Regiment ist die Innenseite des Kragens dunkelblau, ebenso der Vorstoß. Alle übrigen Regimenter mit Ausnahme noch des 4. (Vorstoß braun) und des 16. (Vorstoß kornblumenblau) haben einen Vorstoß um den Kragen, in der Farbe der Verschnürung entsprechend. Nr. 1 und Nr. 2 haben schwarzen Sammet als Kragen=Abzeichen.

Die Aermel sind umgeschlagen, ohne Vorstoß; keine Achselstücke; 2 Reihen von je 6 gelben oder weißen Knöpfen. Die Schoßtaschenleisten je mit 3 Knöpfen besetzt, sind ohne Vorstoß. Die beiden oberen dieser Knöpfe sind durch einen Latz verbunden, der ebenfalls mit einem Knopfe versehen ist. Außer Dienst dürfen Paletots getragen werden, deren Kragen und Klappen mit Pelz besetzt sind.

Hosen.

1808.

Dunkelgrau melirte Tuchhosen, vom Gesäß die ganze innere Beinlänge herab und unten um den Fuß herum mit schwarzem Leder besetzt. An den Seiten, wo sich sonst die Naht befindet, waren sie offen und wurden mit je 12 metallenen Knöpfen geschlossen. Lederne Sprungriemen mit Schnallen; Futter von grauer Leinewand.

Die Offiziere trugen laut A. K.-Ordre vom 23. Oktober 1808 ebenfalls schwarz-grau melirte Hosen, zum Ueberknöpfen eingerichtet, an der Außenseite mit 12 messingenen resp. neusilbernen Knöpfen besetzt; dieselben standen 1 Zoll auseinander. Längs der Außennaht lief auf beiden Seiten ein rother Vorstoß.

Für die Mannschaft ebenfalls diese rothe Biese zu beschaffen, war den Regimentern freigegeben.

1814

wurden für die Offiziere graue Hosen mit breiten rothen Streifen eingeführt. Letztere bestanden in 2 je 1 Zoll breiten Tuchstreifen, die rechts und links der Biese entlang angebracht waren.

1815

(A. K.-Ordre vom 21. November) fielen die Knöpfe bis auf die 4 untersten weg und die Hosen wurden demzufolge geschlossen, bis auf einen Schlitz am unteren Fußende. Die Biese wurde durchweg angebracht; die Farbe des Grundtuchs wurde heller.

1817

(A. K.=Ordre vom 14. Juni) wurden die Knöpfe am Fußende durch 4 Haken und Oesen ersetzt.

1832

(A. K.=Ordre vom 29. März) wurden die breiten Streifen der Offizier=Hose abgeschafft, nur die rothe Biese blieb, wurde aber etwas breiter als bisher getragen.

1834.

(A. K.=Ordre v. 26. Oktober) wurden zur Parade Hosen ohne Leder= besatz getragen.

1843

außer Dienst können die Offiziere lange weiße leinene Beinkleider zum Sommeranzuge tragen. Dieselben haben keine Biesen.

Zur Hofgala erhalten sie farbige enganliegende, in den Stiefeln zu tragende Hosen. Dieselben sind mit reicher Gold= resp. Silberstickerei nach ungarischem Muster versehen. Die Farben dieser Hosen waren für die Regimenter folgende:

das Garde=Husaren=Regiment: kornblumenblau;

„	1.	„	„	schwarz;
„	2.	„	„	schwarz;
„	3.	„	„	dunkelblau;
„	4.	„	„	kornblumenblau;
„	5.	„	„	schwarz;

das   6. Husaren=Regiment: ponceauroth;

„   7.   „   „   ponceauroth;

„   8.   „   „   dunkelblau;

„   9.   „   „   kornblumenblau;

„   10.   „   „   pompadourroth;

„   11.   „   „   hellblau;

„   12.   „   „   hellblau.

1852

wurde durch A. K.=Ordre vom 6. Juli statt der früher allgemein getragenen Klappe ein Schlitz eingeführt.

1862

erhielten die Offiziere des 11. Regiments zur Hofgala ponceaurothe statt der hellblauen Hosen.

1864

wurde dem Garde=Regiment während des Feldzuges gestattet, die Hosen in den Stiefeln zu tragen.

1865

erhielt die 1. und 2. Eskadron des Garde=Husaren=Regiments blaue, eng anliegende Tuchhosen ohne Lederbesatz; die 3. und 4. Eskadron solche mit Lederbesatz.

1866

erhielten die Offiziere der neu errichteten Regimenter zur Hofgala Beinkleider von folgender Farbe:

das 13. Husaren-Regiment: hellblau;

„ 14. „ „ dunkelblau;

„ 15. „ „ dunkelblau;

„ 16. „ „ hellblau.

1867.

Die A. K.=Ordre vom 21. Juli führte für die Husaren=Regimenter durchgängig dunkelblaumelirte, enge Beinkleider ein. Ein Besatz von weißer resp. gelber Borte (bei den Offizieren Silber oder Gold) läuft an den Seiten=nähten entlang, über das Gesäß hinweg und bildet oberhalb eine Schlinge. Die Hosen für die Mannschaften sind am Fuße zum Zubinden eingerichtet und werden sämmtlich in den Stiefeln getragen. Anfangs ohne Lederbesatz.

1868

(A. K.=Ordre vom 5. März) fielen die bunten, von den Offizieren zur Hofgala getragenen Beinkleider fort, nur die Offiziere des Garde=Regiments und die Chefs der Regimenter behalten dieselben bei. Von den Offizieren der Linien=Husaren werden statt der Galahosen Diensthosen getragen.

1870

wird für die Mannschaften Lederbesatz eingeführt.

Stallhosen

von grauem Drillich.

Schärpen.

1808.

Von sämmtlichen Chargen wird über dem Attila (früher Dolman), um die Hüften gehend, eine Schärpe getragen. Dieselbe wird hinten mittelst eines Knebels geschlossen. Von dieser Stelle ab hängen zwei Schnüre herab, die in hölzernen, übersponnenen Eicheln endigen und vorn durch die Schärpe gezogen, befestigt werden. Auf der Vorderseite befinden sich in drei Abtheilungen, die sogenannten Knöpfe, auch Vorstöße oder Knoten genannt, welche dazu dienen die einzelnen Schnurbündel zusammen zu halten. Diese Schnurbündel einerseits und die Knöpfe, sowie die Knebel und die herabhängenden Schnüre (Peitschen) mit den Eicheln andererseits, waren von verschiedener Farbe.

Uebersicht mit den 1815 neu errichteten Regimentern:

			Grund:	Knöpfe, Peitsche etc.:
das Garde-Husaren-Regiment:			gelb	roth;
„	1.	„ „	roth	weiß;
„	2.	„ „	schwarz	weiß;
„	3.	„ „	roth	weiß;
„	4.	„ „	gelb	weiß;
„	5.	„ „	blau	weiß;
„	6.	„ „	roth	gelb;
„	7.	„ „	roth	gelb;
„	8.	„ „	hellblau	weiß;
„	9.	„ „	kornblumenblau	gelb;
„	10.	„ „	hellblau	gelb;
„	11.	„ „	roth	weiß;
„	12.	„ „	kornblumenblau	weiß;

Für die Offiziere ist die Schärpe von Silber mit schwarzer Seide durchwirkt, anstatt der Eicheln zwei große geschlossene Quasten.

1843

erhielt das Regiment Nr. 5 roth und weiße Schärpen.

1846

das Regiment Nr. 10 roth und gelbe Schärpen.

1848.

Die Adjutanten tragen außer der schwarz-silbernen Schärpe der Husaren-Offiziere, die in diesem Jahre eingeführte Adjutanten-Schärpe über der rechten Schulter.

werden für sämmtliche Husaren-Regimenter Schärpen von folgender Farbe eingeführt: Grund und Peitsche weiß, Knöpfe, Schieber und Eicheln weiß-schwarz gemustert; Knebel schwarz.

Säbeltasche.

Die Säbeltasche ist mittelst dreier schwarzer Riemen am Säbelgurte befestigt. An den Riemen ovale Schnallen. Dieselben sind bei den Offizieren vergoldet und mit Löwenköpfen verziert. Die Offiziere des Garde-Rgts. tragen die Riemen von rothem Leder mit Goldtresse besetzt. In der Form und Einrichtung gleicht die Tasche der früher getragenen.

1809.

Tasche von braunem Leder; Deckel mit ponceaurothem Tuche ausgeschlagen. Borte und gekrönter Namenszug $\mathfrak{FR}$ nach der Farbe der Schnüre weiß oder gelb. (Offiziere Silber oder Gold.)

Das Leib-Husaren-Regiment trug Taschen von schwarzem, blankem Leder, ohne jede Verzierung, wie das Stamm-Regiment.

Die Säbeltaschen wurden bis zu den Sporen herabhängend getragen.

1815

erhielt das Pommersche Husaren-Regiment gleiche Taschen wie die Leib-Husaren-Regimenter.

1836.

Die Taschen sollen, der untere Rand 11 Zoll von der Erde ab, getragen werden.

1849—1850

(Kr.=Min.=Verfügung v. 30. April 1849 u. A. K.=Ordre v. 27. Juni 1850) werden für die Mannschaften und Unteroffiziere sämmtlicher Linien=Husaren= Regimenter schwarz=lederne Taschen eingeführt. Auf dem Deckel kleiner, gekrönter Königlicher Namenszug in Metall (Neusilber oder Messing), ohne Borten.

Das Garde=Husaren=Regiment behielt die bisher getragenen Taschen bei. Für die Offiziere wurden Taschen von rothem Leder, deren Deckel je nach den Regimentern mit verschieden farbigem Tuche ausgeschlagen ist, eingeführt. Namenszug und Borten blieben wie bisher.

Uebersicht:

				Grund:	Besatz:
Das Garde=Husaren=Regiment				ponceauroth;	golden;
"	1.	"	"	ponceauroth;	silbern;
"	2.	"	"	schwarz;	silbern;
"	3.	"	"	ponceauroth;	silbern;
"	4.	"	"	braun;	golden;
"	5.	"	"	schwarz;	silbern;
"	6.	"	"	ponceauroth;	golden;
"	7.	"	"	ponceauroth;	golden;
"	8.	"	"	dunkelblau;	silbern;
"	9.	"	"	hellblau;	golden;
"	10.	"	"	hellblau;	golden;
"	11.	"	"	grün;	silbern;
"	12.	"	"	hellblau;	silbern.

1866.

Die Mannschaften der neu errichteten Regimenter erhalten Taschen gleich den Linien=Regimentern.

Die Offiziere tragen Taschen von folgender Farbe:

					Grund:	Besatz:
Das Husaren=Regiment Nr. 13.					ponceauroth;	silbern;
"	"	"	"	14.	ponceauroth;	silbern;
"	"	"	"	15.	gelb;	silbern;
"	"	"	"	16.	gelb;	silbern.

Malachowsky
mit Gefangene

ing Husaren
n ankommend.

1869.

Der untere Rand der Tasche soll dicht über der Kniekehle abschneiden. (Bekanntmachung d. Kr.-Min.-B. v. 1. April.)

Handschuhe.

Offiziere und Unteroffiziere weiß-lederne; Mannschaften für den Winter grau melirte Fausthandschuhe.

Bewaffnung.

Säbel.

1808.

Gekrümmter Säbel mit einfachem Bügel; letzterer für die Mannschaften und Unteroffizier-Chargen von Eisen, für die Offiziere vergoldet mit Löwenkopf. Letztere anfangs gelbe Scheiden. Mannschaften schwarzlederner Faustriemen, bei den Unteroffizier-Chargen mit weiß und schwarz melirtem Quast. Offiziere Portepee. Schwarzledernes Säbelgehenk.

1822

(18. Juni) erhielten die Wachtmeister den Offiziersäbel.

1857

wurden Säbel mit gebogener Klinge, stählerner Scheide und gußstählernem Handkorbe für Offiziere und Mannschaften eingeführt. Das ältere Modell (mit einfachem Bügel und Löwenkopf) wird von den Offizieren noch im kleinen Dienst und außer Dienst angelegt.

Der Säbel wird am Koppel mittelst Schnallen befestigt, die bei den Offizieren mit goldenen Löwenköpfen geschmückt sind. Angelegt wird das Koppel unter dem Attila.

Karabiner.

1808.

Anfänglich wurden in der Eskadron 16—20 Karabiner mit Steinschloß geführt.

1811

wurden pro Eskadron 48 Büchsen eingeführt, mittelst Karabiner-Hakens am Kartusch-Bandolier zu tragen. Dieselben fielen

1851

fort. Das Perkussionsschloß wurde von der Zündnadel verdrängt (Modell 53 u. 56).

1873

erfolgte die Umbewaffnung der Mannschaft mit dem aptirten Chassepot-Karabiner. Dieser wurde jedoch schon

1875

durch den Karabiner, Modell 71 ersetzt.

Pistolen.

Die Offiziere, Unteroffiziere und Trompeter waren mit Pistolen bewaffnet; dieselben wurden im Pistolenholfter am Sattel getragen.

Laut A. K.-Ordre vom 25. April 1867 sollten die Pistolen in einer braun ledernen Tasche, rechts an der Schärpe befestigt, getragen werden; die A. K.-Ordre vom 31. Mai 1873 hebt diese A.-K.-Ordre wieder auf.

Im November 1881 wurde die Pistole mit dem Revolver M. 79 vertauscht.

Kartusche

1808.

Schwarzlederne Kartusche ohne Beschlag. Für die Offiziere von kleinerer Form mit gekröntem Königlichen Namenszuge von Metall.

1810

erhielten die beiden Leib=Husaren=Regimenter als Beschlag einen silbernen Gardestern*).

1811

erhielten die Normal=Husaren einen ebensolchen Stern von Messing; derselbe ging später auf das Garde=Husaren=Regiment über.

1867

wird die Tasche von kleinerer Form gefertigt. Die Beschläge nur bei den schon aufgeführten Regimentern.

Bandolier.

Früher mit dem Karabiner=Bandolier verbunden, war ursprünglich von schwarzem Leder. Messingene Beschläge hatte nur das Karabiner=, nicht aber das Kartusch=Bandolier.

1836

wurden die Bandoliere weiß, nachdem im Vorjahre die 1. Eskadron des Garde=Husaren=Regiments solche probeweise im Lager von Kalisch getragen hatte. Die Offiziere behielten die schwarzen Bandoliere bis 1847 bei. In diesem Jahre erhielten sie silberne mit Tuchfutter von der Farbe des Dienst=Attilas. Beschläge silbern.

*) Laut A. K.=Ordre vom 16. März 1816 wurde diesen beiden Regimentern gestattet, den Stern des Schwarzen Adler=Ordens in ihrem Dienstsiegel zu führen.

Der Ladestock wurde früher von den Mannschaften in zwei Schlaufen oberhalb des Kartuschdeckels getragen und war am Bandolier durch einen Riemen befestigt.

1875

fielen die Karabiner-Bandoliere weg und wurden nun die Beschläge auf dem Kartusch-Bandolier angebracht. Unteroffiziere und Trompeter haben niemals Karabiner-Bandoliere getragen.

Reitzeug.

Sattelung und Packung.

1808.

Ungarischer Bocksattel. Sattelüberdecke von schwarzem Schaffell. Die Ecken waren abgerundet und die ganze Schabrake mit ponceaurothem Tuche eingefaßt. Grauer Mantelsack mit runden Böden. Dieselben waren mit schwarzem Leder vorgestoßen, kreuzweise besetzt und hatten bei den Offizieren am Rande eine ponceaurothe Biese. Der Mantelsack wurde hinten am Sattel mittelst dreier schwarzlederner Riemen befestigt.

Zur übrigen Ausrüstung gehörten namentlich: 1 Paar Pistolen-Holfter, ein leinener Futtersack, das Kochgeschirr in leinenem Ueberzug (links getragen, hing in kreuzweise liegenden Lederriemen), Fouragirleine etc. etc.

1815

wurden Schabraken in der Form wie solche bis 1806 gebräuchlich waren, eingeführt. Dieselben waren mit Zackenbesatz von der Farbe des Dolman-kragens eingefaßt und mit Schnur von gelber oder weißer Farbe, je nach der Beschnürung des Regiments, vorgestoßen. Die Grundfarbe der Schabrake entsprach der des Dolmans.

Die Offizier-Schabraken hatten einen breiten Besatzstreifen (weiß oder gelb) und in den 4 Ecken eine reiche Schnurverschlingung, bei den Offizieren der Garde-Husaren außerdem noch einen silbernen Gardestern in den Ecken.

1836

wurden an den Spitzen der Schabraken Haken und Oesen angebracht, um sie bei schmutzigem Wetter hochhaken zu können.

In demselben Jahre erhielten die Offiziere goldenen oder silbernen Vorstoß um die Zacken anstatt des kameelgarnenen.

1853

fiel der breite Besatzstreifen bei den Offizier-Schabraken fort und verblieb nur den Regiments-Chefs und den Offizieren des Garde-Husaren-Regiments.

1854.

Laut A. K.-Ordre vom 6. April erhielten die Husaren-Regimenter neues Gepäck: Packtaschen, Sattelkissen, Mantel hinten (Mantelsack, Pistolenholfter fallen fort); zugleich wurde bestimmt, daß alle Reitzeugstücke von brauner Farbe angefertigt werden sollten. Kochgeschirr in ledernem Futteral.

*

Den Offizieren ist es gestattet, unter dem Sattel eine viereckige Interims-Schabrake zu tragen. Dieselbe gleicht in der Farbe der Dienst-Schabrake und ist mit schwarz-weißer Schnur eingefaßt, welche in den hinteren Ecken eine Verschlingung bildet.

Das Zaumzeug

ist von braunem Leder. Das Parade-Zeug ist für die Offiziers-Pferde je nach den Regimentern von sehr verschiedener Form:

Garde-Husaren-Regiment: gelbe Beschläge, Kehlriem mit großen Ringen, gelbem Halbmond, schwarzer Roßschweif.

Regiment Nr. 1: früher weiße Beschläge, Kreuzriem mit weißen Schuppen, Netz, weißem Roßschweif und Halbmond an ledergeflochtenem Kehlriem. Laut A. K.-Ordre vom 9. Juni 1877: Muschelzaumzeug und muschelbesetzter, in eine Rosette endigender Kehlriem; Vorderzeug mit Muschelbesatz.

Regiment Nr. 2, 3 und 8: Muschelzaumzeug und muschelbesetzter, in eine Rosette endigender Kehlriem; Vorderzeug mit Muschelbesatz.

Regiment Nr. 4: gelber Beschlag, Sterne, Lederkehlriem mit Halb=mond und Stern.

Regiment Nr. 5: weißer Beschlag, Kehlriem mit Kette, Halbmond und weißem Roßschweif; auf dem Nasen= und dem Stirnriem langgestreckte Sonnen.

Regiment Nr. 6: gelbe Beschläge, Rosetten, Kreuzketten, Kehlriem mit Halbmond (seit Sommer 1858).

Regiment Nr. 7: gelbe Beschläge, Kreuzketten, Halbmond.

Regiment Nr. 9: gelber Beschlag, Netz, geflochtener Kehlriem mit Halbmond und blauem Roßschweif.*)

Regiment Nr. 10: gelber Beschlag, Sonnen, Lederkehlriem mit Halbmond.

Regiment Nr. 11: weißer Beschlag, Lederkehlriem mit großer Kugel und schwarzem Roßschweif.

Regiment Nr. 12: weißer Beschlag, Lederkehlriem mit Halbmond.

Regiment Nr. 13: weißer Beschlag, Kehlriem von ächter silberner Tresse mit Halbmond und blauem Roßschweif.

Regiment Nr. 14: weißer Beschlag, Rosetten, Kehlriem mit Halb=mond und schwarzem Roßschweif.

Regiment Nr. 15: weißer Beschlag, Netz, geflochtener Kehlriem mit Halbmond und weißem Roßschweif.

Regiment Nr. 16: weißer Beschlag, Rosetten, Kehlriem mit Kugel und schwarzem Roßschweif.

Chargen=Abzeichen etc.

Kapitulanten.

(A. K.=Ordre v. 30. Mai 1816.) Auf beiden Achseln, am unteren Ende der Achselschnur (auf dem Mantel — der Achselklappe) eine schwarz=weiße Schnur, welche 4 Schlingen bildet. Faustriemen von schwarzem Leder. Quast, Kranz und Eichel von schwarz=weißer Wolle; über der Eichel ein Knopf je nach der Eskadronsfarbe verschieden (1. Esk. weiß, 2. roth, 3. gelb, 4. hellblau, 5. grün).

---

*) Unterm 12. Februar 1816 ordnete der Kommandeur, dem die Bestimmung des Parade=Zaum=zeugs für die Offiziers=Pferde überlassen worden war, an, daß ungarisches Zaumzeug mit goldenen Knöpfen für dieselben einzuführen sei. Von daher datirt der noch heute im Regiment erhaltene blaue Roßschweif mit breiter Panzerkette auf dem Genick des Pferdes. (Geschichte des 9. Husaren=Regiments.)

Einjährig-Freiwillige.

(Seit November 1842.) Achselschnur und Mantel-Achselklappen mit wollener schwarz-weiß gedrehter Schnur eingefaßt. Dieselbe befindet sich auch auf den Drillich-Jacken.

Gefreite.

Knopf mit heraldischem Adler auf beiden Seiten des Kragens.

Unteroffiziere.

Façonnirte Tressen um Kragen und Aufschläge; je nach der Beschnürung des Regiments in Silber oder Gold. Weißer Haarbusch, schwarz melirt. Schieber und Knebel der Fangschnur weiß und schwarz durchwirkt. Faust-riemen wie unter Kapitulanten beschrieben; der Knopf jedoch schwarz-weiß. Schirmmützen. Auf dem Mantel an der Kragen-Patte schwarz-weiße Borte.

Sergeanten: Knopf mit heraldischem Adler an beiden Seiten des Kragens.

Wachtmeister: Kokarde und Feldzeichen wie bei den Offizieren. Bei den Garde-Husaren Fangschnüre und Quasten silbern mit schwarzer Seide. Beim 2. Leib-Husaren-Regiment auf der Brust rabattenförmiger, silberner Tressenbesatz. Auf den Patten des Mantelkragens eine schwarz-silberne Schnur; letztere wird auch von den Fähnrichen getragen. Dieselben unterscheiden sich von den Wachtmeistern durch das Fehlen des Adler-Knopfes am Kragen. Es ist ihnen gestattet einen Interims-Attila zu tragen, der demjenigen der Offiziere gleicht, nur sind die Schnüre nicht schwarz-weiß, sondern weiß resp. gelb, je nach der Beschnürung des Regiments. Schulterschnüre wie die Husaren.

Die Bewaffnung der Unteroffizier-Chargen besteht in Säbel und Revolver. Statt letzteren früher eine Pistole.

Trompeter.

Die Uniform derselben gleicht denen der Unteroffiziere; die der Stabs-trompeter denen der Wachtmeister; außerdem noch folgende Abzeichen:

Schwalbennester von silbernen resp. goldenen Tressen; bei den Stabstrompetern mit langen Candillen-Franzen versehen. Haarbüsche weiß und roth. Den Hülfsmusikern fehlen die Tressen an Kragen und Aufschlägen. Faustriemen und Fangschnüre wie die Gemeinen.

Das Trompeten-Banderolle ist schwarz-weiß. Die Stabstrompeter dürfen schwarz-silberne führen.

Beim Garde-Husaren-Regiment hat der Stabstrompeter schwarz-silberne Fangschnüre und Quasten; beim 2. Leib-Husaren-Regiment Tressenbesatz auf dem Attila, wie die Wachtmeister des betreffenden Regiments.

Offiziere.

Ueber die Abzeichen derselben ist bei den einzelnen Uniformsstücken überall das Nähere angegeben worden.

Reserve-Offiziere: (Kr.-Min.-Verfügung vom 17. Februar 1869.) Beim Garde-Husaren-Regiment Landwehr-Kreuz auf dem Gardestern der Pelzmütze; Leib-Husaren-Regiment Nr. 2 Landwehr-Kreuz in der Mitte an der rechten Seite der Pelzmütze; Regiment Nr. 7 der Königliche Namenszug auf dem Landwehrkreuze. Bei den übrigen Regimentern das Landwehrkreuz vorn an der Pelzmütze. Auf dem fliegenden Bande fällt die schon auf dem Landwehrkreuze enthaltene Inschrift: „Mit Gott für König und Vaterland" fort. Das Kreuz selbst ist bei neusilbernen Dekorationen von gelbem, sonst von weißem Metall. Nach einer A. K.-Ordre vom 6. April 1869 wird bei dem 1. und 2. Leib-Husaren-Regiment das Kreuz in der Mitte des Nationals getragen.

Die Reserve-Offiziere des Königs-Husaren-Regiments führen den Königlichen Namenszug nicht auf den Achselstücken.

Anderweitige Abzeichen und Auszeichnungen.
Für 1806—1807.

Diejenigen Mannschaften, welche sich beim Tilsiter Frieden bei der Armee befanden und tadellos gedient hatten, erhielten als Auszeichnung eine Troddel (sogenannte Ehrentroddel), die der von den Unteroffizieren getragenen völlig glich.

Die mobilen Truppen 1812

erhielten an den Czakot-Ueberzügen ein schwarz-weißes Feldzeichen von gebranntem und lackirtem Leder. Die Offiziere legten dasselbe nicht an.

Feldzug von 1813—14:

Die Alliirten trugen am linken Oberarm eine weiße Binde; am Czakot grünes Laub.

Heerschau bei Kalisch 1835:

Die dazu kommandirt gewesenen Mannschaften tragen zur Erinnerung daran auf den Achselstücken eine schwarz-weiß-orange Schnur.

Ende März 1848 bis 15. März 1851:

wurde außer der Preußischen Kokarde an der Schuppenkette eine schwarz-roth-goldene getragen. An den Mützen war dieselbe über der Preußischen angebracht.

Feldzug 1864:

Weiße Binde am linken Oberarm auf Attila und Mantel.

Feldzug 1866:

wurde bei der Main-Armee (Husaren-Regimenter Nr. 8 und 9) eine ebensolche Binde geführt.

Stabswache in den Feldzügen 1866 und 1870—71.

Die zur Stabswache Sr. Majestät kommandirt gewesenen Mannschaften tragen die Achselschnüre von schwarz-weißer Wolle.

Reit=Institut.

Unteroffiziere und Mannschaften, welche die Reitschule ein Jahr besucht haben, tragen weiße oder gelbe Achselschnüre mit der Farbe des Attilas durchwirkt. Für zweijährige Abkommandirung zu dem Institute, dergleichen Abzeichen aus vierfacher Schnur. Ebenso auf den Achselklappen der Mäntel.

Mannschaften, die bei der Stabswache Sr. Majestät waren und die Auszeichnung für den Besuch der Reitschule führen, tragen die Achselschnüre schwarz=weiß eingefaßt (auf den Achselklappen der Mäntel dieselben Schnüre).

Owstien (№ 10) und Bila Hus. (№ 11.)

Uniformirung vom Jahre 1808.

Namen des Regiments	Dolman und Pelz	Kragen und Aufschläge	Knöpfe und Schnüre	Schärpe Grund	Schärpe Knöpfe	Mantel Kragen	Mantel Achselklappe	Säbeltasche Grund	Säbeltasche Besatz	Besatzstreifen an der Feldmütze	Bemerkungen
Leib-Husaren-Regiment	schwarz	ponceau=roth	weiß	ponceau=roth	weiß	ponceau=roth	schwarz	schwarz=Ledern	ohne	ponceauroth	Auf dem Czako neusilberner Todtenkopf.
1. Brandenburg. Husaren-Regiment	dunkel=blau	ponceau=roth	weiß	ponceau=roth	weiß	ponceau=roth	dunkel=blau	ponceau=roth	weiß	ponceauroth	
2. Brandenburg. Husaren-Regiment v. Schill	dunkel=blau	ponceau=roth	gelb	ponceau=roth	gelb	ponceau=roth	dunkel=blau	ponceau=roth	gelb	ponceauroth	
Pommersches Husaren-Regiment	hellblau	schwarz	gelb	schwarz	gelb	schwarz	hellblau	ponceau=roth	gelb	schwarz	
Oberschlesisches Husaren-Regiment	braun	gelb	gelb	gelb	weiß	gelb	braun	ponceau=roth	gelb	gelb	
Niederschlesisches Husaren-Regiment	grün	ponceau=roth	weiß	ponceau=roth	weiß	ponceau=roth	grün	ponceau=roth	weiß	ponceauroth	

Die Uniformen 1809—1815.

Namen des Regiments	Dolman und Pelz	Kragen und Aufschläge	Knöpfe und Schnüre	Pelz-ausschlag	Schärpe Grund	Schärpe Knöpfe	Säbeltasche Grund	Säbeltasche Besatz	Bemerkungen
Normal-Husaren	dunkelblau	ponceau-roth mit gelben Borten	gelb	schwarz	gelb	ponceau-roth	ponceau-roth	gelb	Auf Tschako und Kartusche messingener Garde-Stern; Offiziere denselben in Silber.
1. Leib-Husaren-Regiment	schwarz	ponceau-roth	weiß	weiß	ponceau-roth	weiß	schwarz-ledern, Offiziere: ponceau-roth	ohne, Offiziere: weiß	weiße Schulterklappen — auf dem Tschako als Beschlag neusilberner Todtenkopf durch A. K.-Ordre vom 12. April, 14. Mai u. 16. Juni 1810, neusilberner Gardestern als Kartusch-Beschlag.
2. Leib-Husaren-Regiment	schwarz	ponceau-roth	weiß	weiß	schwarz	weiß	schwarz-ledern, Offiziere: ponceau-roth	ohne, Offiziere: weiß	ponceaurothe Schulterklappen — Das 2. Leib-Hus.-Rgt. bekam nach einer A. K.-Ordre v. 1. November 1813 englische Dolmans, grau mit rothen Schnüren und legte dieselben erst 1816 ab.
Brandenburg. Husaren-Regiment	dunkelblau	ponceau-roth	weiß	weiß	ponceau-roth	weiß	ponceau-roth	weiß	
1. Schlesisches Husaren-Regiment	braun	gelb	gelb	weiß	gelb	weiß	ponceau-roth	gelb	
Pommersches Husaren-Regiment	dunkelblau	dunkelblau	gelb	weiß	dunkelblau	gelb	ponceau-roth	gelb	Laut A. K.-Ordre v. 1. November 1813 bekam das Regiment englische Dolmans; dunkelblau mit rothen Kragen und Aufschlägen und gelben Schnüren. Das Rgt. trug diese Uniform noch nach dem Frieden 1814, nur wurden die rothen Kragen durch dunkelblaue ersetzt.

Formationen während des Feldzuges 1813–1815.

Namen des Regiments	Dolman und Pelz	Kragen und Aufschläge	Knöpfe und Schnüre	Pelz-aufschlag	Schärpe		Säbeltasche		Bemerkungen
					Grund	Knöpfe	Grund	Besatz	
Schlesisches National-Kavallerie-Regiment	schwarz	zuerst gelb, dann roth	ponceau-roth, Offiziere: schwarz	schwarz, Unteroffiziere: grau	roth	schwarz	schwarz-ledern	ohne	
Elb-National-Kavallerie-Regiment	dunkel-grün	hellblau	gelb	schwarz, Unteroffiziere: braun	hellblau	gelb	ponceau-roth	gelb	Das Regiment trug nicht, wie die übrigen Regimenter, Satteldecken von schwarzem Schaffell, sondern grüne Schabracken mit hellblauem Zacken und und gelbem Schnur besetzt.
Kavallerie des von Hellwigschen Streif-Korps	roth	blau	weiß, Offiziere: gold	schwarz	roth	gelb	schwarz-ledern(?)	ohne	Pelzmütze mit blauem Kolpak und weißem Fangschnüren.
Husaren des von Lützowschen Frei-Korps	schwarz	schwarz	schwarz				schwarz-ledern	ohne	

Uniformirung von 1815.

Namen des Regiments	Dolman und Pelz	Kragen und Aufschläge	Schnüre	Pelz-ausschlag	Schärpe	
					Grund	Knö…
Garde-Husaren-Regiment	dunkelblau	ponceauroth mit gelben Borten	gelb	schwarz	gelb	rot
Husaren-Regiment Nr. 1 (1. Leib-Husaren-Regiment)	schwarz	ponceauroth	weiß	weiß	ponceauroth	wei
Husaren-Regiment Nr. 2 (2. Leib-Husaren-Regiment)	schwarz	schwarz	weiß	schwarz	schwarz	wei
Husaren-Regiment Nr. 3 (Brandenburgisches Husaren-Regiment)	dunkelblau	ponceauroth	weiß	weiß	ponceauroth	wei
Husaren-Regiment Nr. 4 (1. Schlesisches Husaren-Regiment)	braun	gelb	gelb	weiß	gelb	wei
Husaren-Regiment Nr. 5 (Pommersches Husaren-Regiment)	dunkelblau	dunkelblau	gelb	weiß	dunkelblau	gel
Husaren-Regiment Nr. 6 (2. Schlesisches Husaren-Regiment)	grün	ponceauroth	gelb	weiß	ponceauroth	gel
Husaren-Regiment Nr. 7 (Westpreußisches Husaren-Regiment)	schwarz	ponceauroth	gelb	schwarz	ponceauroth	gel
Husaren-Regiment Nr. 8 (1. Westfälisches Husaren-Regiment)	dunkelblau	hellblau	weiß	schwarz	hellblau	wei
Husaren-Regiment Nr. 9 (Rheinisches Husaren-Regiment)	kornblumenblau	kornblumenblau	gelb	schwarz	kornblumenblau	gel
Husaren-Regiment Nr. 10 (1. Magdeburgisches Husaren-Regiment)	grün	hellblau	gelb	schwarz	hellblau	gel
Husaren-Regiment Nr. 11 (2. Westfälisches Husaren-Regiment)	grün	ponceauroth	weiß	weiß	ponceauroth	wei
Husaren-Regiment Nr. 12 (2. Magdeburgisches Husaren-Regiment)	kornblumenblau	kornblumenblau	weiß	schwarz	kornblumenblau	wei

A. K.-Ordre 25. März).

Mantel		Säbeltasche		Besatzstreifen an der Feldmütze	Schabrake		Bemerkungen.
…agen	Achsel=klappe	Grund	Besatz		Grund	Zackenbesatz	
…ceau=…th	ponceau-roth	ponceauroth	gelb	ponceauroth	dunkelblau	ponceauroth	Auf Czakot und Kartusche — Gardestern.
…ceau=…th	schwarz	schwarz-ledern	ohne	ponceauroth	schwarz	ponceauroth	Auf den Czakots Todtenkopf und auf den Kartuschen Gardestern von Neusilber.
…arz	schwarz	schwarz-ledern	ohne	schwarz	schwarz	schwarz	
…ceau=…th	dunkel-blau	ponceauroth	weiß	ponceauroth	dunkelblau	ponceauroth	
…lb	braun	ponceauroth	gelb	gelb	braun	gelb	
…kel=…u	dunkel-blau	schwarz-ledern	ohne	dunkelblau	dunkelblau	dunkelblau	
…ceau=…th	grün	ponceauroth	gelb	ponceauroth	grün	ponceauroth	
…ceau=…th	schwarz	ponceauroth	gelb	ponceauroth	schwarz	ponceauroth	
…lau	dunkel-blau	ponceauroth	weiß	hellblau	dunkelblau	hellblau	
…n=…en=…u	korn-blumen-blau	ponceauroth	gelb	kornblumen-blau	kornblumen-blau	kornblumen-blau	
…lau	grün	ponceauroth	gelb	hellblau	grün	hellblau	
…au=…th	grün	ponceauroth	weiß	ponceauroth	grün	ponceauroth	
…n=…en=…u	korn-blumen-blau	ponceauroth	weiß	kornblumen-blau	kornblumen-blau	kornblumen-blau	

Namen des Regiments	Grundfarbe des Attila (früher Dolman) und der Feldmütze	Schnüre Knöpfe Vorstoß der Feldmütze	Farbe des Kolpaks	Besatz-streifen der Feldmütze	Mantel Schulter- klappen	Krag- patt
Garde-Husaren-Regiment	ponceauroth	gelb	ponceauroth	dunkelblau	ponceauroth	poncea
1. Leib-Husaren-Regiment Nr. 1	schwarz	weiß	ponceauroth	ponceauroth	schwarz	poncea
2. Leib-Husaren-Regiment Nr. 2	schwarz	weiß	weiß	schwarz	schwarz	schw
Brandenburg. Husaren-Regiment (Zietensche Husaren) Nr. 3	ponceauroth	weiß	ponceauroth	dunkelblau	dunkelblau	poncea
1. Schles. Husaren-Regiment Nr. 4	braun	gelb	gelb	braun	braun	gel
Pommersches Husaren-Regiment (Blüchersche Husaren) Nr. 5	krapproth	weiß	krapproth	schwarz	krapproth	krapp
2. Schles. Husaren-Regiment Nr. 6	grün	gelb	ponceauroth	ponceauroth	grün	poncea
Königs-Husaren-Regiment (1. Rheinisches) Nr. 7	russischblau	gelb	ponceauroth	ponceauroth	russischblau	poncea
1. Westfäl. Husaren-Regiment Nr. 8	dunkelblau	weiß	hellblau	hellblau	dunkelblau	hellb
2. Rhein. Husaren-Regiment Nr. 9	kornblumenblau	gelb	kornblumen- blau	kornblumen- blau	kornblumen- blau	kornbl bl
Magdeburg. Husaren-Regiment Nr. 10	grün	gelb	pompadourroth	pompadourroth	grün	pompad
2. Westfäl. Husaren-Regiment Nr. 11	grün	weiß	ponceauroth	ponceauroth	grün	poncea
Thüring. Husaren-Regiment Nr. 12	kornblumenblau	weiß	weiß	kornblumen- blau	kornblumen- blau	kornbl blau
1. Hess. Husaren-Regiment Nr. 13	kornblumenblau	weiß	ponceauroth	ponceauroth	kornblumen- blau	poncea
2. Hess. Husaren-Regiment Nr. 14	dunkelblau	weiß	ponceauroth	ponceauroth	dunkelblau	poncea
Hannover. Husaren-Regiment Nr. 15	dunkelblau	weiß	gelb	gelb	dunkelblau	ge
Husaren-Regiment Kaiser Franz Joseph v. Oesterreich, König v. Ungarn (Schleswig-Holsteinisches) Nr. 16	kornblumenblau	weiß	gelb	gelb	kornblumen- blau	ge

Die Schärpen bis 1867 bei den Regimentern verschiedenfarbig, sind aus der vorangehenden Tabelle ersichtlich.

Kragen am Offizier-Paletot		Schabrake		Bemerkungen
...nen	außen	Grundfarbe	Besatzstreifen	
...felblau	ponceauroth	dunkelblau	ponceauroth	Auf Pelzmütze und Kartusche der Gardestern. Dunkelblaue Pelze.
...warz	ponceauroth	schwarz	ponceauroth	Auf der Pelzmütze Todtenkopf, auf der Kartusche Gardestern von Neusilber.
...warz	schwarz	schwarz	schwarz	Auf der Feldmütze oberhalb der Kokarde Todtenkopf in kleinerer Form.
...felblau	ponceauroth	dunkelblau	ponceauroth	Dunkelblaue Pelze.
...raun	gelb	braun	gelb	
...pproth	krapproth	krapproth	schwarz	
...rün	ponceauroth	grün	ponceauroth	
...schblau	ponceauroth	russischblau	ponceauroth	Die Grundfarbe seit 1854 dunkelblau, seit 1. Februar 1861 russischblau. Auf der Pelzmütze seit 1861 der Königliche Namenszug.
...elblau	hellblau	dunkelblau	hellblau	
...lumenlau	kornblumenblau	kornblumenblau	kornblumenblau	
...rün	pompadourroth	grün	pompadourroth	Die pompadourrothen Abzeichen seit 1845.
...rün	ponceauroth	grün	ponceauroth	
...lumenlau	kornblumenblau	kornblumenblau	kornblumenblau	Kornblumenblaue Pelze.
...lumenlau	ponceauroth	kornblumenblau	ponceauroth	
...elblau	ponceauroth	dunkelblau	ponceauroth	
...elblau	gelb	dunkelblau	gelb	Dunkelblaue Pelze.
...lumenlau	gelb	kornblumenblau	gelb	Auf der Feldmütze ist der Vorstoß nur am Deckel der Mütze angebracht.

11. Kapitel.

Die Husaren der Frei-Korps 1806 und 1807.

Auch im Jahre 1806 wurden verschiedene Frei-Korps gebildet, dieselben trugen aber einen wesentlich anderen Charakter, als die während des sieben-jährigen Krieges errichteten. Dieselben wurden zwar mit Königlicher Genehmi-gung geschaffen, aber genauere Bestimmungen über Formation und Bekleidung erfolgten gewöhnlich nicht. Napoleon erkannte daher auch diese Korps nie als reguläre Truppen an. Die Bekleidung und Ausrüstung war, der allgemeinen Nothlage entsprechend, sehr mangelhaft. Da diese Korps meist aus Ranzionirten und Versprengten der verschiedensten Regimenter gebildet wurden und an eine Uniformirung in den meisten Fällen nicht gedacht werden konnte, trugen die Mannschaften die Uniform, die sie mitbrachten. Die Frei-Korps hatten demnach ein sehr buntes Aussehen. Die Korps, die vorzugsweise aus Husaren gebildet wurden, sind in Nachstehendem zusammengestellt.

v. Ravensches Frei-Korps.

Rittmeister v. Raven von dem Regiment der Gardes du Korps sammelte im Oktober 1806 circa 200 Versprengte und Ranzionirte. Dieselben gehörten folgenden Regimentern an: Husaren v. Gettkandt (Nr. 1), v. Pletz (Nr. 3), Prinz Eugen v. Würtemberg (Nr. 4), v. Bila (Nr. 11); außerdem waren dem Korps einverleibt Kürassiere der Regimenter: Graf Henckel (Nr. 1), v. Quitzow (Nr. 6), v. Heising (Nr. 8), v. Holtzendorff (Nr. 9), v. Bünting (Nr. 10); Dragoner der Regimenter: v. Prittwitz (Nr. 2) und v. Krafft (Nr. 11). Später wurde dieses Korps mit dem

v. Borstellschen Frei-Korps

vereinigt, dessen Stamm 34 Mann von Prinz Würtemberg-Husaren bildeten. Später wurde es bedeutend vermehrt.

v. d. Marwitzsches Frei-Korps.

Rittmeister a. D. v. d. Marwitz bildete, nachdem ihm vom Könige die Genehmigung ertheilt worden war, ein Frei-Korps, dessen Stamm 110 Berittene der Husaren-Regimenter v. Rudorff (Nr. 2), v. Blücher (Nr. 8) und v. Bila (Nr. 11), des Dragoner-Regiments v. Herzberg (Nr. 9) und einige Kürassiere bildeten. Die v. Rudorff-Husaren, 55 Mann stark, bildeten 1 Esk. unter Stabs-Rittmeister v. Sohr; dieselbe wuchs später bis auf 102 Mann. Von diesen wurde 1 Esk. in der Stärke von 42 Köpfen abgezweigt und dem Premier-Lieutenant v. Colomb ertheilt.

Unter Graf Götzen in Schlesien errichtete Kavallerie.

Ueber dieselbe siehe 2. Schlesisches Husaren-Regiment Nr. 6, Seite: 98.

v. Schillsches Frei-Korps.

Ferdinand v. Schill wurde geboren 1773 in Sothof bei Rosenberg in Oberschlesien als der drittälteste Sohn eines ehemaligen Offiziers, der unter Oesterreichischen, Sächsischen und Preußischen Fahnen gedient hatte und zwar zuletzt im Wernerschen (braunen) Husaren-Regiment (Nr. 6). Seine drei übrigen Brüder, die sich gleich ihm dem Waffenhandwerke gewidmet hatten, standen ebenfalls bei den Husaren. 16 Jahre alt, trat er, nachdem er in Breslau die Schule besucht hatte, als Junker bei Anspach-Baireuth-Dragonern ein. 1793 wurde er Seconde-Lieutenant. Während der Schlacht von Auer- städt zu einer Patrouille abkommandirt, wurde er, als er sich anschickte dem Rückzuge der Armee zu folgen, von einer überlegenen Anzahl Französischer berittener Chasseurs angegriffen. Fechtend zog er sich zurück, wurde aber, nachdem er den gebotenen Pardon zurückgewiesen und schon einige Wunden erhalten hatte, durch mehrere schwere Kopfhiebe niedergestreckt. Zwei Unter- offiziere retteten ihn vor der Gefangenschaft und es gelang ihm Magdeburg zu erreichen. Dort nothdürftig genesen, eilte er nach Colberg, um sich von da zur Armee des Königs zu begeben. Sein Zustand, der sich durch die weite Reise bedeutend verschlimmert hatte, nöthigte ihn jedoch vorläufig an jenem Orte zu bleiben. Unterdeß war Stettin am 30. Oktober gefallen und man konnte den Feind jeden Augenblick vor den Wällen erwarten. Schill stellte sich in Folge dessen dem Kommandanten, Oberst v. Loucadou, zur Verfügung und erhielt 6 Kürassiere vom Depot des Regiments v. Bailliodz (Nr. 5). Diese bildeten den Stamm seines Frei-Korps, das in kurzer Zeit bis auf 30 Mann anwuchs. Mit dieser kleinen Anzahl von Reitern leistete er wichtige Dienste, indem er Magazine rettete, Patrouillen auffing und Ranzionirte sammelte.

Die Ausrüstung des Frei-Korps war äußerst mangelhaft. Stricke mußten theilweise den Zaum ersetzen und als Degenkoppel dienen. Manchem Reiter fehlte der Sattel. Feuergewehr war fast gar nicht vorhanden.

Von einem glücklichen Streifzuge brachte Schill am 7. Dezember außer 33 Gefangenen, 3 Gepäckwagen noch 1000 Thlr. Kassengelder mit. Dieser Streifzug vor allem lenkte die Aufmerksamkeit des Königs auf ihn, der ihm für diese That den Orden pour le mérite zuerkannte. Kurz darauf richtete Schill bei seinem Frei-Korps auch eine Abtheilung leichter Infanterie ein und nun waren seine Streifzüge besonders darauf gerichtet: Pferde, Waffen und Montirungsstücke zu erbeuten, an denen sein Korps großen Mangel litt. Am 13. Dezember erhielt dasselbe einen Zuwachs von zwei Männern, die sich in der Folge ihm bedeutend nützlich erweisen sollten, nämlich der Premier-Lieutenant Friedrich v. Petersdorff (dem wir noch später bei der Formation des Lützowschen Frei-Korps begegnen werden) vom Regiment vacat v. Borcke (Nr. 30) und Seconde-Lieutenant Friedrich v. Blankenburg vom Regiment v. Pirch (Nr. 22).

Bis in den Januar hinein war Schill dem Kommandanten von Colberg unterstellt gewesen. Am 22. Januar 1807 aber erhielt er eine Königliche Ordre, sofort ein Frei-Korps zu errichten, um das Land in der Gegend von Colberg zu decken. Ende des Monats hatte Schill eine Eskadron Dragoner zusammengebracht. Ein Rapport Schill's an den König vom 11. Februar giebt die Stärke des Korps wie folgt an:

5 Kompagnien Infanterie mit 5 Offizieren, 49 Unteroffizieren, 3 Spielleuten, 7 Zimmerleuten, 50 Schützen und 700 Gemeinen.

Jäger: 2 Offiziere, 12 Oberjäger und 135 Jäger.

Kavallerie: 5 Eskadrons mit 6 Offizieren, 57 Unteroffizieren 8 Trompetern, 2 Chirurgen, 2 Fahnenschmieden, 399 Gemeinen und 481 Pferden.

Die Artillerie zählte: 4 3pfündige und 1 1pfündige Kanone, 1 Bataillons-Patronenwagen. 1 Offizier, 37 Kanoniere, 8 Stückknechte und 12 Pferde.

Die Kavallerie wurde später eingetheilt in Husaren und Dragoner. Durch Auflösung des Hirschfeldschen Frei-Korps, erhielt Schill am 16. Februar einen Zuwachs von 200 Mann, der zum größten Theile aus gut berittener Kavallerie bestand.

Seine Streifzüge hatte Schill unterdessen meistens mit großem Erfolge fortgesetzt und war von Sr. Majestät in Folge seiner Unternehmungen zum Rittmeister befördert worden. Einen ernsthaften Kampf hatte Schill bei Naugard zu bestehen, in welchem er, obgleich den rechten Arm verwundet bis zum späten Abend mit seinen tapferen Genossen Petersdorff und Kayser ein Geschütz, dessen Mannschaft gefallen war, bediente. Die weiteren Vorfälle und Kämpfe, die sich zuletzt nur auf Ausfälle aus der belagerten Festung beschränkten, alle aufzuzählen, würde zu weit führen. Der 2. Juli brachte den Waffenstillstand und mit ihm das Ende der Leiden, die in den letzten Tagen über die hartbedrängte Festung schwer hereingebrochen waren.

Um diese Zeit war der Bestand des Schillschen Frei-Korps folgender:

3 Bataillone leichter Infanterie, 1067 Köpfe stark;

1 Kompagnie Fuß-Jäger;

2 Eskadrons Dragoner, 3 Esks. Husaren und ein Detachement Freiwilliger-Jäger; Gesammtstärke der Kavallerie 662 Mann und 628 Pferde; 1 Detachement Artillerie, 4 Geschütze, davon jedoch nur 2 mobile Feldstücke.

Was die **Bekleidung** und **Ausrüstung** betrifft, so ist der mangelhafte Zustand derselben schon erwähnt worden. Im Verlaufe der Belagerung aber, nachdem den Feinden so manche Beute abgenommen und auf den Streifereien Vieles aufgebracht worden war, konnte theilweise sogar an eine Uniformirung gedacht werden.

Besonders schwer machte sich im Anfange der Mangel an Tuch und Leder geltend. Von Kopfbedeckungen waren alle nur denkbaren Arten in dem Korps vertreten; große und kleine, runde und dreieckige Hüte, Kaskets, Pelz- und Schlafmützen, Grenadiermützen, Czakots sowie Fouragiermützen. Im Anfange suchte man bei der Kavallerie durch Vertheilung von letzteren, die man vorn über der Stirn mit einer Feder schmückte, eine Art von Uebereinstimmung herbeizuführen. Alle eroberten Französischen Czakots wurden in Gebrauch genommen und später aus dreieckigen Hüten, von denen die Krämpen abgeschnitten wurden, solche verfertigt und mit weißen oder gelben Bandtressen besetzt, so daß gegen Schluß der Belagerung in dieser Hinsicht mehr Gleichheit erzielt wurde. Für Leute, die ganz abgerissen waren, wurden kurze Jacken aus blauem, grauem und grünem Tuche hergestellt und dieselben mit rothen Kragen versehen, und zwar letztere aus den vorräthigen Schabraken des Regiments Königin=Dragoner verfertigt. Diese Jacken wurden mit weißen Knöpfen versehen, von denen sich ein großer Vorrath vorgefunden hatte. Was von Mänteln vorhanden war, wurde verausgabt. Aus alten Dragonerröcken wurden für die Artillerie hellblaue Jacken zurecht geschnitten und solche mit schwarzen Kragen und Aufschlägen benäht. Die Husaren erhielten weiße Schnüre, die Dragoner weiße Bandlitzen auf der Brust. Am Schlimmsten stand es mit der Fußbekleidung. Es mußten z. B. um der dringendsten Noth abzuhelfen die Kavalleristen ihre Stiefeln an die Infanterie abgeben und erhielten als Ersatz Filz= oder Strohschuhe. Auch konnte man Leute sehen, die sich Pantoffeln mit Stricken fest um die Knöchel gebunden hatten. Die Munition wurde in Ermangelung einer Patronentasche im aufgeschnittenen Futter getragen oder in einem Stück Filz oder Leder, welches mit Bindfaden um den Leib gebunden war.

Die Bewaffnung war ebenso ungleichartig wie die Bekleidung. Später als von England Zufuhr eingetroffen war, besserte sich auch hierin Vieles und die Offiziere erhielten nun folgende Uniformstücke: Bärenmütze mit Feder=busch und silbernen Kordons, silberne Bandoliere und als Bewaffnung Kavallerie=Säbel und Büchse.

Wir schließen am passendsten hier an:

Das 2. Brandenburgische Husaren-Regiment von Schill.

Die bisherigen beiden Dragoner Eskadrons der Schillschen Kavallerie wurden im August 1808 zu Husaren umgeschaffen. Das reitende Jäger=Detachement aber beibehalten. Die Stärke des Regiments, dessen Chef Schill blieb, war 4 Eskadrons und 1 Eskadron reitender Jäger.

Am 14. September bekam das Regiment, nachdem es wenige Tage zuvor (9. September) die Bezeichnung 2. Brandenburgisches Husaren=Regiment erhalten hatte, zusätzlich den Namen seines Chefs von Schill. Unter dem Jubel des Volkes hielt Schill, nunmehr ein gefeierter Mann, am 10. Dezember 1808 seinen Einzug in Berlin, der für ihn und seine Tapferen ein wahrer Triumphzug wurde.

Unterdessen rückte das Jahr 1809 heran. Oesterreich schlug los. Vielen schien der Zeitpunkt gekommen die ehernen Banden zu zerbrechen, die schwer auf ganz Deutschland lasteten. Das bezeugen die Unternehmungen des Herzogs von Braunschweig, der Versuch Dörnbergs; in Tirol hatte sich mit Glück das Volk erhoben. Da rückte am 28. April Nachmittags zwischen 3 und 4 Uhr Major v. Schill mit seinem Regimente zum Hallischen Thore zum Exerzieren aus. Vorher hatte er gemeldet, daß er eines Manövers halber über Nacht ausbleiben werde. Auf der Chaussee nach Potsdam ließ er Halt machen und einen Kreis schließen. Nun theilte er seinem Regimente mit, daß er entschlossen sei, sein Vaterland zu befreien, die Fesseln zu zerbrechen. Er stellte Jedem frei umzukehren, der nicht seiner Ansicht sei, aber einstimmig jauchzte ihm Alles zu. Ueber Potsdam, Wittenberg ging es nach Dessau, von da nach Bernburg. Bei Dodendorf kam es zu einem Gefechte, welches mit der Niederlage des Feindes (Westfälische Infanterie) endete. 300 Gefangene, 3 Fahnen und 2 Geschütze und 2 Munitionswagen fielen dem Regimente in die Hände. Von hier ging es nach Neu-Haldensleben, Tangermünde und Arenburg zurück, da in Folge des ungünstigen Ausganges der Dörnbergschen Unternehmung Schills Lage eine sehr mißliche geworden war. Gegen Mitte Mai war das Schillsche Korps auf 4 Eskadrons Husaren, 3 Esks. Ulanen, 1 Esk. reitender Jäger, 7 Komp. Infanterie und 1 Komp. Artillerie angewachsen und zählte im Ganzen 1910 Mann. Zunächst warf sich Schill mit seinem Korps nach Dömitz. Da dieser Ort aber unhaltbar war, gab er diesen Punkt auf und zog nach Stralsund, wo er am 31. Mai von der Ueberzahl der vorzüglich aus Holländischen und Dänischen Truppen bestehenden Feinde, erdrückt wurde. Er fand seinen Tod im Straßenkampfe, während 11 seiner Offiziere in feindliche Gefangenschaft geriethen und zu Wesel erschossen wurden. Die gefangenen Mannschaften wurden auf die Galeeren geschickt.

Die **Uniform** des 2. Brandenburgischen Husaren-Regiments von Schill ist aus der Tabelle ersichtlich. Die reitenden Jäger trugen grüne Kollets mit rothen Kragen und Aufschlägen.

Das Schillsche Husaren-Regiment wurde aus den Listen der Armee gestrichen und seine Akten kassirt.

12. Kapitel.

Formationen während der Befreiungskriege.

I.

Freiwillige Jäger-Detachements der Husaren-Regimenter. 1813—1815.

In Folge des Allerhöchsten Aufrufs vom 3. Februar 1813 wurden wie bei sämmtlichen regulären Regimentern, so auch bei den Husaren Detachements freiwilliger Jäger errichtet.

Diese Detachements erreichten bei den Kavallerie-Regimentern die Stärke einer vollen Eskadron. Bewaffnung und Ausrüstung mußte von den Freiwilligen selbst beschafft werden.

Die **Uniform** der Detachements, wie die Ausrüstung, glich derjenigen der Husaren-Regimenter. Die Grundfarbe war durchgängig dunkelgrün mit den Abzeichen (Kragen, Aufschlägen, Schnüren) der betreffenden Regimenter. Was die Beschnürung betrifft, so machten die Detachements des 1. Schlesischen und des Elb-National-Husaren-Regiments eine Ausnahme von der angegebenen Regel. Das Schnurwerk war bei denselben weiß, im Gegensatz zu ihren Regimentern, welche Dolman und Pelz gelb verschnürt trugen.

~~~~~~~~~~

II.

Die National-Husaren-Regimenter.

Der patriotische Aufschwung des Jahres 1813 führte unter andern auch die Bildung dreier sogenannter National-Kavallerie-Regimenter herbei.

Dieselben wurden von den Ständen der Provinzen Preußen, Pommern und Schlesien gebildet. Ende desselben Jahres vermehrte sich die Zahl dieser Regimenter um eins, welches unter dem Namen Elb-National-Husaren-Regiment in den Elbgegenden errichtet wurde. Von diesen Regimentern gehörten das Schlesische und das eben erwähnte der Husarenwaffe an. Wir werden uns also nur mit diesen beiden zu beschäftigen haben.

A. Schlesisches National-Kavallerie-Regiment.

Am 9. Februar 1813 erboten sich die Schlesischen Stände ein leichtes Kavallerie-Regiment zu errichten. Der Staat sollte nur Waffen, Sold und Verpflegung liefern, während Bekleidung, Ausrüstung und Pferde auf Kosten der Stände beschafft werden sollten*). Am 4. März erfolgte die Allerhöchste Genehmigung. Die Stärke der Truppe war nicht bestimmt, doch sollte sie so stark wie immer möglich errichtet werden. Die Wahl der Bekleidung überließ der König den Ständen, doch wünschte derselbe, daß sie sich in Form und Schnitt nach Preußischem Muster richte, damit man auch im Aeußeren ihre Zugehörigkeit zur Preußischen Armee erkenne. Man ging, nachdem diese Genehmigung bekannt geworden war, sofort an das Werk.

Die Formation stieß aber in Folge der außerordentlichen Anstrengungen, welche diese Provinz schon gemacht hatte und noch machte, auf große Schwierigkeiten. Ende Mai war eine Eskadron, 109 Mann stark, marschbereit. Ende Juli waren 2 Eskadrons, eine Depot-Eskadron und ein 50 Mann starkes Detachement freiwilliger Jäger formirt. Eine A. K.-Ordre vom 16. August 1813 aus Landeck datirt, setzte die Stärke des Regiments auf 2 Eskadrons fest. Ende Oktober wurde die Depot-Eskadron den anderen beiden vor dem Feinde befindlichen Eskadrons einverleibt. 1814 wurde eine 4. Eskadron errichtet.

Am 2. März 1815 gab das Regiment 2 Eskadrons zur Formation der Garde-Ulanen (später Garde-Kürassier-Regiment) ab, während die andern beiden Eskadrons den Stamm des 7. Westpreußischen Husaren-Regiments bildeten.

Die **Schlachten** und **Gefechte**, denen das Regiment beigewohnt hat, sind folgende:

---

*) Die Anregung ging vorzüglich von dem Grafen Karl Lazarus Friedrich Henckel v. Donnersmark aus. Derselbe war am 5. März 1772 geboren, machte im Husaren-Regiment von Pletz (Nr. 3) die Rhein-Kampagne mit und erwarb sich hierbei den Orden pour le mérite. 1795 nahm er den Abschied und lebte auf seinen Gütern in Schlesien und Posen. Er starb am 12. Juli 1864 zu Neudeck in dem hohen Alter von 92 Jahren. — Während der Feldzüge von 1813 und 1814 führte er als Major das vorzüglich durch seine Bemühungen errichtete National-Kavallerie-Regiment.

1813 kämpfte das Regiment beim 2. Armee-Korps unter General-Lieutenant Graf Kleist von Nollendorf bei der böhmischen Hauptarmee (Reserve-Kavallerie II. Brigade La Roche von Starkenfels). Schlacht von Dresden den 26.—27. August. Gefecht bei Dippoldiswalde und Possendorf den 29. August. In diesem Kampfe vernichtete es mit dem Schlesischen Ulanen-Regimente das Bergische Ulanen-Regiment der Kaiserlichen Garde. Vom 1. September an gehörte das Regiment zum Streif-Korps des Russischen General-Lieutenants v. Thielmann und des Generals Orlow. Gefecht von Weißenfels und Naumburg den 12. September; Merseburg, den 18.; Freiburg und Kösen, den 19.; Zeitz-Altenburg-Meuselwitz, den 28. September (1 Geschütz erbeutet). Stösen, den 10. Oktober. Schlacht bei Leipzig (Lindenau), den 16. bis 18. Oktober. Weimar, den 22.; Vacha, den 26.; Gelnhausen, den 30. Oktober. Gefecht bei Höchst, den 2. November.

1814 kämpfte das Regiment unter dem Befehl des General-Majors Prinzen von Kurland beim Korps des Kaiserlich Russischen Generals v. Sacken der Schlesischen Armee. Gefecht bei Alzey, den 2. Januar; St. Avold, den 11.; Nancy, den 14.; Berennung von Toul, vom 17.—19.; St. Aubain, den 23.; Brienne, den 29.—30. Januar. Schlacht von Brienne, den 1. Februar (eroberte mit dem 2. Schlesischen Husaren-Regimente 4 Geschütze). Montmirail, den 11.; Chateau Thierry, den 12. Februar. May, den 2. März; Neuilly St. Front, den 3.; Schlacht von Laon, den 9. (2 Kanonen erobert); Claye, den 28.; Schlacht von Paris, den 30. März.

Uniform. Czakot von Filz mit ledernem Deckel, wie die übrigen Husaren-Regimenter; schwarzlederner Kinnriemen mit Schnalle; gelbwollene, Offiziere goldene, Unteroffiziere silberne Agraffe mit weiß und schwarzer Bandkokarde. Der obere Czakotrand war bei den Offizieren mit einer zwei Finger breiten, goldenen, bei den Unteroffizieren silbernen Tresse besetzt. Fangschnur und Garngeflecht weiß*), für die Offiziere schwarz-silbern. An Stelle des Nationals wurde in der ersten Zeit eine Rose von rother Wolle resp. Seide getragen, am 7. Mai aber das schwarz-weiße National eingeführt. Zum gewöhnlichen und Felddienst wurde ein schwarzer wachsleinener Ueberzug mit schwarz-weißer Kokarde getragen. Es sollten schwarze Federbüsche eingeführt werden, dieselben wurden aber nicht angeschafft.

---

*) Nach anderen Quellen waren die Fangschnüre roth.

Dolman und Pelz von schwarzem Tuch; die Mannschaften hatten 3, die Unteroffiziere 5 Knopfreihen, jede zu 16 Stück. Die Knöpfe waren von Holz, mit scharlachrother Wolle übersponnen; diejenigen der mittelsten Reihe ganz rund, die andern halb gewölbt. Die Verschnürung von ponceau= rother Wolle; über den Aufschlägen bildete dieselbe einen ungarischen Knoten. Pelzvorstoß war für die Unteroffiziere grau, für die Mannschaften von schwarzem Zackel; Futter von schwarzem oder weißem Schaffell. Der hohe, vorn offene Kragen und die Aufschläge waren Anfangs von gelbem Tuche, nach der Farbe der Provinz; da der Vorrath desselben aber bald ausging, wurden dieselben durch rothe ersetzt. Die 3. und 4. Eskadron führten von Anfang an rothe Kragen und Aufschläge. Die Unteroffiziere hatten goldene Legatur= tressen um Kragen und Aufschläge, die Offiziere Knöpfe (5 Reihen) und Schnurwerk von schwarzer Seide; Pelzvorstoß von grauen Baranken.

Schwarze Tuchhosen mit Lederbesatz, auf jeder der beiden äußeren Seitennähte ein scharlachrother Tuchstreifen von 1 Zoll Breite; derselbe war mit 16 schwarz bezogenen Knöpfen besetzt. Mantel von schwarzem Tuch mit hohem stehenden Kragen; derselbe anfänglich wie auf dem Dolman gelb, später roth. Auf der linken Schulter eine Achselklappe von der Farbe des Kragens. Kartusche von schwarzem Leder mit gelbem Beschlag, der Riemen 2¼ Zoll breit. Bandolier schwarz; bei den Offizieren war dasselbe mit 2 metallenen Räumnadeln mit Kette, Schuh und Stern, alles vergoldet, besetzt. Die Karabiniers trugen außerdem noch schwarze Karabiner=Bandoliere mit gelbem Beschlag und eisernem Karabinerhaken. Säbeltasche von Juchten, der Deckel von schwarzem Leder. Schärpe scharlachroth mit schwarzen Knoten, rothen Peitschen und Quasten. Die Offiziere trugen die schwarz=silberne Husaren=Offizier=Schärpe. Schwarzer Faustriemen. Mütze von schwarzem Tuch mit gelbem resp. rothem Besatzstreifen. Mantelsack von schwarzem Tuch mit rothem Vorstoß; Sattelüberdecke von schwarzem, seit dem April 1813 von weißem Zackel mit rother Tucheinfassung. Offiziere schwarze Zackel=Ueberdecken.

Alles Uebrige wie die Husaren=Regimenter der Linie.

Freiwilliges=Jäger=Detachement. Czakot gleich den Husaren. Kordons und Fangschnüre gelb; statt der ledernen Kinnriemen konnten auch messingene Schuppenketten getragen werden. Die Offiziere und Unteroffiziere goldene Besatztresse um den oberen Deckelrand.

Kollet von dunkelgrünem Tuche mit kurzen Schößen. Kragen, Auf= schläge und Schoßbesatz von gelbem Tuche. Die Form der Aufschläge war die sogenannte polnische (spitze) wie bei den heutigen Ulanen; jeder Aufschlag mit einem Knopfe besetzt. Auf der Brust zwei Reihen gelber Knöpfe, zwei ebensolche in der Taille. Epaulets von gelbem Metall. Paßgürtel wie die Ulanen, von dunkelgrüner Farbe mit gelber Einfassung. Reithosen wie die Husaren. Die Knöpfe daran von gelbem Metall. Lithewka von dunkelgrünem Tuche mit ebensolchen Aufschlägen und Taschenleisten. Auf der Brust 8 Knöpfe in einer Reihe, einen Knopf auf jedem der spitzen Aufschläge, 4 auf den Taschenleisten. Mütze dunkelgrün mit gelbem Besatz-Streifen. Schabrake von grünem Tuch mit gelbem Besatz und Vorstoß. Ebenso der Mantelsack. Bandolier mit messingenen Räumnadeln, Ketten und Beschlag. Karabiner, Bandolier, Mantel u. s. w. wie bei den Husaren.

B. National-Elb-Husaren-Regiment.

Mehrere Gutsbesitzer in Thüringen, von denen die meisten 1806 in der Preußischen Armee gedient hatten, faßten 1813 den Entschluß, ebenfalls eine National-Kavallerie-Truppe zu errichten. Noch während die Franzosen im Lande waren, hatten sie in dieser Angelegenheit geheime Zusammenkünfte bei dem Herzoglich Anhalt-Bernburgischen Amtsrath Breymann zu Roschwitz an der Saale. Die Räumung des Landes Seitens der Franzosen, die in Folge der Schlacht von Leipzig stattfand, beseitigte die größten Schwierigkeiten und jetzt konnte Breymann im Sinne und im Namen seiner Gefährten dem Könige die Bitte unterbreiten, ein National-Husaren-Regiment aus freiwillig aufgebrachten Mitteln errichten zu dürfen.

Die Genehmigung Sr. Majestät erfolgte durch eine A. K.-Ordre vom 19. November. Sammelplätze für die Freiwilligen waren zu Aschersleben, Salzwedel und Duderstadt. Es wurden im Ganzen 5 Esks. formirt. Kommandeur wurde am 20. Februar 1814 Major v. Ledebur*). Amtsrath Breymann diente als Rittmeister.

Durch A. K.-Ordre vom 25. März 1814 erhielt das Regiment den Namen 10. Husaren-Regiment.

---

*) Major v. Ledebur begann seine Laufbahn bei dem Kürassier-Regiment v. Jlow (1806 v. Reitzenstein Nr. 7) und zeichnete sich besonders bei Pirmasens 14. September 1793 aus, wurde daselbst schwer verwundet und erwarb sich bei Bialocowo 1807 den Orden pour le mérite. In demselben Jahre kam er zur Gardes du Corps. Er führte das Elb-National-Husaren-Rgt. während der Feldzüge 1814/15 und wurde 1830 als General-Major nach Colberg als Kommandant versetzt. 1840 General-Lieutenant, starb als pensionirter General der Kavallerie den 26. April 1852.

Betheiligung des Regiments an den **Schlachten** und **Gesechten** 1814 und 1815.

1814. Blokade von Magdeburg; 1. April Ausfall-Gesecht bei Ottersleben.

1815. Wavre, 18. und 19. Juni. Gesecht bei Meaux, 25. Juli. Gesecht von Le Ménil, 28. Juni. Gesecht bei Livry, 29. Juni. Aubervilliers, 30. Juni.

Uniform. Die Bekleidung und Ausrüstung entsprach derjenigen der Linien-Husaren-Regimenter. Dolman und Pelz dunkelgrün mit gelber Verschnürung, Kragen und Aufschläge des Dolmans hellblau, 5 Reihen Knöpfe, Pelzvorstoß für die Offiziere grau, Unteroffiziere Fuchspelz, Mannschaften schwarz; Hosen schwarz. Deckel der Säbeltasche roth, Borte und Königl. gekrönter Namenszug gelb. Zugespitzte grüne Husaren-Schabrake, mit hellblauem Zackenrande und gelbem Schnurvorstoß.

Die Freiwilligen Jäger unterschieden sich nur durch weiße Beschnürung.

~~~~~~~~

III.

Die Husaren der Frei-Korps.

A. v. Hellwigsches Streif-Korps.

Dieses Korps wurde im April 1813 durch den Rittmeister v. Hellwig*) mit Allerhöchster Ermächtigung gebildet. Es bestand aus Kavallerie (Abtheilungen des 2. Schlesischen Husaren-Regiments), Infanterie und Freiwilligen

---

*) Rudolf Friedrich Heinrich v. Hellwig wurde am 18. Januar 1775 zu Braunschweig geboren als Sohn des Hofraths und Professors v. Hellwig, des Erfinders des sogenannten Kriegsspiels. Im 15. Jahre trat er beim Husaren-Regimente v. Köhler (Nr. 3) ein, mit welchem er als Junker und Kornet die Rhein-Feldzüge von 1792—93 und 94 mitmachte. Besonders zeichnete er sich im Gefechte von Nonnweiler aus. Im Jahre 1806 befreite er mit 50 Husaren 10,200 Preußische Kriegsgefangene bei Eichenrode (17. Oktober), die von 600 feindlichen Infanteristen eskortirt wurden. Diese That brachte ihm das Avancement zum Rittmeister und den Verdienst-Orden, der ihm von der Königin Luise selbst angelegt wurde und vom Großherzog von Baden den Orden des Zähringer Löwen. Der Unterschrift bei der Kapitulation von Lübeck wußte er sich zu entziehen und trat mit dem Grafen v. Götzen in Verbindung, der in Schlesien, besonders in der Grafschaft Glatz, Frei-Korps bildete. Im Auftrage des Fürsten Pleß unternahm er eine Courierreise zu König Friedrich Wilhelm III. und machte bei dieser Gelegenheit die Schlacht bei Eylau und einige Gefechte freiwillig mit. Als Adjutant des Grafen Götzen erhielt er in einem Gefechte mit Bairischen Kavalleristen einen Pistolenschuß durch die Hand. In demselben Gefechte (bei Hassitz) trug er wesentlich zu dem günstigen Ausgange desselben bei, indem er 2 fast verlorene Geschütze rettete. Im Jahre 1808 wurde er vom Westfälischen Gouvernement

Jägern. Die Kavallerie wurde im Jahre 1815 zur Formation des 7. Ulanen-Regiments verwendet.

Thätigkeit des Korps während der **Feldzüge** 1813 und 1814.

1813. Ueberfall von Langensalza 13. April (3 Kanonen, 2 Haubitzen und 3 Munitionswagen erobert). Ueberfall von Wanfried, 17. April (Major v. Hellwig erhielt für denselben das Eiserne Kreuz I. Klasse). Gefecht bei Apolda, den 22. April. Gefecht bei Skölen, den 28. April. Schlacht bei Groß-Görschen, den 2. Mai. Gefecht bei Senftenberg, den 17. Mai. Gefecht bei Sperenberg, den 24. August. Jüterbock. Gefecht bei Wartenburg a. d. Elbe, den 24. September. Am 8. Oktober glänzendes Kavallerie-Gefecht bei Lindenthal unweit Leipzig. Ueberfall von Schloß Vippach, den 16. Oktober.

1814. Gefecht bei Groß-Zundert, den 7. Januar. Gefecht bei Hoogstraaten, den 11. Januar. Gefecht von Löwen, den 28. Januar. Gefecht bei Courtray, den 25. Februar. Gefecht von Sweweghem, den 2. März. Gefecht bei Courtray, den 31. März.

Uniform. Die Husaren v. Hellwig's trugen von England gelieferte Uniformen. Ponceaurothe Dolmans und Pelze; erstere mit blauen Kragen und Aufschlägen; letztere mit schwarzem Pelzvorstoß. Weiße, bei den Offizieren goldene Beschnürung. Pelzmützen mit blauem Beutel. Auf der linken Seite fliegender weißer Haarbusch. Rothe Schärpe mit gelben Knöpfen, rother Peitsche und Eicheln. Graue Reithosen mit rothem Vorstoße. Schwarze Kartusch-Bandoliere. Das erste Glied führte Lanzen mit blau und rother Flagge (oben blau, unten roth). Das zweite Glied war mit Karabinern bewaffnet. Schwarze Schaffell-Ueberdecke mit roth tuchenem Besatz, wie bei den Linien-Husaren.

B. Königlich Preußisches Frei-Korps. (Lützow'sches).

Keine von allen den durch das Jahr 1813 hervorgerufenen Formationen erfreute sich einer solchen Volksthümlichkeit, als das Lützow'sche Frei-Korps. In diesem Korps verkörperte sich gewissermaßen der Gedanke, welcher der

---

reklamirt, schlug aber alle Verbesserungen seiner Lage aus. Bei Errichtung des 2. Schlesischen Husaren-Regiments wurde er zum Kommandeur desselben ernannt. 1813 hatte er das Unglück bei einem Sturz mit dem Pferde den rechten Fuß zu brechen; trotzdem verließ er die Eskadron nicht, sondern folgte derselben im Wagen. Am 25. März war er wieder hergestellt und begann die Streifzüge, die oben namhaft gemacht sind. 1830 erhielt Hellwig das Kommando der 15. Kavallerie-Brigade. 1831 wurde er General-Major und Ritter des Rothen Adler-Ordens II. Klasse mit Eichenlaub. Im Jahre 1838 erhielt er den nachgesuchten Abschied als General-Lieutenant und starb am 26. Juni 1845 zu Liegnitz.

geistige Träger des ganzen Krieges wurde. Nicht zum geringsten Theile hat auch die Gestalt des Sängers dieses Korps, Theodor Körner's, das Ihrige beigetragen, das Andenken an die schwarze Schaar wach zu erhalten.

Die Majors v. Lützow*), Helden v. Sarnowsky und v. Petersdorff, sämmtlich unter v. Schill bewährte Offiziere, richteten an den König die Bitte, ein Frei-Korps errichten zu dürfen. Friedrich Wilhelm III. gestattete unterm 18. Februar die Bildung dieses Korps unter folgenden Bedingungen:

1. daß die aus Freiwilligen bestehende Mannschaft sich selbst bekleiden und remontiren müsse, so daß der Staat nur für diejenigen, die keine brauchbaren Waffen mitbringen könnten, letztere zu liefern habe;

2. daß die Besoldung nur immer für den gegenwärtigen Stand verlangt und nicht eher eine 2. Kompagnie oder Eskadron errichtet werden sollte, bis die erste vollzählig sei;

3. daß, im Falle das Korps die gewünschte Stärke nicht erreichen sollte, dasselbe gleich den Jäger-Detachements an Infanterie- oder Kavallerie-Regimenter vertheilt werden sollte;

4. daß das Korps schwarze Montirung nach zu gebender Vorschrift tragen solle;

5. wurde genehmigt, daß verabschiedete Offiziere von tadelloser Führung zur Anstellung im Korps in Vorschlag gebracht werden dürften.

Nach Empfang dieser A. K.-Ordre gingen die Majors v. Lützow und v. Petersdorff sogleich an die Organisation. (Major v. Sarnowsky war in den Generalstab versetzt worden). v. Lützow übernahm die Formation der Kavallerie, während v. Petersdorff die der Infanterie leitete.

---

*) Adolf Frhr. v. Lützow, geboren am 18. Mai 1782, trat im Jahre 1795 als Frei-Korporal beim Bataillon Garde Nr. 15 ein. Im Jahre 1800 avancirte er zum Lieutenant; 1804 nach Tangermünde in das Kürassier-Regiment v. Reitzenstein (Nr. 7) versetzt. 1806 kämpfte er bei Auerstädt als Adjutant des Herzogs Karl August von Weimar; half darauf unter Schill Colberg vertheidigen und machte viele Streifzüge des berühmten Reiterführers mit. Im Gefecht von Stargard wurde er schwer verwundet. 1807 Stabs-Rittmeister; 1808 bei der Reduktion der Armee wurde er als Major entlassen, 1809 schloß er sich der Schillschen Erhebung an; bei Dodendorf wurde er wiederum verwundet. Nach dem unglücklichen Ausgange der Unternehmung flüchtete er nach Dänemark, nachdem er sich eine Zeitlang in der Altmark verborgen gehalten hatte. Im Jahre 1811 trat er als Major wieder in die Armee ein und verehelichte sich mit der Gräfin Ahlefeld. 1813 bildete er sein berühmtes Frei-Korps, bei dessen Errichtung ihm seine hochgesinnte Gattin thatkräftig zur Seite stand, indem sie ihm die berühmtesten Freiwilligen zuführte. Dem Ueberfall von Kitzen entkam v. Lützow glücklich. In der Göhrde am 16. September wurde er schwer verwundet und konnte deshalb an den Zügen seines Korps bis gegen Weihnachten nicht Theil nehmen; nach seiner Genesung eilte er mit 2 Esks. nach Frankreich zur Schlesischen Armee und führte ein Streif-Korps des rechten Flügels. Am 15. März wurde er wiederum verwundet. Der erste Pariser Friede brachte ihm das Kommando des 6. Ulanen-Rgts., welches aus der Reiterei seines Frei-Korps errichtet wurde. Im Feldzuge 1815 wurde er bei Ligny gefangen, ranzionirte sich aber glücklich. 1822 wurde er zum General-Major befördert; 1830 zur Disposition gestellt. 1834 ereilte ihn ein plötzlicher Tod.

Schon am Tage nach dem Eingange der A. K.-Ordre waren die ersten Freiwilligen eingetreten und nach 8 Tagen bereits 1 Jäger-Kompagnie und 1 Eskadron gebildet und ausgerüstet. Der Sammelplatz war Breslau, wo sich das Werbe-Bureau im goldenen Scepter niedergelassen hatte. Am 9. März waren 3 Kompagnien und 1 Eskadron formirt, während eine 4. Komp. und eine 2. Esk. in der Bildung begriffen waren.

Die Kavallerie des Korps bestand aus 2 Husaren-Esks., 1 Ulanen-Esk. und 1 reitenden Jäger-Detachement. 1815 wurde aus derselben das 6. Ulanen-Regiment gebildet.

Schlachten und Gefechte. Der erste Streifzug führte das Korps nach dem Harze, wo es durch Auffangen wichtiger Depeschen gute Dienste leistete. Bei Kitzen am 17. Juni 1813 wurde die Kavallerie durch Ueberfall während des Waffenstillstandes auseinander gesprengt. Das Kavallerie-Depot war in Tangermünde geblieben und bot hinreichende Mittel, um viele von Kitzen unberitten Zurückkommende mit Pferden zu versehen. Viele Jäger des Detachements rüsteten sich zum zweiten Male aus eigenen Mitteln aus.

In Folge theilweiser Neu-Formation setzte sich die Kavallerie jetzt folgendermaßen zusammen: 2 Eskadrons Husaren, 2 Eskadrons Ulanen, 1 Jäger-Detachement. Dieselben rangirten in folgender Ordnung: 1te Esk. Ulanen, 2te Esk. Jäger-Detachement, 3te Esk. Ulanen, 4te und 5te Esk. Husaren.

Am 6. August brach v. Lützow von Rauen auf, nachdem das Korps dort vom Kronprinzen von Schweden besichtigt worden war. Der Marsch ging nach dem Mecklenburgischen. Unter General Wallmoden kämpfte es an der Stecknitz bei Lauenburg; bei Gadebusch (Körner †); bei Zarrenthin, bei Gudow und Möllen (4. und 5. September); bei Kogel 4. September. Bremen 14. September. An der Göhrde, 16. September.

1814 nahmen zwei Esks. Theil an dem Gefechte von Jülich.

Uniform. Die Husaren trugen schwarze Dolmans mit ebensolchen Schnüren und lange schwarze Beinkleider ohne Biese. Sattelüberdecke von schwarzem Schaffell ohne Vorstoß. Der Mantelsack von schwarzem Tuche. Säbeltasche von schwarzem Leder. Czakot mit Wachstuch-Ueberzug und weißmetallenen Schuppenketten. Schwarze Bandoliere. Auch die Handschuhe wurden von schwarzer Farbe getragen. Säbel in eiserner Scheide. Die Offiziere trugen außerdem noch schwarze Pelze mit ebensolchen Schnüren und weißem Vorstoße. Auf dem Bandolier silberner Beschlag mit Kettchen und Räumnadeln. Schärpe wie die Husaren-Offiziere der Linie. Unteroffiziere goldene Tressen am Kragen.

Die Jäger-Eskadron trug schwarze Lithewken. Dieselben waren hinten völlig geschlossen und vorn mit 2 Reihen gelber Knöpfe versehen; schwarze Kragen und Aufschläge mit rothem Vorstoße (derselbe lief um den unteren und die beiden vorderen Ränder des Kragens herum). Gelb metallene Schuppen-Epaulets; schwarze Stulphandschuhe; schwarzes Bandolier mit gelben Beschlägen (auf der vorderen Seite: Schild mit Räumnadeln, die durch Kettchen an einem Löwenkopfe befestigt waren). Auf der Patrontasche vergoldeter Adler. Czakot im Wachstuch-Ueberzug, gelbmetallene Schuppenketten. Beinkleider, Mantelsack und Sattelüberdecke wie bei den Husaren. Säbel in gelbmetallener Scheide.

13. Kapitel.

Die Landwehr-Husaren.

Die gesammte Landwehr=Kavallerie war bis zum Jahre 1852 mit Lanzen bewaffnet. In diesem Jahre aber wurde laut A. K.=Ordre vom 29. April, die Kavallerie der Landwehr in die vier, dem stehenden Heere entsprechenden Waffengattungen getheilt: Schwere Landwehr=Reiter, Landwehr=Dragoner, Landwehr=Husaren und Landwehr=Ulanen. Die Anzahl der Landwehr=Regimenter jeder Waffe entsprach der betreffenden der Linie.

Uniform.

1852.

Kopfbedeckung.

A. Flügelmütze

von Leder mit schwarzem Tuch=Ueberzuge. Der Flügel war auf der Innenseite mit buntem Futter versehen; dieses bildete das unterscheidende Abzeichen der einzelnen Regimenter.

Die Farben waren folgende:

Rgt. Nr. 1	Rgt. Nr. 2	Rgt. Nr. 3	Rgt. Nr. 4	Rgt. Nr. 5	Rgt. Nr. 6	Rgt. Nr. 7	Rgt. Nr. 8	Rgt. Nr. 9	Rgt. Nr. 10	Rgt. Nr. 11	Rgt. Nr. 12
ponceau=roth	gelb	ponceau=roth	gelb	weiß	gelb	hellblau	weiß	hellblau	hellblau	weiß	hellblau

Vorn an der Mütze befand sich ein niederzuklappender Schirm, darüber die metallene Regiments=Nummer. Am Deckelrande rechts oben war

die Kokarde befestigt, darunter das weiß-metallene Landwehr-Kreuz. Fang=
schnüre wie die Linien-Husaren.

B. Feldmütze.

Dunkelblau; Besatzstreifen und Vorstoß des Deckels von der Farbe
des Flügelfutters. Kokarde mit Landwehr-Kreuz.

Attila.

Dunkelblauer Rock, im Schnitte wie die Waffenröcke, mit ebensolchen
Kragen und Aufschlägen. Auf der Brust 6 doppelte Reihen schwarz-weißer
Plattschnüre, die äußeren Enden mit einander verbunden; in den Schoßecken
ungarische Knoten; Vorstoß um Kragen, Aufschläge, vorn herunter und um
die Schöße. Auf den Schultern doppelte Schnur. Runde Zinnknöpfe. Bei
den Offizieren war die Verschnürung von weiß-schwarzem Kameelgarn. Ab=
zeichen der Unteroffiziere und Trompeter gleich denen der Linie.

Mantel.

Wie bei der Linie; die Patte auf der Außenseite des Kragens von
der Farbe des Flügelfutters.

Schabrake

mit abgerundeten Ecken (in der Form wie solche bei den Dragonern und
Ulanen üblich sind). Vorstoß und Besatz in der Farbe gleich der des Flügelfutters.
Keine Säbeltaschen. Offiziere schwarz-silberne Husaren-Schärpen; Mann=
schaften Paßgürtel wie die Ulanen. Alles Uebrige wie bei der Linie.
Die eben beschriebene Uniform trugen die Landwehr-Husaren-Regimenter
bis zum Jahre 1857. Im genannten Jahre wurde befohlen, daß die Landwehr=
Husaren gleiche Bekleidung und Ausrüstung wie die entsprechenden Linien=
Regimenter tragen sollten, mit folgenden Abweichungen:

Als Kopfbedeckung wurden die Flügelmützen beibehalten, das Futter jedoch nach der Farbe des Kolpaks der betreffenden Linien-Regimenter umgeändert. Bei den Offizieren das Flügelfutter je nach der Beschnürung von weißem oder gelbem Atlas. Säbeltaschen wurden nicht getragen und nur die Offiziere hatten Schärpen. Kartuschen durchgängig ohne Beschlag. 1862 erhielten die Landwehr-Husaren-Offiziere zur Hof-Gala lange dunkelblaue Beinkleider mit Schnurbesatz.

Im Jahre 1860 blieben nur die Landwehr-Husaren-Regimenter Nr. 1, 2, 5, 6 und 10 bestehen; nach 1866 wurden auch diese aufgelöst.

Während des Krieges 1870—71 erfolgte die Bildung von 6 Reserve-Husaren-Regimentern und zwar wurden errichtet:
das 1. Reserve-Husaren-Regiment in Cöslin, das 2. in Merseburg, das 3. in Polnisch-Lissa, das 4. in Ohlau, das 5. in Paderborn und das 6. in Bonn.

Die Uniformirung richtete sich nach den Regimentern, bei denen ihre Einkleidung erfolgte*). Die Bestände der Flügelmützen wurden aufgetragen, aber auch Pelzmützen mit dem Landwehr-Kreuz geführt.

---

*) Mithin trugen die Reserve-Husaren-Regimenter folgende Uniformen:
1. Reserve-Husaren-Regiment gleich dem 5. Linien-Husaren-Regiment.
2. „ „ „ „ „ 12. „ „ „
3. „ „ „ „ „ 2. „ „ „
4. „ „ „ „ „ 4. „ „ „
5. „ „ „ „ „ 8. „ „ „
6. „ „ „ „ „ 7. „ „ „

14. Kapitel.

Die Standarten und Pauken.

Wir haben drei Arten von Standarten zu unterscheiden: 1) die Garde=, 2) die Linien= und 3) die Landwehr=Standarte.

Das Fahnentuch mißt ungefähr 45 cm im Quadrat; dasselbe ist auf drei Seiten von einem Franzenbesatz umgeben. Ueberall zeigt das orange=farbene Mittelschild den schwarzen Preußischen Adler, in den Fängen Schwert und Donnerkeil. Ueber dem Adler schwebt ein blaues Spruchband mit der goldenen Inschrift „Pro gloria et patria". Das Schild ist von grünen Lorbeerzweigen mit rothen Früchten umgeben und mit der Königlichen Krone bedeckt. In den Ecken die Königlichen Namenszüge mit Krone und Lorbeer=zweigen. Die Standartenstange ist gereifelt. An derselben befindet sich eine eiserne Schiene mit Ring zur Befestigung am Karabiner=Haken des Stan=darten=Bandoliers. Die Höhe der Stange betrug incl. Schuh und Spitze 2 Meter 84 cm. In den Reifen der Standarten=Stange sind 5 kleine goldene Flammen angebracht. Die Zahl der Nägel ist 38 längs der Stange und ungefähr ebenso viel um die Standarte herum, oben eine Reihe, unten drei Reihen. Für gewöhnlich wird die Standarte in einem schwarz=wachsleinenen Ueberzug getragen. Derselbe ist oben mit einer Messingkappe versehen.

Die Spitze zeigte bis 1871 den Königlichen Namenszug, welcher nach dem Feldzuge mit dem eisernen Kreuz vertauscht wurde. Unterhalb derselben ist die Banderolle befestigt, welche aus einem silbernen mit schwarz durch=zogenen Bande mit ebensolchen Quasten bestand. Dieselbe kam bei Anlegung der Kriegsauszeichnungen in Wegfall.

Die Bandoliere sind von der Farbe des Regiments mit silbernem oder goldenem Tressenbesatze.*)

---

*) Das Zietensche Regiment besitzt ein Dänisches Standartenbandolier, welches der Wachtmeister Hänel mit dem 4. Zuge der 3. Esk. bei Skrydstrup, 29. Juni 1848 eroberte. Dasselbe trägt noch heute die Standarte des Regiments.

1. Die Garde-Standarte.

Das Standartentuch ist von schwerer weißer Seide mit dem erwähnten Mittelschilde und den Namenszügen in den Ecken (ohne Kreuz). Die Stange ist weiß. Die Nägel, die zur Befestigung des Standartentuchs dienen, sind versilbert.

2. Die Linien-Standarte.

Gleich der Garde=Standarte, nur ist das Standartentuch mit einem stumpfen schwarzen Kreuz belegt, so daß von dem weißen Grunde nur die 4 Ecken, in denen sich die 4 Namenszüge befinden, sichtbar sind. Die Stange ist schwarz. Die Nägel sind vergoldet.

3. Die Landwehr-Standarte.

Dieselbe wurde bis zur Auflösung der Landwehr=Kavallerie geführt. Die Zeichnung ist dieselbe wie bei den Vorhergehenden. Das Standarten= Tuch ist mit einem weißen schmalen Kreuz belegt. Die Ecken, in denen sich die Namenszüge befinden, sind schwarz. Der Hauptunterschied der Land= wehr=Standarten bestand darin, daß dieselben nicht gestickt, sondern gemalt waren. Die Stange war schwarz.

Die Anlage, welche das Nähere über die einzelnen Standarten bringt, giebt auch das Jahr an, in welchem dem betreffenden Regiment die Standarte verliehen worden ist.

Am 19. Mai 1835 war denjenigen Regimentern, deren Errichtung vor hundert Jahren geschehen, ein Säkularband verliehen worden. Dieses ist von schwarzer Seide mit silbernen Tressen, die Enden mit silbernen Franzen ein= gefaßt, und zeigt die in Silber gestickte Inschrift: „Errichtet", dahinter die für jedes Regiment bezügliche Jahreszahl. Der die Schleife zusammen= haltende Adler=Knopf ist ebenfalls von Silber. In den Enden der silberge= stickte Namenszug und das Wappen desjenigen Brandenburgisch=Preußischen Herrschers, unter dessen Regierung das Regiment errichtet wurde, und desjenigen, der das Säkular=Band verliehen hat.

Im Jahre 1837 wurden an den Stangen der Standarten und zwar dicht unter dem Tuche gelb metallene Beschläge, auf welchen der Name und die Nummer des Regiments in Initial=Buchstaben mit Römischen Ziffern ein=gravirt ist, angebracht.

Diejenigen Standarten, welche an Stange und Spitze starke Beschä=digungen durch feindliches Feuer erlitten hatten, erhielten an betreffender Stelle einen silbernen Ring mit bezüglicher Inschrift.

1873 (A. K.=Ordre v. 9. Januar) wird bestimmt, daß die Namen der Standarten=Träger, welche vor dem Feinde gefallen, resp. ihren Wunden erlegen, auf einem silbernen Ringe an der Stange der Standarte verzeichnet werden sollen.

Für die Feldzüge wurden den Regimentern an ihren Standarten Auszeichnungen verliehen und zwar bestanden diese:

für die **Befreiungskriege** aus Banderollen von der Farbe der Kriegs=denkmünze (orange mit schwarz und weißen Rändern; Trodbeln von Silber mit schwarz durchwirkt).

für die **Feldzüge von 1848—49 in Schleswig=Holstein, der Pfalz und Baden** wurde im Jahre 1861 (A. K.=Ordre v. 1. Januar) den Regimentern das Militär=Ehrenzeichen mit den vorschriftsmäßigen Quasten, sowie am Bande oberhalb der beiden Quasten, zwei aufrecht stehende Schwerter von Metall verliehen. Das Band wird unter demjenigen der Kriegsdenkmünze getragen. Truppentheile, welche bis dahin das gewöhnliche Fahnenband trugen, legten dieses ab und führen nur das Band des Militär=Ehrenzeichens.

1864 für den Feldzug in Schleswig=Holstein: das Band der Kriegs=Denkmünze mit den vorschriftsmäßigen Quasten. Hat das Regiment an einem Gefechte Theil genommen, — Schwerter, wie solche 1861 verliehen wurden, am Bande der Kriegsdenkmünze. Das Brandenburgische Husaren=Regiment (Zietensche Husaren) Nr. 3 erhielt außerdem noch das Band des Alsenkreuzes mit schwarz=silbernen Quasten an der Standarte. Die Bänder werden unter den übrigen angebracht. (A. K.=Ordre v. 18. Dezember 1864.)

1866 für den Oesterreichischen= und Main=Feldzug: das Band für Kombattanten. Für Betheiligung an Gefechten außerdem die beiden gekreuzten Schwerter. Das Band ist unter den früher erworbenen anzubringen. (A. K.=Ordre v. 12. Dezember 1866.)

1870—71 für den Feldzug in Frankreich. Sämmtliche Husaren=Regimenter erhalten das Eiserne Kreuz in der Standartenspitze (A. K.=Ordre v. 16. Juni 1871). Die Messingkappen des Standarten=Ueberzuges zeigen auf der einen Seite das Eiserne Kreuz, auf der anderen den gekrönten König=lichen Namenszug.

Namen des Regiments	Verleihung der jetzt geführten Standarte	Auszeichnung für den Feldzug 1813/15	Säkular-Band	Auszeichnung für die Feldzüge 1848/49	Auszeichnung für den Feldzug 1864	Auszeichnung für den Feldzug 1866	Auszeich für der Feldz 1870
Garde-Huf.-Rgt.	Bei der Errichtung*) im März 1815	Das Band der für diesen Feldzug gestifteten Kriegsdenkmünze			Das Band der für diesen Feldzug gestifteten Kriegsdenkmünze mit Schwertern	Das Band für Kombattanten des für diesen Feldzug gestifteten Erinnerungs-Kreuzes mit Schwertern	Das Eiserne Kreuz in Standartspitze
1. Leib-Huf.-Rgt. Nr. 1	1815	Das Band der für diesen Feldzug gestifteten Kriegsdenkmünze	Bei Gelegenheit d. 150jähr. Stiftungsfestes 1841			Das Band für Kombattanten des für diesen Feldzug gestifteten Erinnerungs-Kreuzes mit Schwertern	Das Eis Kreuz in Standart spitze
2. Leib-Huf.-Rgt. Nr. 2	1815	Das Band der für diesen Feldzug gestifteten Kriegsdenkmünze	Säkular-Standartenbänder mit der Jahreszahl der Errichtung			Das Band für Kombattanten des für diesen Feldzug gestifteten Erinnerungs-Kreuzes mit Schwertern	Das Ei Kreuz in Standa spitz
Brandenburg. Huf.-Rgt. (Zietensche Huf.) Nr. 3	1815	Das Band der für diesen Feldzug gestifteten Kriegsdenkmünze		Das Band des Militär-Ehrenzeichens mit Schwertern	Das Band der für diesen Feldzug gestifteten Kriegsdenkmünze mit Schwertern und das Band des Alsenkreuzes	Das Band für Kombattanten des für diesen Feldzug gestifteten Erinnerungs-Kreuzes mit Schwertern	Das Ei Kreuz in Standa spitz
1. Schlef.-Huf.-Rgt. Nr. 4	1815	Das Band der für diesen Feldzug gestifteten Kriegsdenkmünze				Das Band für Kombattanten des für diesen Feldzug gestifteten Erinnerungs-Kreuzes mit Schwertern	Das Ei Kreuz in Standa spitz
Pommersches Huf.-Rgt. (Blüchersche Huf.) Nr. 5	1815	Das Band der für diesen Feldzug gestifteten Kriegsdenkmünze				Das Band für Kombattanten des für diesen Feldzug gestifteten Erinnerungs-Kreuzes mit Schwertern	Das Ei Kreuz in Standa spitz
2. Schlef. Huf.-Rgt. Nr. 6	1815	Das Band der für diesen Feldzug gestifteten Kriegsdenkmünze				Das Band für Kombattanten des für diesen Feldzug gestifteten Erinnerungs-Kreuzes mit Schwertern	Das Ei Kreuz in Standa spitz
Königs-Huf.-Rgt. (1. Rheinisches) Nr. 7	1815	Das Band der für diesen Feldzug gestifteten Kriegsdenkmünze				Das Band für Kombattanten des für diesen Feldzug gestifteten Erinnerungs-Kreuzes mit Schwertern	Das E Kreuz i Standa spitz

*) Diese Standarte war am 17. Juli 1798 der 2. Esk. des Gardes du Corps verliehen und 1813 in Glatz deponirt worden.

Namen des Regiments	Verleihung der jetzt geführten Standarte	Auszeichnung für den Feldzug 1813/15	Säkular⸗Band	Auszeichnung für die Feldzüge 1848/49	Auszeichnung für den Feldzug 1864	Auszeichnung für den Feldzug 1866	Auszeichnung für den Feldzug 1870/71
1. Westf. Hus.⸗Rgt. Nr. 8	1815	Das Band der für diesen Feld⸗zug gestifteten Kriegsdenk⸗münze		Das Band des Militär⸗Ehrenzeichens mit Schwertern	Das Band der für diesen Feldzug ge⸗stifteten Kriegs⸗denkmünze mit Schwertern	Das Band für Kombattanten des für diesen Feldzug gestifteten Erinne⸗rungs⸗Kreuzes mit Schwertern	Das Eiserne Kreuz in der Standarten⸗spitze
2. Rhein. Hus.⸗Rgt. Nr. 9	1815	Das Band der für diesen Feld⸗zug gestifteten Kriegsdenk⸗münze		Das Band des Militär⸗Ehrenzeichens mit Schwertern		Das Band für Kombattanten des für diesen Feldzug gestifteten Erinne⸗rungs⸗Kreuzes mit Schwertern	Das Eiserne Kreuz in der Standarten⸗spitze
Magdb. Hus.⸗Rgt. Nr. 10	1816	Das Band der für diesen Feld⸗zug gestifteten Kriegsdenk⸗münze				Das Band für Kombattanten des für diesen Feldzug gestifteten Erinne⸗rungs⸗Kreuzes mit Schwertern	Das Eiserne Kreuz in der Standarten⸗spitze
2. Westf. Hus.⸗Rgt. Nr. 11	1815	Das Band der für diesen Feld⸗zug gestifteten Kriegsdenk⸗münze		Das Band des Militär⸗Ehrenzeichens mit Schwertern		Das Band für Kombattanten des für diesen Feldzug gestifteten Erinne⸗rungs⸗Kreuzes mit Schwertern	Das Eiserne Kreuz in der Standarten⸗spitze
Thüring. Hus.⸗Rgt. Nr. 12	1815	Das Band der für diesen Feld⸗zug gestifteten Kriegsdenk⸗münze		Das Band des Militär⸗Ehrenzeichens mit Schwertern		Das Band für Kombattanten des für diesen Feldzug gestifteten Erinne⸗rungs⸗Kreuzes mit Schwertern	Das Eiserne Kreuz in der Standarten⸗spitze
1. Hess. Hus.⸗Rgt. Nr. 13	1867						Das Eiserne Kreuz in der Standarten⸗spitze
2. Hess. Hus.⸗Rgt. Nr. 14	1867						Das Eiserne Kreuz in der Standarten⸗spitze
Hannover. Hus.⸗Rgt. Nr. 15	1867						Das Eiserne Kreuz in der Standarten⸗spitze
Hus.⸗Rgt. Kaiser Franz Joseph von Oesterreich, König v. Ungarn (Schles⸗wig⸗Holstein.) Nr. 16	1867						Das Eiserne Kreuz in der Standarten⸗spitze

Die Pauken.

Das **1. Leib=Husaren=Regiment** führt die Pauken, welche das Stamm=Regiment 1745 am 23. November bei Katholisch=Hennersdorf vom Kur=Sächsischen Kürassier=Regimente v. Vitzthum erbeutete.

Das **2. Leib=Husaren=Regiment** führt ebenfalls Pauken, aus derselben Veranlassung, aber erst seit dem Jahre 1858. (A. K.=Ordre vom 4. Februar.)

Das Stamm=Regiment (Nr. 5, 1806 von Prittwitz) erbeutete an Pauken:

1745 ein Paar bei Katholisch=Hennersdorf — die oben angegebenen.

1758 ein Paar bei Stetten= oder Stöckern=Drebber vom Französischen Husaren=Regiment Polteretzky;

1758 ein Paar bei Emmerich vom Französischen Kürassier=Regiment Bellefond. Die beiden letzteren Paare mußten in die Zeughäuser abgegeben werden.

Das 2. Leib=Husaren=Regiment erbat die Allerhöchste Genehmigung auch Pauken führen zu dürfen und sprach dabei den Wunsch aus, ein Paar der 1758 erbeuteten Pauken überwiesen zu erhalten. Dem letzteren Wunsche konnte nicht entsprochen werden, da die Pauken des Regiments Polteretzky höchst wahrscheinlich diejenigen sind, welche jetzt das Garde = Kürassier = Regiment führt, die Pauken des Regiments Bellefond aber nicht mehr aufzufinden waren. Es erging daher an das Regiment nachstehende Allerhöchste Kabinets=Ordre:

„Auf den mir vorgelegten Antrag des 2. (Leib=) Husaren=Regiments genehmige ich, daß dasselbe zur historischen Erinnerung ähnliche Pauken führen darf, wie sie von dem Stamm=Regiment, früheren Husaren=Regiment von Prittwitz Nr. 5, vom Feinde erobert und später auf das 1. (Leib=) Husaren=Regiment übergegangen sind. Das Kriegs=Ministerium hat hiernach das Erforderliche zu veranlassen.

Im Allerhöchsten Auftrage Seiner Majestät des Königs.

(gez.) **Prinz von Preußen.**
(gegengez.) Graf v. Waldersee."

An das Kriegsministerium.

Das **Brandenburgische Husaren=Regiment (Zietensche Husaren) Nr. 3.**

Das Stamm=Regiment Rudorff=Husaren (Nr. 2) hatte, als es 1806 ins Feld zog, seine Pauken, die es 1745 bei Katholisch=Hennersdorf dem Sächsischen Kürassier=Regimente O'Byrn abgenommen hatte, im Berliner Zeughause deponirt. In der Regiments=Geschichte*) finden sich folgende Angaben: „Allemal, wenn das Regiment in den Krieg zog, deponirte es die Pauken mit angemessenen Feierlichkeiten im Berliner Zeughause und so geschah es auch, als es im verhängnißvollen Jahre 1806 gegen die Franzosen zog. Dort verschwanden sie dann und lange Zeit hatte man keine Ahnung, wo sie hingekommen waren. Der verstorbene General-Lieutenant v. Corswandt, welcher 1809 zum Kommandeur des Regiments ernannt wurde, giebt aber in einem Schreiben vom 18. März 1821 an, daß er in Erfahrung gebracht:

„Sie wären, nachdem Berlin 1806 von den Franzosen bedroht worden, aus dem dortigen Zeughause nach Spandau gebracht und von dem damaligen Kommandanten vor Uebergabe der Festung ins Wasser versenkt worden."

---

*) Geschichte des Zietenschen Husaren=Regiments von Armand Frhr. von Ardenne, Berlin 1874.

Als das Regiment im Jahre 1819 aus Frankreich zurückkehrte, wurden ihm vom 4. Departement des Kriegsministeriums ein Paar kupferne Pauken übersandt, die ihm aber als nicht passend für den Dienst der leichten Kavallerie durch A. Kabinets-Ordre vom 15. August 1821 wieder entzogen wurden.

Am 23. November 1857 wurde dem Regiment wieder gestattet Pauken zu führen. Im Jahre 1874 schenkte Sr. Königl. Hoheit der Prinz Friedrich Karl von Preußen dem Regiment ein Paar außerordentlich kostbare und kunstreich gearbeitete silberne Pauken.

15. Kapitel.

Einiges über Remontirung.

Remonte-Depots.

Provinz **Preußen**: Jurgaitschen, Neuhof-Ragnit, Kattenau, Barkupönen, Pr. Mark, Sperling, Liesken.

Provinz **Brandenburg**: Bärenklau.

      „   **Pommern**: Neuhof-Treptow a. R., Ferdinandshof.

      „   **Posen**: Wirsitz.

      „   **Schlesien**: Wehrse.

      „   **Sachsen**: Arendsee.

      „   **Hannover**: Hunnesrück.

Garde-Husaren-Regiment. Das Regiment erhält seine Remonten aus den Depots der Provinz Preußen: Jurgaitschen und Sperling.

Regiment Nr. 1 ist mit Schimmeln beritten. Das Trompeter-Korps reitet Rappen. Remonten aus den Depots der Provinz Preußen: Pr. Mark, Neuhof-Ragnit, Jurgaitschen und Barkupönen.

Regiment Nr. 2. Die Trompeter reiten Falben mit weißen Mähnen und Schweifen*). Remonte zur Hälfte aus Preußen, aus dem Depot Jur- gaitschen und zur Hälfte aus Schlesien, dem Depot Wehrse.

---

*) Die Anordnung traf Oberst v. Stössel 1816 beim Okkupationsheer in Frankreich. (Beim Stamm- Regiment ritt jede Eskadron Pferde von gewisser Farbe).

Regiment Nr. 3*). Das Trompeter-Korps reitet Falben. Remonte aus den Depots der Provinz Preußen.

Regiment Nr. 4. Die Trompeter ritten Schimmel und wurden später mit Schecken beritten gemacht. Remonte aus Preußen.

Regiment Nr. 5. Die Trompeter reiten Rappen. Remonte aus den Depots in Preußen.

Regiment Nr. 6. Im Herbst 1828 empfing das Regiment das erste Mal nur Preußische Remonte**), jetzt empfängt es dieselbe aus einem Depot in Preußen: Sperling, und aus einem Depot in Schlesien: Wehrse.

Regiment Nr. 7. Das Regiment empfing seine Remonte zuerst aus der Moldau durch einen Händler und übernahm dieselbe an der Grenze. Von

---

*) 1816 befanden sich beim Rgt. 112 Russische, 161 Preußische, 153 Deutsche und 170 Französische Pferde. Darunter 1 Hengst, 304 Wallache und 291 Stuten. Größe: 4 Fuß 8 Zoll (193), — 9 Zoll (148), — 10 Zoll (110), — 11 Zoll (76), — 5 Fuß (38), — 1 Zoll (14), — 2 Zoll (16), — 3 Zoll (1). —

**) Folgende Zeilen, der Geschichte des „6. Husaren-Regiments" vom Grafen zur Lippe entnommen, lassen interessante Blicke auf das Remonte-Wesen jener Zeit thun.

„Bis dahin hatte das Regiment seine Remonten in Pleß empfangen, wohin der Lieferant Liepman aus den wilden Gestüten dieselben in Heerden durch Tabunschiks treiben ließ. Hier lagerten sie auf freiem Felde. Zu ihrer Nahrung dienten aufgestellte Heuhaufen. In der Regel waren die Remonte-Kommandos vor dem Eintreffen der Remonten schon mehrere Wochen da. Unfern des Lagerplatzes der Remonten war eine „Okolle" gebaut mit einem großen Flügelthor, sowie ein Verschlag, mit ersterer durch eine Thür in Verbindung. In diesen Verschlag wurden circa 20 Pferde Behufs der Auswahl getrieben. Okolle und Verschlag hatten außerhalb Erhöhungen für Zuschauer. Die Okolle war inwendig stark mit Stroh bestreut, und befanden sich in derselben einige Tabunschiks, von denen Einer den Arkan führte. Der zum Empfang bestimmte Offizier suchte sich das eine oder andere der im Verschlag befindlichen Pferde aus. Dasselbe wurde dann durch die Verbindungsthür in die Okolle gelassen und hier mit dem Arkan gefangen, wobei es in der Regel sich auf das unbändigste gebehrdete. Manche Pferde setzten sich wie die Hunde auf die Hinterhand und schlugen mit den Vorderfüßen um sich. Sobald das Pferd aus Mangel an Luft sich nicht mehr widersetzen konnte, sprangen die übrigen Tabunschiks hinzu, bissen es in die Ohren und drückten ihm den Kopf nach unten, so daß es sich nicht mehr rühren konnte. Nun erschien der Offizier mit dem Kurschmied. Wenn das Pferd ihnen keine sichtlichen Fehler zeigte und als brauchbar erschien, wurde ihm eine Gurthalfter mit Genickstrick und Trense aufgelegt. Nachdem dies erfolgt, kam ein Reiter auf vollständig gesatteltem Pferde in die Okolle geritten. Die Remonte wurde fest angekoppelt, worauf die Tabunschiks losließen. Beide Pferde verließen die Okolle und jagten auf dem Feld umher, bis das eine oder andere müde war und die Remonte, welche sich nicht losmachen konnte, nach und nach ruhig neben dem alten Pferde herging. Sie blieben aber noch in ununterbrochener Bewegung. Dieses Verfahren wiederholte sich, bis die bestimmte Zahl von Remonten empfangen war.

da abwechselnd. 1828—1852 nur Preußische. Seit 1860 aus den Depots: Bärenklau, Arendsee, Hunnesrück, Ferdinandshof und Treptow a. R.

Regiment Nr. 8. Es empfängt seine Remonten zur Hälfte aus den Depots der Provinz Preußen und zur Hälfte aus Pommern, aus dem Depot Neuhof=Treptow a. R.

Regiment Nr. 9. Remonte=Kommandos holten im Jahre 1815 die Pferde aus Rußland (meistens aus der Ukraine)*; 1866 aus dem Depot Bärenklau. Seit 1872 lieferte das Depot Ferdinandshof, seit 1875 Neuhof= Treptow a. R. und Bärenklau, seit 1876 Wirsitz und Ulrichstein die Pferde.

Regiment Nr. 10. Es wurden zuerst 400 Pferde angekauft, welche ein Berliner Pferdehändler aus der Moldau geholt hatte, zum Theil wurden

---

Nicht ohne Mühe waren die Wildfänge in die damals noch sämmtlich von Holz er= bauten Ställe der Remonte=Kommando=Kantonnirungs Quartiere gebracht; manche mußten mittelst langer Hebebäume hineingedrückt werden. Eine Remonte stand immer zwischen zwei alten Pferden. Halfter und Genickstrick waren oft an einem Knebel befestigt, der außerhalb des Stalles hinter einem Loche angebracht war. Der Wildfang, welcher die Freiheit gern wieder gewinnen wollte, legte sich mit aller Macht in den Genickstrick. So kam es bis= weilen, daß dieser sich wohl einen halben Zoll in das Fleisch einschnitt. Da dergleichen als erstes Zähmungsmittel anzusehen war, wurde das Pferd in seinem Gebahren nicht gestört und ihm überlassen, den Zwang, dem es nicht mehr entgehen konnte, selbst zu erkennen, was auch in der Regel bald erfolgte. Bei der mehr oder minder sichtbar werdenden Bosheit aller Pferde, bei vielen vielleicht durch die Furcht hervorgerufen, da ihnen der Verkehr mit Menschen noch fremd war, wurde für letztere die Stallwartung eine schwierige; sie mußten stets auf ihrer Hut sein, um nicht geschlagen oder gebissen zu werden. Es ist in einzelnen Fällen vorgekommen, daß Leute Folge im Stalle erlittener Verletzungen gestorben sind.

Sonderbar war es, daß sich Anfangs mehrere Pferde nicht aus dem Eimer tränken ließen. Sie fürchteten den Wasserspiegel. Streute man Heu darüber, so daß sie ihn nicht wahrnahmen, dann soffen sie. Die Reinigung war mühevoll. Die auf dem Körper haftende oft fingerdicke Schmutzkruste mußte durch lauwarmes Wasser aufgeweicht und mit dem Finger gelöst werden. Ungeziefer (L . . . .) gehörte nicht zu den Seltenheiten, und oft bedurfte es vieler Wochen, ehe manche Pferde die Anwendung der Striegel gestatteten.

Nach Ankunft in der Garnison wurden die Remonten täglich, an alte Pferde ge= koppelt und mit einer Decke versehen, bewegt. Nach und nach ging man zum Sattel über. Glaubte man den Zeitpunkt gekommen, die Remonte durch einen Reiter besteigen zu lassen, so erfolgte dies in der Art, daß dieselbe zwischen zwei alten mit Reitern besetzten ruhigen Pferden gekoppelt war. Bocken und Unbändigkeit war zuerst stets an der Tagesordnung; ersteres fand bei manchen noch nach Jahren statt; aber dreiste und gute Reiter kamen dann der Dressur sehr zu Statten. (Jemand hat uns erzählt, wie einmal ein Thier sich aus Vorder= und Hinterzeug hinaus und Reiter und Sattel hinab gebockt hat.)"

---

*) Unter den im Jahre 1816 empfangenen 68 Remonten befand sich nur ein Pferd von 5 Fuß Größe, die meisten hatten 4 Fuß 9 Zoll bis 4 Fuß 10 Zoll, nur wenige 11 Zoll, wohl aber waren drei darunter, die nur 4 Fuß 8 Zoll maßen.

dieselben ausgehoben. Im Jahre 1816 aus Rußland; 1817 und 1818 zur Hälfte aus Preußen, zur Hälfte durch Selbstankauf in der Mark. 1819, 1821, 1822 und 1824 aus der Moldau, von da an aus der Provinz Preußen.

Regiment Nr. 11. Aus den Depots in Pommern.

Regiment Nr. 12. Aus den Depots der Provinz Preußen: Sperling, Kattenau und Neuhof-Ragnit.

Regiment Nr. 13 dem Depôt Wirsitz.

Regiment Nr. 14, erhielt am 5. November 1866 von der Garde ausrangirte Pferde. Am 27. Januar und 10. August 1867 vom Pferde-händler Herder angekaufte. Seit September 1869 Remonten aus dem Depot Wirsitz und seit 1877 aus dem Depot Liesken.

Regiment Nr. 15. Aus den Depots der Provinz Ostpreußen.

Regiment Nr. 16. Aus dem Depot Preuß. Mark in Ostpreußen.

Die Pferde der Husaren-Regimenter erhielten laut Kr.-Min.-Erlaß v. 23. September 1817 als Brandzeichen ein H mit der Rgts.-Nummer. Das Garde-Husaren-Regiment G. H.

Laut A. K.-Ordre v. 29. Februar und 28. Mai 1808 wurde den Subaltern-Offizieren ein Königl. Dienstpferd bewilligt. Bei der Auswahl sind ausgeschlossen: Die Unteroffizier-Pferde von den Zügen im 1. Glied; die rechten und linken Flügelpferde der Züge im 1. Glied; die Trompeter-Pferde; die Remonte und die Pferde unter sechs Jahren; die eingeübten Pferde der Büchsenschützen.

Mittelst A. K.-Ordre v. 13. Januar 1825 wurde bestimmt, daß nach einer fünfjährigen Dienstzeit, die den etatsmäßigen Lieutenants bewilligten Chargenpferde deren Eigenthum und durch Lieferung anderer für die Charge ersetzt werden sollten.

Remonte

aus Wikipedia, der freien Enzyklopädie

Remonte (franz: Ersatzpferd) ist eine Bezeichnung innerhalb der klassischen Reitkunst und in der Kavallerieausbildung für ein Pferd, das noch in seiner Grundausbildung ist. Es wird nochmals unterschieden in eine **junge Remonte** im ersten Ausbildungsjahr, das mit Longieren und Gewöhnen an das Gewicht des Reiters beginnt und Geradeausreiten sowie Zirkelreiten in allen drei Grundgangarten umfasst, und eine **alte Remonte** im zweiten und ggfs. dritten Ausbildungsjahr, wobei der Ausbildung die leichteren Elemente der Campagneschule hinzutreten.

Im militärischen Bereich (Deutschland, vor allem 19. und Beginn des 20. Jahrhunderts) verstand man unter Remonten drei- und vierjährige Pferde. Sie wurden für die jährlich ausgemusterten Pferde benötigt, z. B. um 1900 bei einem Bestand des kaiserlichen Heeres von 98.000 Pferden 11.000 Remonten. Das preußische Militär kaufte sie vor allem im ehemaligen Ost- und Westpreußen, dem bis um 1945 größten geschlossenen Pferdezuchtgebiet der Welt, ein kleinerer Teil kam aus Gestüten bei Hannover und in Norddeutschland. Die bayerische, sächsische und württembergische Armee bezogen ihre Remonten überwiegend aus dem eigenen Land. Die meisten waren Warmblüter wie ostpreußische Trakehner, die anderen kaltblütig. Die Vierjährigen kamen in der Regel gleich in die Truppe. Die Dreijährigen wurden ein Jahr in ein Remonte-Depot eingestallt. Preußen hatte über 20 Depots, Sachsen vier. Hier reiften unter straffer täglicher Bewegung in allen Gangarten Anatomie und Pferdepsyche, wobei noch nicht geritten wurde. Die Tiere gewöhnten sich an Stallkasernen und Militärumgebung wie Schüsse, Pauken und Fahnen. Danach hatten sie als Zugpferde bei der Artillerie und im Transportdienst (Train) neun Jahre, als Reitpferde bei den berittenen Truppen und Stäben zehn Jahre vor sich. Im ersten Truppenjahr mit Ausbildung galten sie noch als Remonten.

TK – konstruktiv und sicher

<u>Remonte = Pferdezucht</u>
<u>junges Militärpferd</u>
<u>Pferdeersatz des Heeres</u>

Die Dreijährigen wurden ein Jahr in
ein Remonte-Depot

franz. Ersatzpferd

Techniker Krankenkasse

TK – konstruktiv und sicher

<u>Z.B. um 1900 bei einem</u>
Bestand des Kaiserl. Heeres
v. 98 000 Pferden

Techniker Krankenkasse